JN094565

新学習指導要領対応

これならできた！

清風堂書店

はじめに

本書は、発売以来三十年以上も学校や家庭で支持され、歴史を積み重ねてきました。
それは、「勉強に苦手意識のある子どもを助けたい」という私たちの願いを皆様に感じ取っていただけたからだと思います。
今回の改訂では、より子どもの学習の質を高める特長を追加しました。

変わらない特長

○通常のステップよりも、さらに細かくスモールステップにする。
○大事なところは、くり返し練習して習熟できるようにする。
○教科書レベルの力がどの子にも身につくようにする。

新しい特長

○読みやすさ、わかりやすさを考えた「太めの手書き風文字」
○解答は、本文を縮小し、答えのみ赤字で表した「答え合わせがしやすい解答」
○随所に、子どもの意欲・自己肯定感を伸ばす「ほめる・はげます言葉」
○学校でコピーする際に便利な「消えるページ番号」
(※本書の「教育目的」や「私的使用の範囲」以外での印刷・複製は、著作権侵害にあたりますのでおやめください。)

小学校の国語科は、学校で使用する教科書によって、進度・内容が変わります。
そこで本書では、前述の特長を生かし、どの子にも力がつく学習ができるように工夫をしました。
まず、「文字学習」「語彙学習」「文法学習」「読解学習」といった幅広い学習内容に対応し、子ども一人一人の目的に合わせた学習を可能にしました。

また、ポイントの押さえ方がわかる構成と、基本に忠実で着実に学力をつけられる問題で、苦手な子でも自分の力で取り組めるようにしています。

文章を「読む力」「書く力」は、どんな時代でも必要とされる力です。

本書が、子どもたちの学力育成と、「わかった！」「できた！」と笑顔になる一助になれば幸いです。

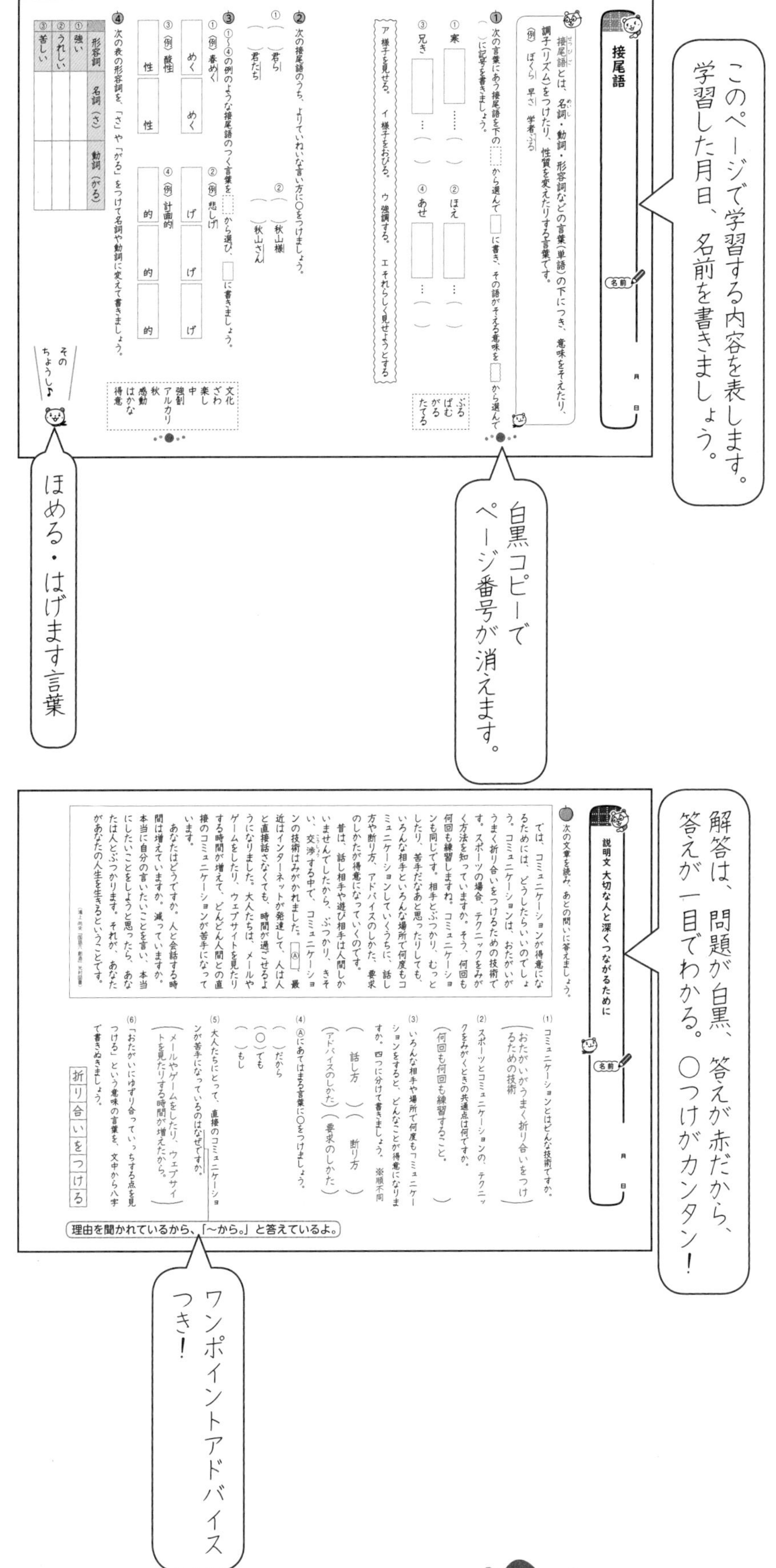
このページで学習する内容を表します。学習した月日、名前を書きましょう。
接尾語
白黒コピーでページ番号が消えます。
ほめる・はげます言葉
解答は、問題が白黒、答えが赤だから、答えが一目でわかる。○つけがカンタン！
説明文 大切な人と深くつながるために
理由を聞かれているから、「〜から。」と答えているよ。
ワンポイントアドバイスつき！

国語習熟プリント六年生　もくじ

国語辞典の引き方

名前

月　日

1 次の文章の（　）にあてはまるものを［　］から選んで書きましょう。

(1) 国語辞典には、たくさんの言葉が（　　　）順に並んでいます。

(2) 言葉は、清音（は、ひ、ふ等）、濁音（ば、び、ぶ等）、半濁音（ぱ、ぴ、ぷ等）の順に並んでいます。

〈例〉「はん（班）」と「ばん（晩）」では、（　　　）が前。
「ばん」と「パン」では、（　　　）が前。

(3) （　　　）字は、ふつうあとにきます。

〈例〉「きよう（器用）」と「きょう（京）」では、（　　　）が前。

(4) のばす音は、母音におきかえて並んでいます。

〈例〉「スカート」→「スカ（　　）ト」、「クロール」→「クロ（　　）ル」

小さい	五十音	はん	ばん	パン	きよう	きょう	ア	オ

2 出てくるのが早い順になるように、（　）に番号を書きましょう。

(1)
（　）わな
（　）やくば
（　）らんぼう
（　）なやましい

(2)
（　）こむ
（　）ころもがえ
（　）ことなげ
（　）こはるびより

(3)
（　）俳かい
（　）はい芽
（　）売価
（　）パイオニア

(4)
（　）データ
（　）りよう
（　）りょう
（　）てがける

3 次の文の――の言葉を調べるとき、何という言葉を引けばよいか（　）に書きましょう。

(1) いくら待ってもだれも来ず、ぼくはとてもさびしくなり、落ち着かなかった。
（　）（　）（　）（　）

(2) お湯がにえたぎっているのにも気付かず、ぼくは星にまつわった本を読みふけっていた。
（　）（　）（　）（　）

平仮名表記

名前

月　日

① 次の言葉には、のばす音があります。正しい方に○をつけましょう。

① （多い）
（　）おうい
（　）おおい

② （　）おうきい
（　）おおきい

③ （　）とうい
（　）とおい

④ （　）おねいさん
（　）おねえさん

⑤ （　）おうかみ
（　）おおかみ

⑥ （　）おうさま
（　）おおさま

⑦ （　）おうやけ
（　）おおやけ

⑧ （十）
（　）とう
（　）とお

⑨ （つめたい）
（　）こうり
（　）こおり

⑩ （　）こうろぎ
（　）こおろぎ

⑪ （燃えている火の先）
（　）ほのう
（　）ほのお

⑫ （ほっぺた）
（　）ほう
（　）ほお

⑬ （　）ほうたい
（　）ほおたい

⑭ （計画して、ひらく）
（　）もようす
（　）もよおす

⑮ （　）とうる
（　）とおる

⑯ （　）もうす
（　）もおす

2 次の文で、まちがった使い方をしている字の右横に線を引き、正しく書き直しましょう。

① ぼくわ、こうへんで　をまつりお　みて　いました。

② はたしわ、をみせえ　をかしお　かいに　いきました。

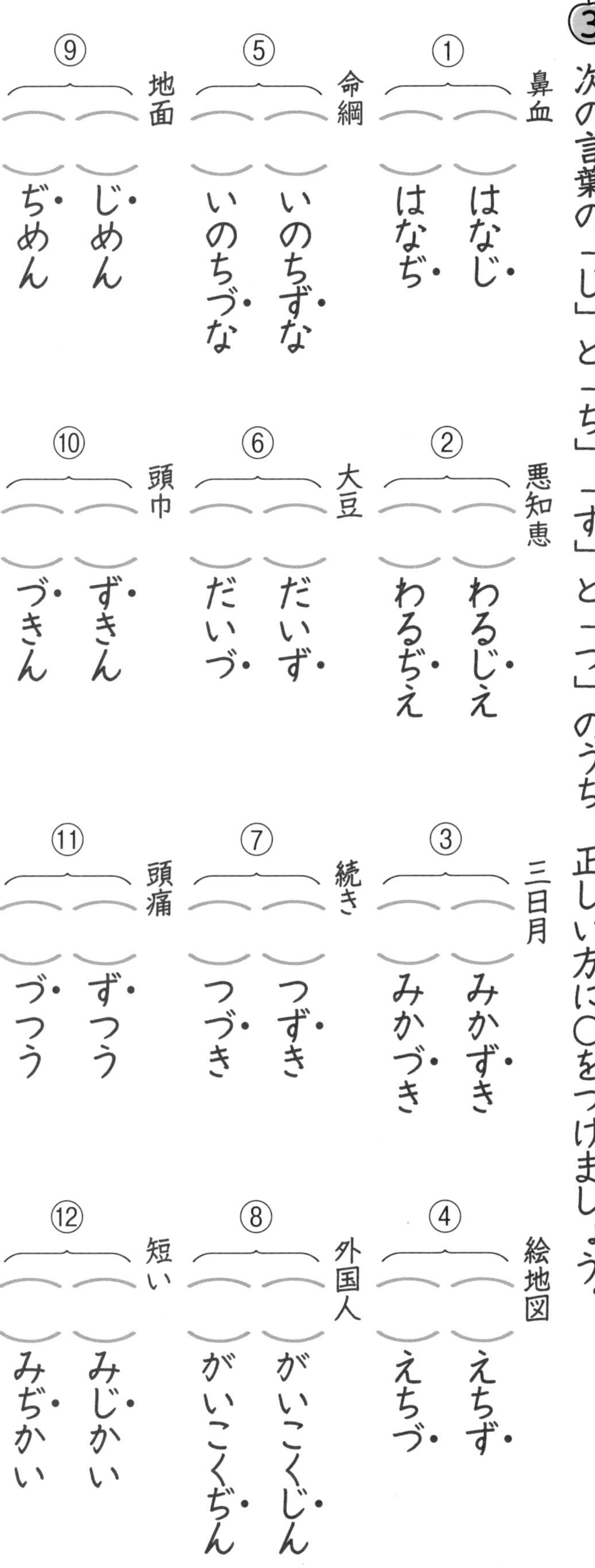

3 次の言葉の「じ」と「ぢ」、「ず」と「づ」のうち、正しい方に○をつけましょう。

① 鼻血（ ）はなじ（ ）はなぢ

② 悪知恵（ ）わるじえ（ ）わるぢえ

③ 三日月（ ）みかずき（ ）みかづき

④ 絵地図（ ）えちず（ ）えちづ

⑤ 命綱（ ）いのちずな（ ）いのちづな

⑥ 大豆（ ）だいず（ ）だいづ

⑦ 続き（ ）つずき（ ）つづき

⑧ 外国人（ ）がいこくじん（ ）がいこくぢん

⑨ 地面（ ）じめん（ ）ぢめん

⑩ 頭巾（ ）ずきん（ ）づきん

⑪ 頭痛（ ）ずつう（ ）づつう

⑫ 短い（ ）みじかい（ ）みぢかい

片仮名表記

名前　　月　日

1 片仮名(かたかな)で書く言葉には、①～④のようなものがあります。あてはまるものを□から選び（　）に書きましょう。

① 外国の国や地域(ちいき)、外国の人の名前
（　　）（　　）（　　）

② 外国からきた言葉やもの
（　　）（　　）（　　）

③ 声や音
（　　）（　　）（　　）

④ 生き物など
（　　）（　　）（　　）

ニャーオ
エジソン
サクラ
インコ
ストップ
ニューヨーク
ラジオ
ガチャン
ヒト
ヨーロッパ
サッカー
ザーザー

2 次の文で、片仮名で書く必要のある言葉の右横に線を引き、片仮名に直しましょう。

① ふらんすのしゅとぱりに、ぴかそびじゅつかんがある。

② でんきやさんで、てれびとでんしれんじをかった。

③ たいふうのよる、どあががたがたとおとをたてた。

3 次の文にあてはまる片仮名を書きましょう。

① ドレミの次、ソの前は［　］［　］の音です。

② スポーツなどで、チームでそろえて着るのは［ユ］［　］［　］［　］［　］［ム］です。

③ ちり紙のことを［　］［　］［シ］［　］といいます。

仮名の由来と漢字仮名交じり文

名前

月　日

1 次の文章の（　）にあてはまる言葉を、[　]から選んで書きましょう。

大昔の日本には文字がなく、中国から伝わった文字の（　　　）を使用していました。その文字は形と音と意味を持っていましたが、（　　　）だけを借りて「はる」は（　　　）、「なつ」は（　　　）というように書いていました。このような使い方の漢字を「（　　　）」といいます。

平安時代になると、万葉仮名をもとに漢字をくずして生まれた（　　　）や、漢字の一部をとった（　　　）が生まれました。

漢字は一字一字が意味を表すので（　　　）といい、平仮名や片仮名（かたかな）は音だけを表すので（　　　）といいます。

現在は、「（　　　）」と呼（よ）ばれる書き方がふつうです。

万葉仮名（まんようがな）
奈都
波留
漢字仮名交じり文
音
漢字
平仮名
片仮名
表音文字
表意文字

2 次の文を、漢字仮名交じり文に直しましょう。

① はは、はははははがだいすきだ。

（　　　）

② ちちは、やきゅうのちいむにはいっている。

（　　　）

3 次の漢字からできた平仮名を書きましょう。

① 安 あ ↓（　）

② 太 た ↓（　）

③ 良 ら ↓（　）

④ 和 わ ↓（　）

4 次の漢字からできた片仮名を書きましょう。

① 宇 ↓（　）

② 利 ↓（　）

③ 加 ↓（　）

④ 多 ↓（　）

⑤ 八 ↓（　）

⑥ 止 ↓（　）

⑦ 久 ↓（　）

⑧ 江 ↓（　）

⑨ 己 ↓（　）

がんばるのだ！

和語・漢語・外来語

名前

月　日

1 次の文章で、和語の説明にはⓦ、漢語の説明にはⓚ、外来語の説明にはⓖを（　）に書きましょう。

（　）昔、中国から伝わってきた言葉で、日本語になったもの。

（　）日本で昔から使われてきた言葉。

（　）外国から伝わった言葉で、片仮名（かたかな）で書くことが多い。

2 次の文で、――の和語と似たような意味の漢語を（　）に書きましょう。

① 試合での勝ち（　）は、うれしいものです。

② 兄のしゅみは、山登り（　）です。

③ 学校の周り（　）には、フェンスがあります。

④ サッカーでは、守り（　）も大切です。

3 ――を引いた言葉を、外来語で書きましょう。

①予約の取り消し（　　）

②皿が並(なら)ぶ食たく（　　）

③塩を入れるさじ（　　）

④国語の帳面（　　）

4 次の［　］の外来語が、①～③のどの国から入ってきたか考えて（　）に書きましょう。

①ドイツ（　　）（　　）ヒント…医学

②フランス（　　）（　　）ヒント…美術

③イタリア（　　）（　　）ヒント…音楽

［ソプラノ　デッサン　ガーゼ　ワクチン　オペラ　パレット］

5 次の①～⑥にあう言葉を［　］から選び、（　）に書きましょう。

①和語（　　）（　　）

②漢語（　　）（　　）

③外来語（　　）（　　）

④和語と漢語（　　）（　　）

⑤和語と外来語（　　）（　　）

⑥外来語と漢語（　　）（　　）

［ピアノ曲　雨風　パン　森林　畑作　窓(まど)ガラス］

漢字辞典の引き方

名前

月　日

1 漢字辞典の引き方の説明になるように、（　）にあてはまる言葉を書きましょう。

部首引き…（　　　）をたよりに引く方法。

音訓引き…漢字の（　　　）が一つでも分かるときの方法。

総画引き…漢字の読み方も部首も分からないとき、漢字の（　　　）から引く方法。

2 漢字辞典で調べることができるもの五つに○をつけましょう。

（　）漢字を使う国の名前や首都名

（　）その漢字を使った熟語（じゅくご）と意味

（　）漢字の読み方

（　）漢字の意味

（　）漢字の成り立ち

（　）漢字の画数

（　）漢字の美しい書き方

漢字辞典は、亻（にんべん）や刂（りっとう）など、部首ごとに、画数の少ない部首から順に並（なら）んでいます。

3 次の漢字の部首として、正しい方に○をつけましょう。

① 異(い)　（　）田　（　）共

② 裏(り)　（　）亠　（　）衣

③ 奏(そう)　（　）大　（　）夫

④ 垂(すい)　（　）一　（　）土

⑤ 疑(ぎ)　（　）匕　（　）疋

⑥ 我(が)　（　）手　（　）戈

⑦ 郷(ごう)　（　）乡　（　）阝

⑧ 幕(まく)　（　）艹　（　）巾

4 次の漢字の部首を□に書きましょう。

① 暖(だん) → □

② 危(き) → □

③ 穴(けつ) → □

④ 難(なん) → □

5 漢字辞典に出てくる順に番号を書きましょう。

① （　）林　（　）村　（　）械

② （　）拡(かく)　（　）揮(き)　（　）批(ひ)

③ （　）熟(じゅく)　（　）乱(らん)　（　）頂(ちょう)

④ （　）仁(じん)　（　）乳(にゅう)　（　）降(こう)

音と訓

名前

月　日

次の文の——の漢字に、音読みは片仮名（かたかな）で、訓読みには平仮名で読み仮名を書きましょう。

① つい誤って誤字を書いた。（あやま）（ゴ）

② 危険な所で危ない遊びをしない。（　）（　）

③ 洗面所で顔を洗う。（　）（　）

④ 暖ぼうで部屋が暖まる。（　）（　）

⑤ 異なった意見に異議を唱える。（　）（　）

⑥ 頭痛だけでなく歯も痛い。（　）（　）

⑦ 疑われて容疑者にされた。（　）（　）

⑧ スクリーンに映画を映す。（　）（　）

⑨ 補欠で補う。（　）（　）

⑩ 時計は時刻を刻む。（　）（　）

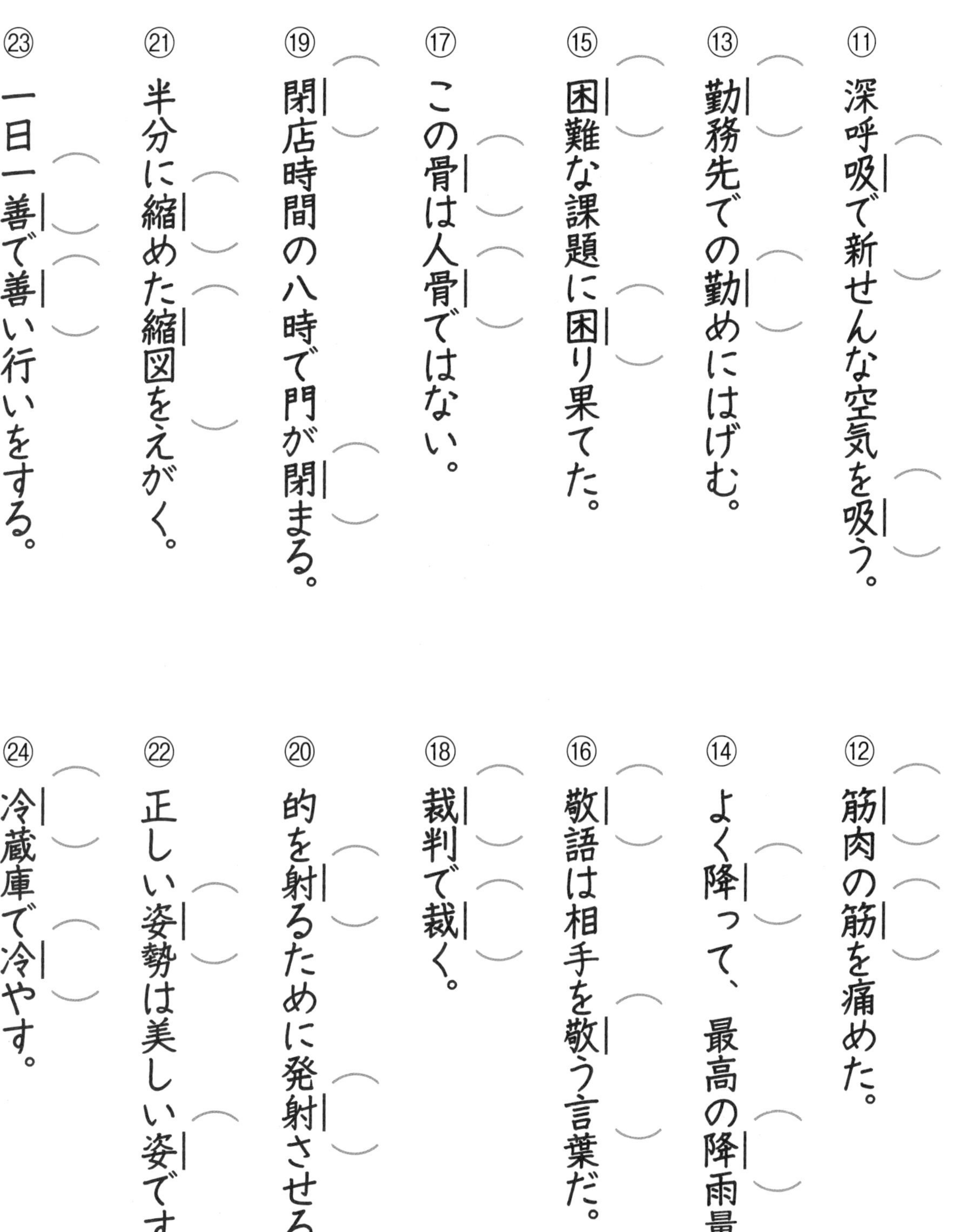

⑪ 深呼吸で新せんな空気を吸う。

⑫ 筋肉の筋を痛めた。

⑬ 勤務先での勤めにはげむ。

⑭ よく降って、最高の降雨量だ。

⑮ 困難な課題に困り果てた。

⑯ 敬語は相手を敬う言葉だ。

⑰ この骨は人骨ではない。

⑱ 裁判で裁く。

⑲ 閉店時間の八時で門が閉まる。

⑳ 的を射るために発射させる。

㉑ 半分に縮めた縮図をえがく。

㉒ 正しい姿勢は美しい姿です。

㉓ 一日一善で善い行いをする。

㉔ 冷蔵庫で冷やす。

送り仮名

名前

月　日

1 次の――を引いた複合語を、漢字と送り仮名で（　）に書きましょう。

① 勇ましくふるいたつ。（　　）

② 毒をすいだす。（　　）

③ 落とし物をさがしまわる。（　　）

2 次の言葉の書き表し方で、正しい方に○をつけましょう。

① うしろ（　）後　（　）後ろ

② しるし（　）印　（　）印し

③ あたり（　）辺　（　）辺り

④ （山の）いただき（　）頂　（　）頂き

⑤ こづつみ（　）小包　（　）小包み

⑥ たより（　）便り　（　）便より

⑦ あいま（　）合間　（　）合い間

⑧ かさねぎ（　）重着　（　）重ね着

3 次の——の言葉を、漢字と送り仮名で（　）に書きましょう。

① はげしい運動（　　　）

② わかい人（　　　）

③ あたたかい気候（　　　）

④ おさない子ども（　　　）

⑤ あぶない遊び（　　　）

⑥ 試合がのびる。（　　　）

⑦ 答えをうたがう。（　　　）

⑧ お年寄りをうやまう。（　　　）

⑨ 計算をあやまる。（　　　）

⑩ 電車をおりる。（　　　）

⑪ 王様にしたがう。（　　　）

⑫ 家族とくらす。（　　　）

⑬ 山頂（さんちょう）に雪をいただく。（　　　）

⑭ ドアをしめる。（　　　）

⑮ 不足分をおぎなう。（　　　）

⑯ 先祖をたっとぶ。（　　　）

⑰ きびしい父親（　　　）

⑱ ごみをすてる。（　　　）

⑲ 布をそめる。（　　　）

⑳ 鳥がむれる。（　　　）

同訓異字

名前

月　日

□の中にあてはまる漢字を書きましょう。

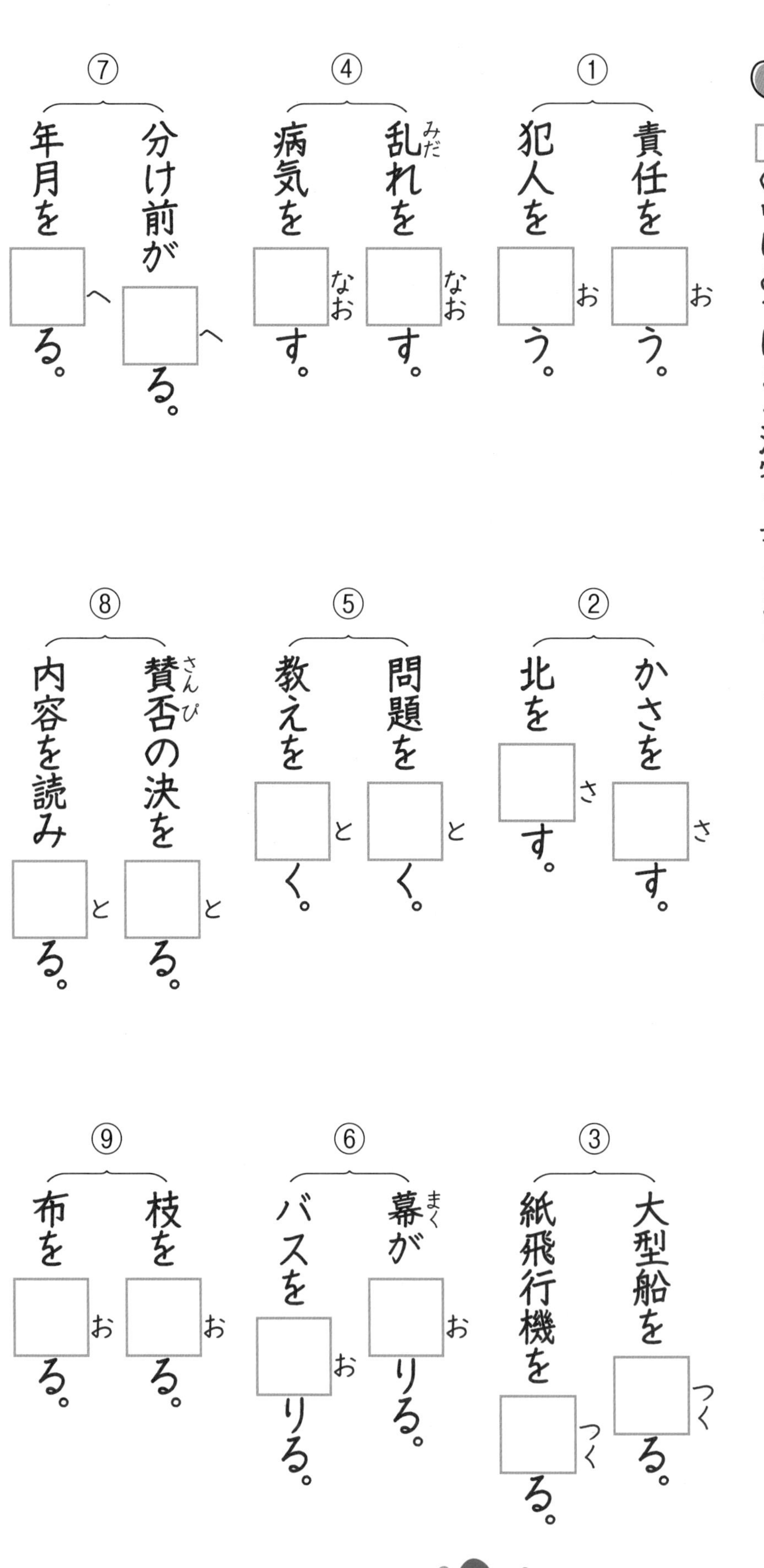

①
- 責任を□（お）う。
- 犯人を□（お）う。

②
- かさを□（さ）す。
- 北を□（さ）す。

③
- 大型船を□（つく）る。
- 紙飛行機を□（つく）る。

④
- 乱（みだ）れを□（なお）す。
- 病気を□（なお）す。

⑤
- 問題を□（と）く。
- 教えを□（と）く。

⑥
- 幕（まく）が□（お）りる。
- バスを□（お）りる。

⑦
- 分け前が□（へ）る。
- 年月を□（へ）る。

⑧
- 賛否（さんぴ）の決を□（と）る。
- 内容を読み□（と）る。

⑨
- 枝を□（お）る。
- 布を□（お）る。

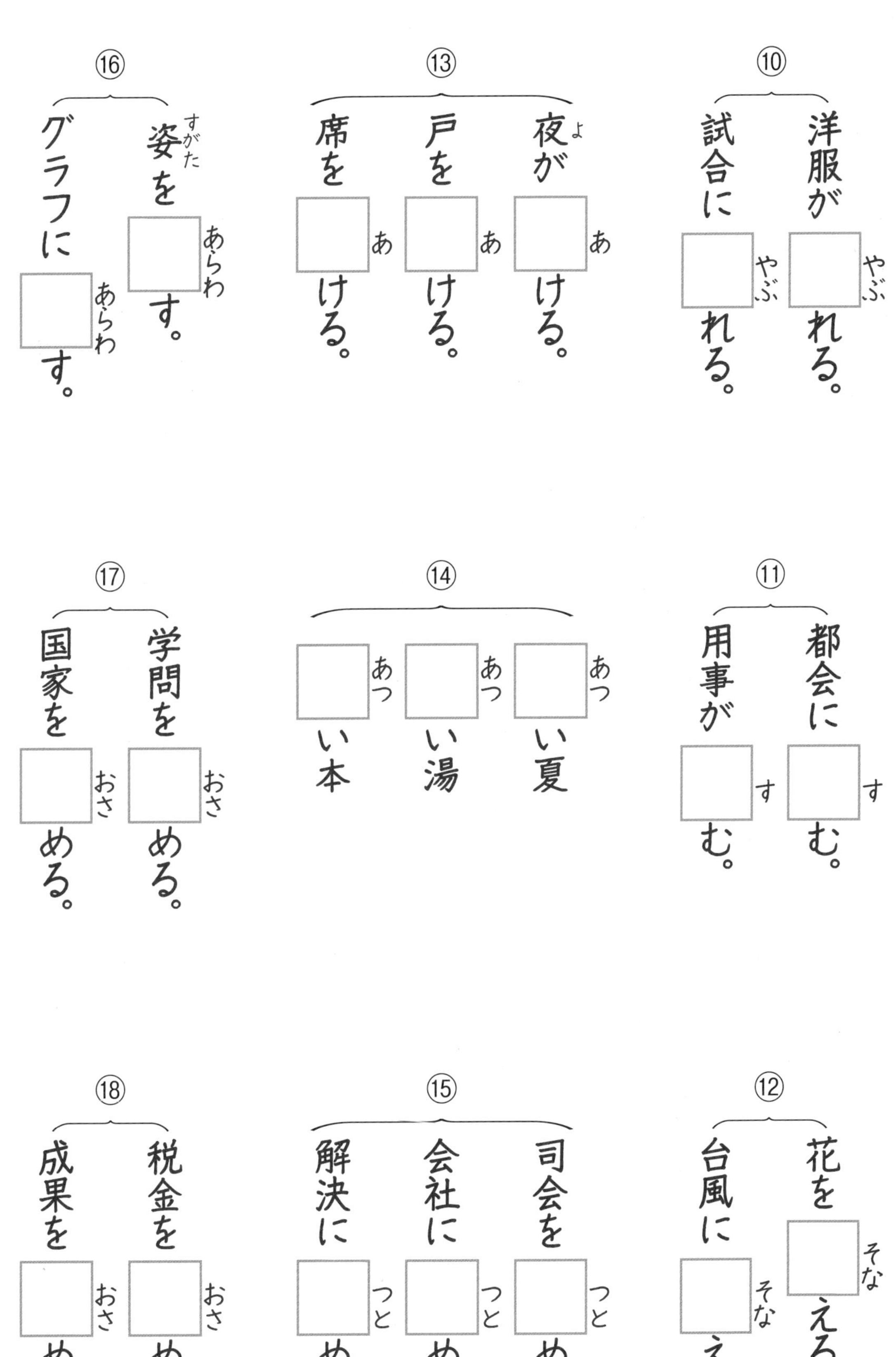

⑩
洋服が□(やぶ)れる。
試合に□(やぶ)れる。

⑪
都会に□(す)む。
用事が□(す)む。

⑫
花を□(そな)える。
台風に□(そな)える。

⑬
夜(よ)が□(あ)ける。
戸を□(あ)ける。
席を□(あ)ける。

⑭
□(あつ)い夏
□(あつ)い湯
□(あつ)い本

⑮
司会を□(つと)める。
会社に□(つと)める。
解決に□(つと)める。

⑯
姿(すがた)を□(あらわ)す。
グラフに□(あらわ)す。

⑰
学問を□(おさ)める。
国家を□(おさ)める。

⑱
税金を□(おさ)める。
成果を□(おさ)める。

同音異義語

名前　　　月　　日

□にあてはまる熟語(じゅくご)を書きましょう。

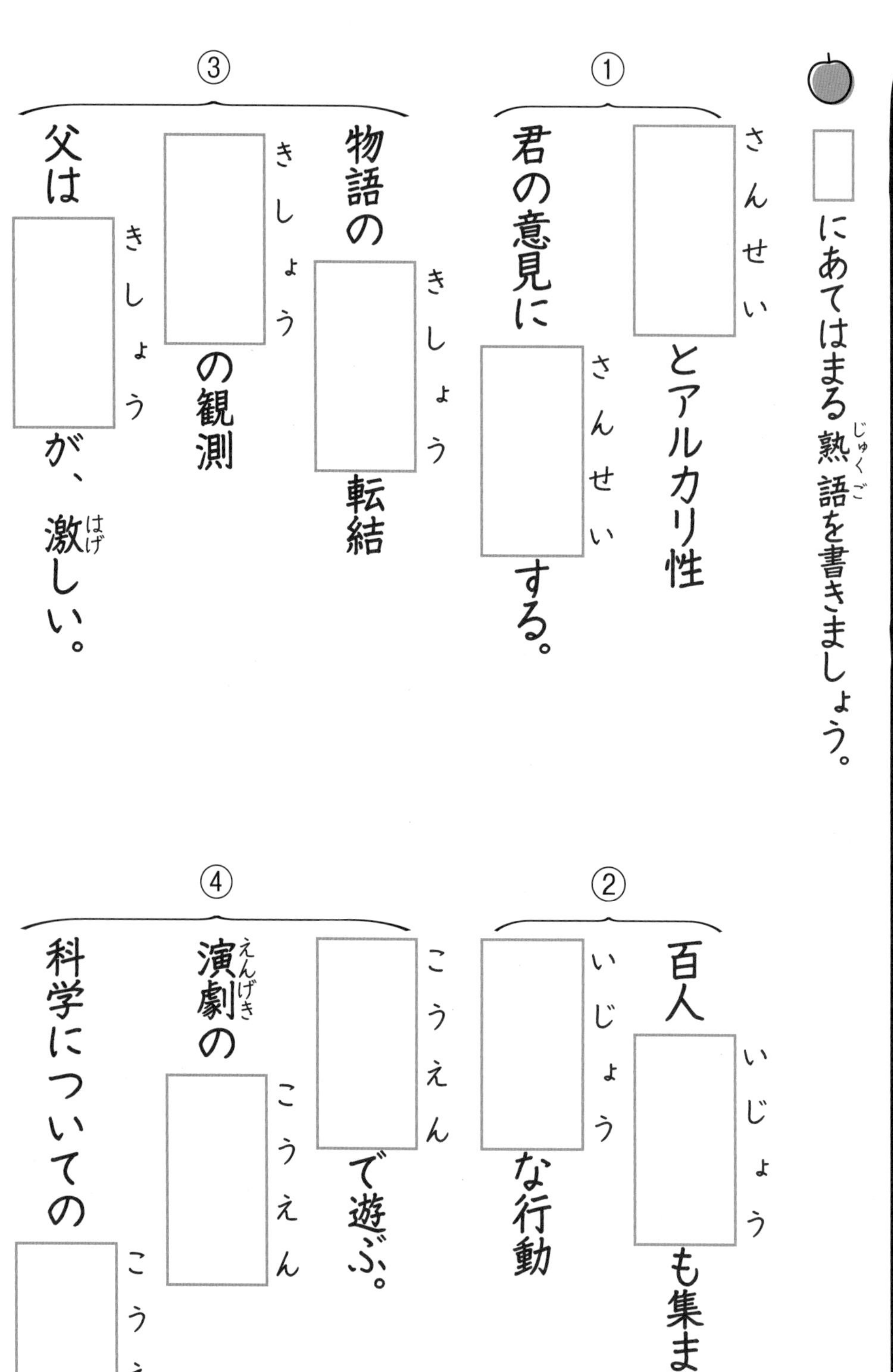

①
- (さんせい)□とアルカリ性
- 君の意見に(さんせい)□する。

②
- 百人(いじょう)□も集まる。
- (いじょう)□な行動

③
- 物語の(きしょう)□転結
- (きしょう)□の観測
- 父は(きしょう)□が、激(はげ)しい。

④
- (こうえん)□で遊ぶ。
- 演劇(えんげき)の(こうえん)□
- 科学についての(こうえん)□

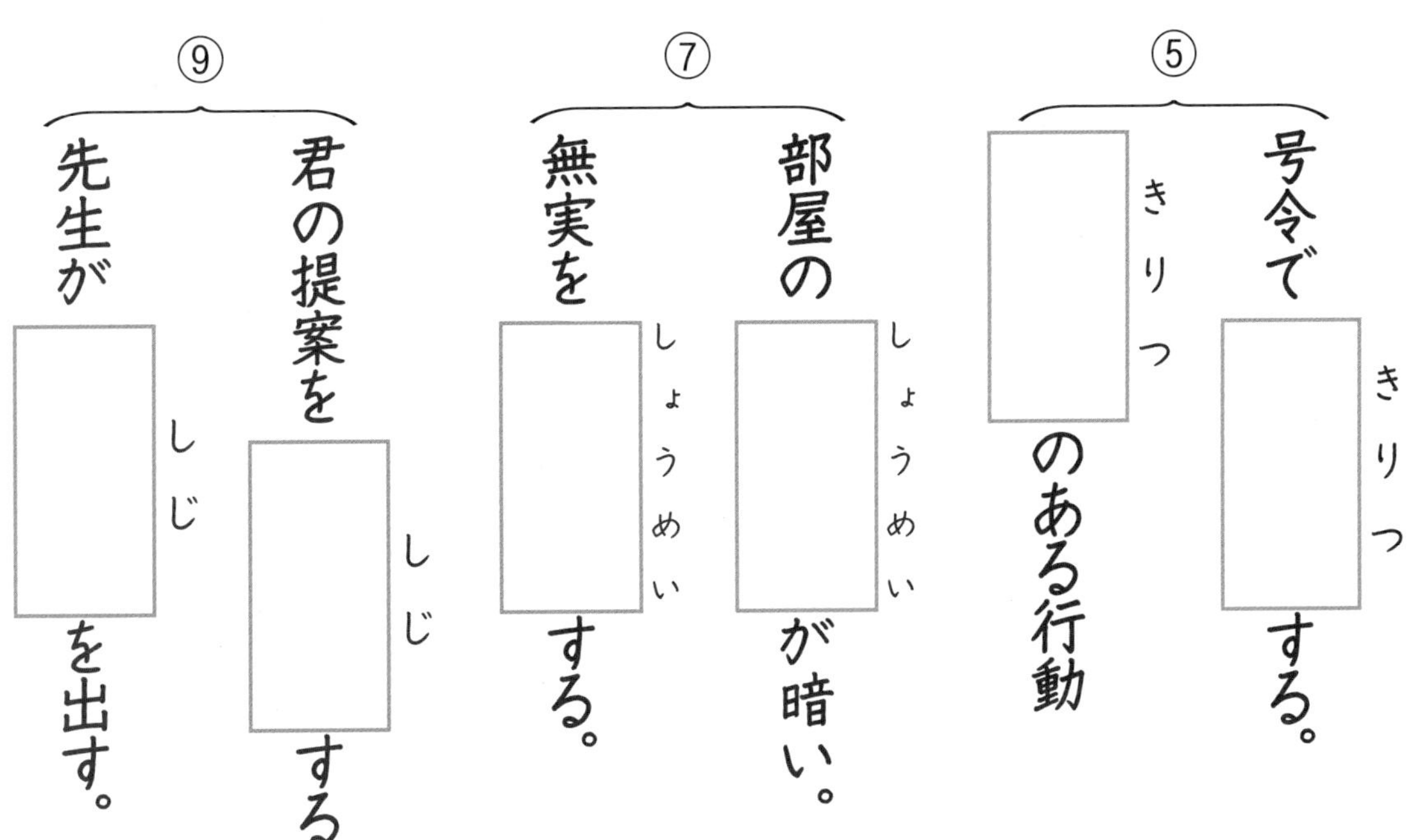

⑤
号令で（きりつ）する。
（きりつ）のある行動

⑦
部屋の（しょうめい）が暗い。
無実を（しょうめい）する。

⑨
君の提案を（しじ）する。
先生が（しじ）を出す。

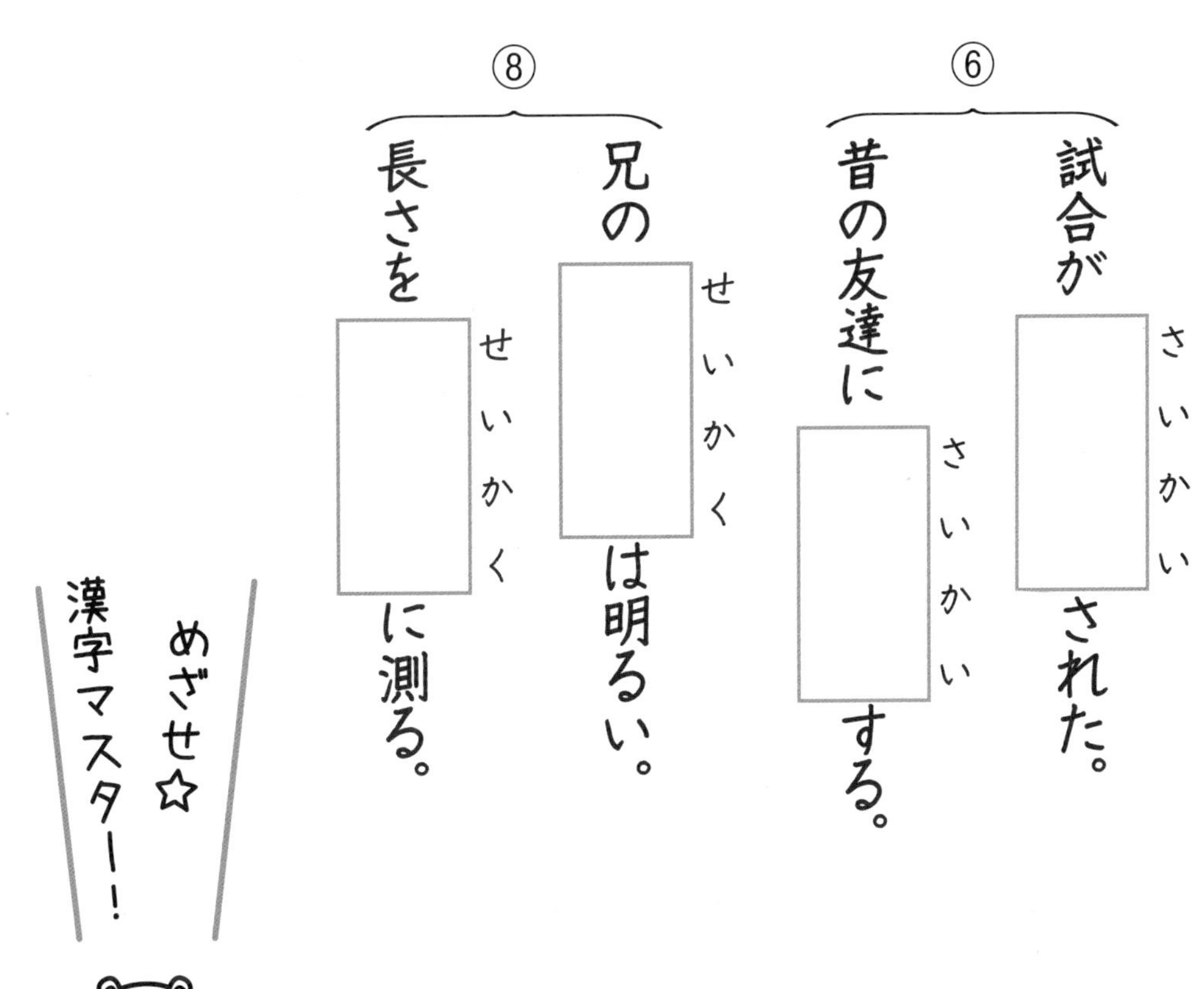

⑥
試合が（さいかい）された。
昔の友達に（さいかい）する。

⑧
兄の（せいかく）は明るい。
長さを（せいかく）に測る。

めざせ☆
漢字マスター!!

意味の似ている漢字・形の似ている漢字

名前

月　日

1 意味の似ている漢字の中から一文字選び、熟語(じゅくご)を作りましょう。

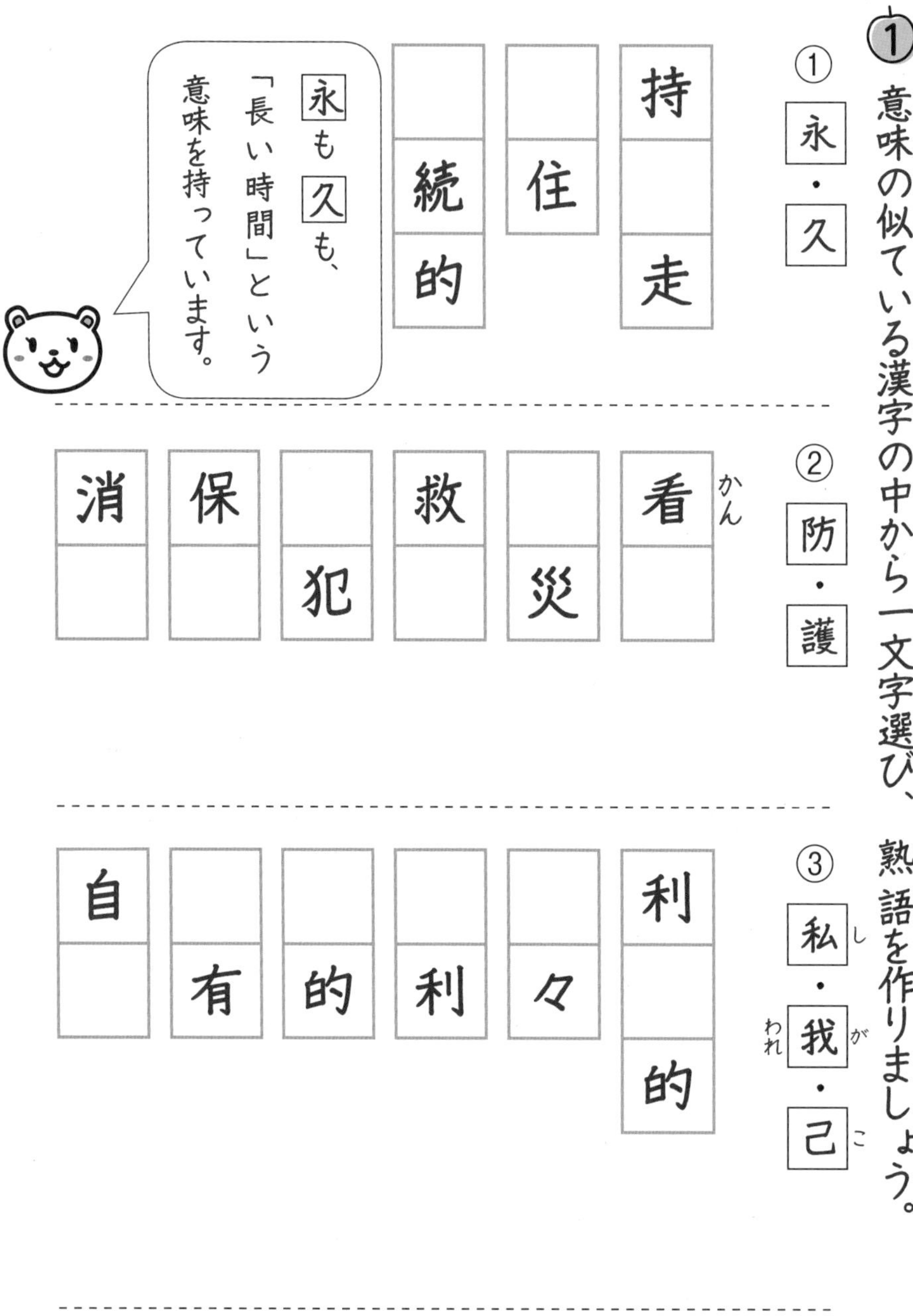

④ 道・路

国

書

地

回

徳

通
学

③ □者書（ちょ）　□者名（しょ）

④ 特□（ぎ）　木の□（えだ）

⑤ □界（げん）　□科（がん）

⑥ 大□（りく）　天皇□下（てんのう・へい）

⑦ □き尺（ま・じゃく）　乗車□（けん）

⑧ □痛（ふく・つう）　往復（ふく）□

⑨ 芸□（じゅつ）　□灯（がい）

⑩ 非□口（じょう）　政□（とう）

⑪ 車□入（ゆ）　三□車（りん）

⑫ □校生（ざい）　保□（ぞん）

⑬ 親□行（こう）　□案（こう）

⑭ □図（しゅく）　日本□断（じゅう）

⑮ □海（しん）　□検（たん）

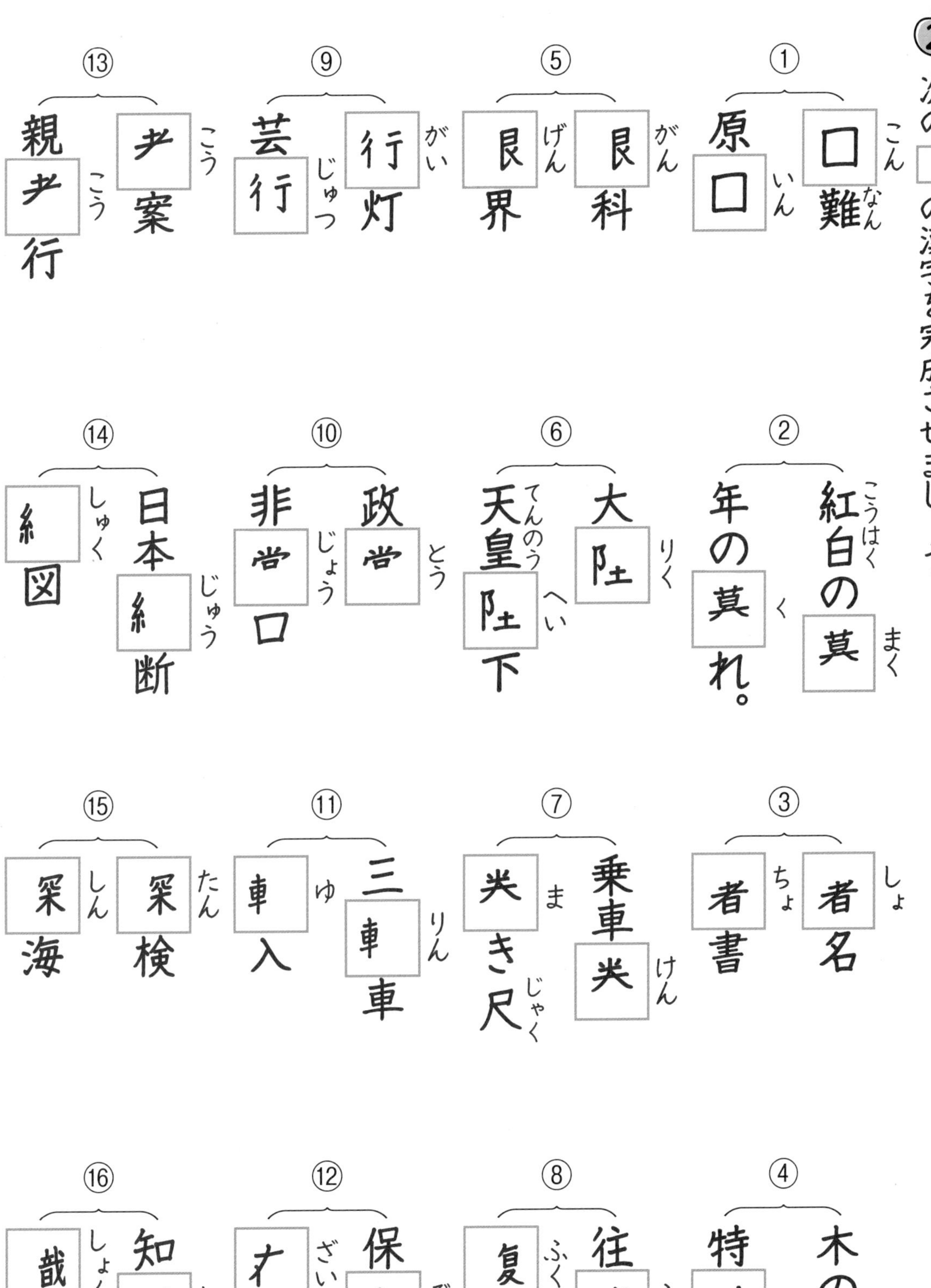

漢字の部首・同じ音と形を持つ漢字

名前

月　日

1 次の部首とその名前、意味や使い方を線で結びましょう。

① 刂 ・　・てへん　・　・もとは「肉」で、体に関係がある漢字に使われる。
② 忄 ・　・うかんむり　・　・「手」が変化したもので、手を使ったことを表す漢字に使われる。
③ 宀 ・　・りっとう　・　・家の屋根を表し、家に関係する漢字に使われる。
④ 扌 ・　・にくづき　・　・「心」が変化したもので、心の様子を表す漢字に使われる。
⑤ 月 ・　・りっしんべん　・　・「刀」が変化。刀や「切る」ことから広がった意味の漢字に使われる。

2 次の部首を持つ漢字を書きましょう。

① 亻（にんべん）……

② 辶（しんにょう）（しんにゅう）……

3 同じ音と同じ部分（形）を持つ漢字を□に書きましょう。

①　コウ

□通事故
中学□
□果的

②　カク

内□総理大臣
全国□地
試験に合□する。

③　カン

映画（えいが）□
警察（けいさつ）□
水道□

④　カン

新□線
週□誌（し）
潮（しお）の□満

⑤　キ

二十一世□
世界新□録
□立と礼

⑥　シ

□会を務める。
□育当番
作□と作曲

⑦　セキ

水の体□
重い□任
良い成□

⑧　フク

□雑な問題
ひどい□痛（つう）
予習と□習

⑨　ホウ

家庭□問
□課後
北の□角

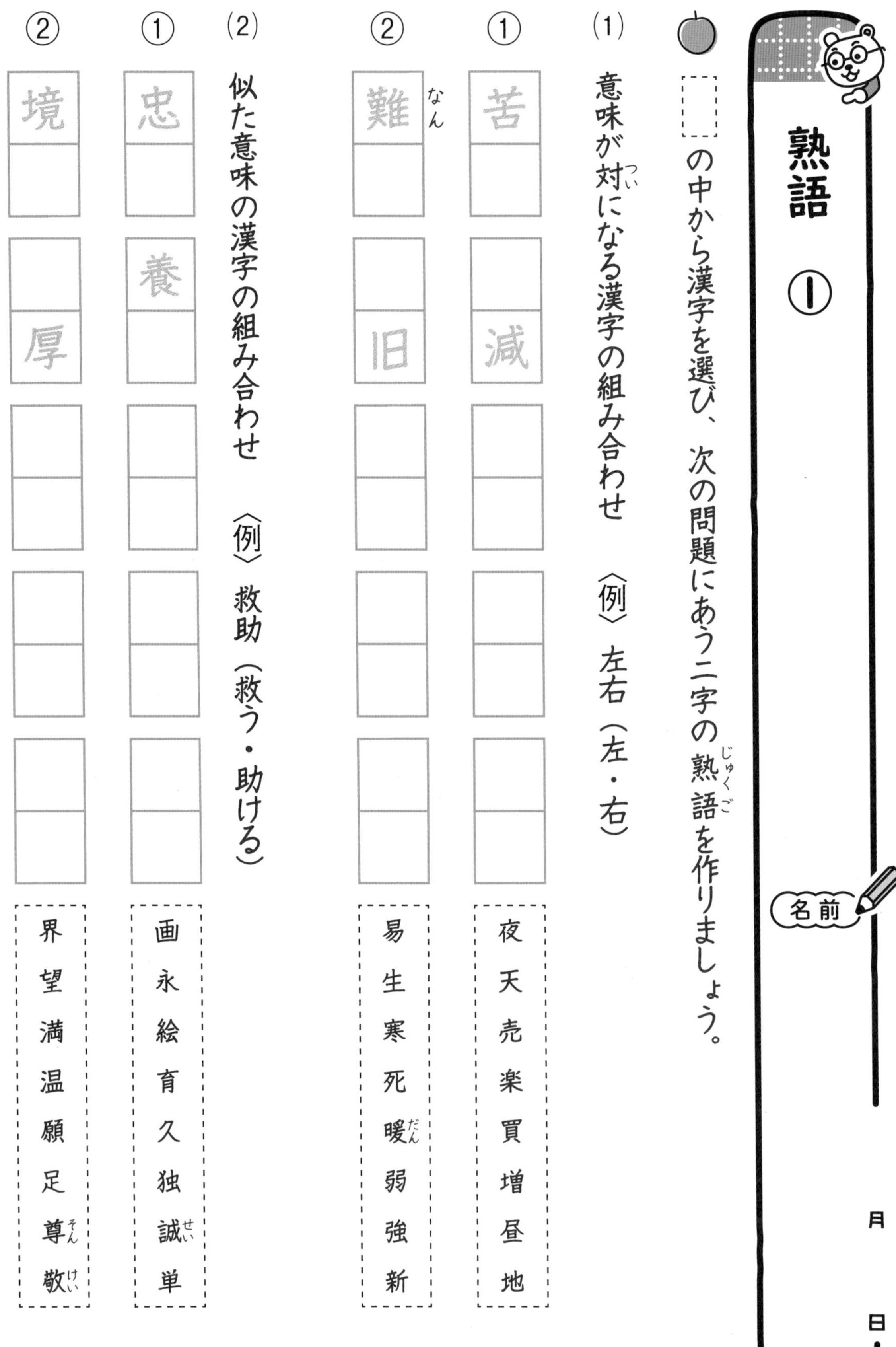

熟語 ①

名前

月　日

□の中から漢字を選び、次の問題にあう二字の熟語を作りましょう。

(1) 意味が対になる漢字の組み合わせ　〈例〉左右（左・右）

① 苦□　□減　□□　□□　□□

夜　天　売　楽　買　増　昼　地

② 難□　□旧　□□　□□　□□

易　生　寒　死　暖　弱　強　新

(2) 似た意味の漢字の組み合わせ　〈例〉救助（救う・助ける）

① 忠□　養□　□□　□□　□□

画　永　絵　育　久　独　誠　単

② 境□　□厚　□□　□□　□□

界　望　満　温　願　足　尊　敬

(3) 上の漢字が下の漢字を修飾（しゅうしょく）する関係にある組み合わせ

〈例〉大声（大きな声）

① 古□　重□　□□　□□　□□

善（ぜん）　頂（ちょう）　都　傷（しょう）　絹（けん）　人　糸　山

② □戦　国□　□□　□□　□□

幼（よう）　算　虫　宝（ほう）　選　誤（ご）　厳（げん）　激（げき）

③ □源　温□　□□　□□　□□

電　泉（せん）　庁（ちょう）　内　火　臓（ぞう）　県　災

(4) 「――を」、「――に」にあたる意味の漢字が下にくる組み合わせ

〈例〉閉店（へいてん）（店を閉める）

① 入□　□毒　□□　□□　□□

登　院　求　止　血　人　山　消

② 失□　開□　□□　□□　□□

業　洗（せん）　育　児　納（のう）　幕（まく）　税　顔

③ 寄□　除□　□□　□□　□□

上　退（たい）　馬　港　乗　草　職　陸

熟語 ②

名前　　月　　日

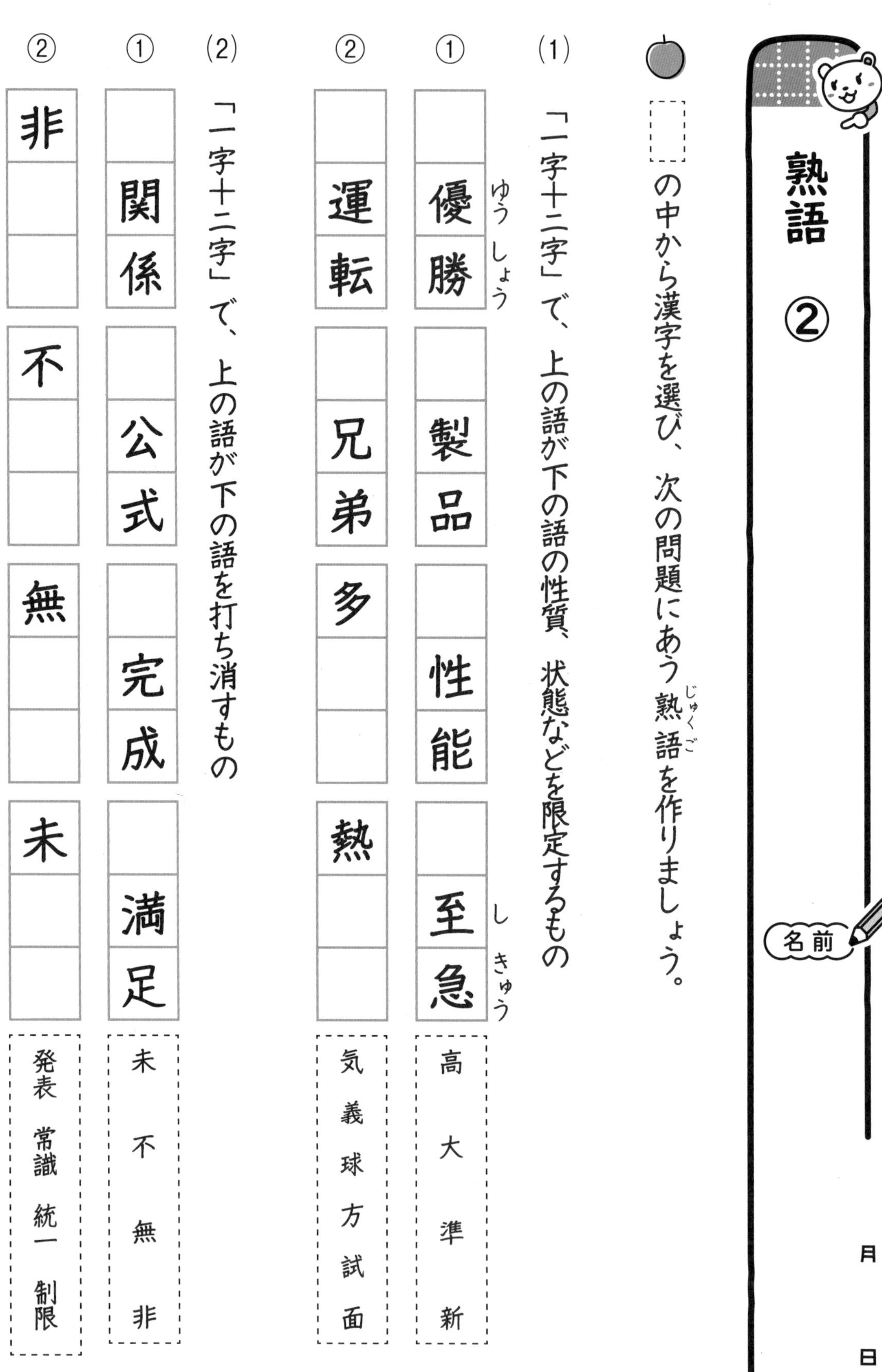

□の中から漢字を選び、次の問題にあう熟語（じゅくご）を作りましょう。

(1) 「一字十二字」で、上の語が下の語の性質、状態などを限定するもの

① □優勝（ゆうしょう）　□製品　□性能　□至急（しきゅう）

高　大　準　新

② □運転　□兄弟　多□　熱□

気　義　球　方　試　面

(2) 「一字十二字」で、上の語が下の語を打ち消すもの

① □関係　□公式　□完成　□満足

未　不　無　非

② 非□　不□　無□　未□

発表　常識　統一　制限

(3)「二字十一字」で、上の語が下の語を修飾（しゅうしょく）して、物事の名前になるもの

太陽□　選挙□　□□署　□□局

郵（ゆう）　系（けい）　便　権（けん）　務　税

(4)「二字十一字」で、「――のような」「――の性質を持つ」という意味をそえるもの

□□的　□□的　□□的　□□的

典　極　均　積　印　型　平　象

(5)「二字十一字」で、「――のようになる」という意味をそえるもの

□□化　□□化　□□化　□□化

暖（だん）　近　市　代　機　温　都　械

(6)一字の集まりからなる三字の熟語

上□□　市□□　□竹□　□□住

松　村　衣　町　下　中　食　梅

(7)一字の集まりからなる四字の熟語

都□□□　□西□□　□□秋□

北　府　夏　冬　南　県　春　道　東

特別な読み方をする漢字

名前

月　日

次の①～㉘は特別な読み方をする漢字です。（　）に読み仮名を書きましょう。

① 昨日（　）（さくじつでない読み方）
② 今日（　）
③ 明日（　）
④ 今朝（　）
⑤ 今年（　）
⑥ 一日（　）（いちにちでない読み方）
⑦ 二日（　）
⑧ 八日（　）
⑨ 二十日（　）
⑩ 一人（　）
⑪ 二人（　）
⑫ 七夕（　）
⑬ 八百屋（　）
⑭ 果物（　）
⑮ 大人（　）
⑯ 迷子（　）

⑰ 博士（はくしでない読み方）（　　）

⑱ 上手（かみてでない読み方）（　　）

⑲ 下手（しもてでない読み方）（　　）

⑳ 景色（　　）

㉑ 河原（　　）

㉒ 川原（　　）

㉓ 清水（きよみずでない読み方）（　　）

㉔ 部屋（　　）

㉕ 時計（　　）

㉖ 眼鏡（がんきょうでない読み方）（　　）

㉗ 真っ赤（　っ　）

㉘ 真っ青（　っ　）

「小豆（あずき）」も、「小」だけで「あ」や「あず」とは読まず、二字で「あずき」と読みます。「紅葉（もみじ）」や「土産（みやげ）」も同じような読み方です。

作文

名前

月　日

次の文章は、作文の初めの部分です。

(1) 正しく直し、作文用紙に書きましょう。

ぼくにわ。兄と妹がいる、兄わ中学三年生で、妹わ小学4年生です。
どちらも、ぼくの大切な宝(たから)ものである
今日わ、兄の性格について、特にぼくが尊敬(そんけい)するところお二つ述べたい。
一つ目わ、とてもやさしいところだ時間があれば、ぼくと遊んでくれるし、分からないことがあれば、何でも教えてくれる。兄は、サッカー部のキャプテンをやっていて、いつもサッカーの話をしてくれます。こんな兄のことを知っている友達から、ときどき、「山本君わ、あんなやさしいお兄さんがいて、本当にうらやましいなあ。」と言われる。そんなときぼくわ、心からうれしく思う。

ここに気をつけよう！

① 〜わ(お)、……。→✕
　〜は(を)、……。→〇
② 「、」「。」の使い方
③ 縦書き(たてが)では漢数字
④ 段落(だんらく)を変えたら一字下げる
⑤ 会話文の「　」(かぎ)は行を変える
⑥ 「〜だ。」や「〜ます。」の書き方はそろえる

12	11	10	9	8	7	6	5	4	3	2	1
と。	う」。	山	、と	、。	。、	、、	、。ば、	ニ。	は、	だ。、る。	ぼ、。生、

(2) この作文の題として、よいものを選び○をつけましょう。

（　）兄とぼくと妹

（　）尊敬するぼくの兄

（　）サッカー部キャプテンの兄

主語・述語・修飾語

名前

月　日

1 次の文のうち、主語が省略されている文には○、述語が省略されている文には△を（　）に書き、□には省略されている言葉を［　］から選び記号で書きましょう。

① （○）あっ、海だ。　エ
② （　）こらっ、君。　□
③ （　）あのう、ぼくが……。　□
④ （　）おはよう、お元気ですか。　□
⑤ （　）えーん、お兄ちゃんが。　□
⑥ （　）犬をかいたいな。　□

ア　あなたは
イ　たたいた
ウ　したのです
エ　あれは
オ　止まりなさい
カ　わたしは

2 次の文を、例のように主語は□、述語は□で囲み、修飾（しゅうしょく）語は横に線を引いて、くわしくしているものに↓をつけましょう。

〈例〉 寒い冬の風が、北からピューピューとふいてくる。

① 赤いバラが、さいた。

② ぼくたちの先生は、男性だ。

③ 夜は、とても暗い。

④ 雨が、一日中降った。

⑤ 茶色の犬が、野原へ行った。

⑥ ゆりさんは、友達と遊んだ。

⑦ だれだ、君は。

⑧ 本当にきれいです。その熱帯魚は。

⑨ 高くけわしい山が、遠くにはっきりと見え始めました。

⑩ 白い羽の鳥が、青い空へ飛び立つ。

常体の文・敬体の文

名前
月　日

1 次の文の文末を常体にしましょう。

① わたしは、六年生です。
（わたしは、六年生だ。）

② きのう、雨が降（ふ）りました。
（　　　）

③ 明日は、いい天気になるでしょう。
（　　　）

④ ぼくは、飼育委員ではありません。
（　　　）

⑤ わたしは、弟に絵をかいてあげました。
（　　　）

⑥ みんな、なかよくなりましょう。
（　　　）

⑦ 妹が、ぬり絵をぬっています。
（　　　）

⑧ 友達が来るかもしれません。
（　　　）

⑨ このことだけは、話さねばなりません。
（　　　）

⑩ 先生が、教室に入ってこられました。
（　　　）

2 次の文の文末を敬体(けいたい)にしましょう。

① ぼくは、宿題を終えた。

（　　　　）

② 姉は、きっと歌手になれるだろう。

（　　　　）

③ バラの花が、とてもきれいだ。

（　　　　）

④ サンゴは、植物ではない。

（　　　　）

⑤ 本屋さんに行こう。

（　　　　）

⑥ あの子は、天才にちがいない。

（　　　　）

⑦ さあ、外で遊ぼう。

（　　　　）

⑧ 人の話は、よく聞かねばならない。

（　　　　）

⑨ あなたも、海へ行くか。

（　　　　）

⑩ それは、母の物かもしれない。

（　　　　）

対になる言葉・組になる言葉

名前

月　日

1 次の言葉の対になる言葉を□から選び（　）に書きましょう。

① 増える（　　）

② 許す（　　）

③ 消える（　　）

④ 集める（　　）

⑤ さげすむ（　　）

⑥ 縮(ちぢ)む（　　）

⑦ 豊か（　　）

⑧ 細かい（　　）

⑨ 義務（　　）

⑩ 集中（　　）

⑪ 損失（　　）

⑫ 結果（　　）

現れる　貧しい　あらい　禁じる　散らす　権利(けんり)　のびる　敬(うやま)う　分散　原因　減る　利益

2 □にあてはまる漢字を［　］から選んで書き、対になる言葉を作りましょう。

① □店―□店

② □院―□院

③ □品―□品

④ □路―□路

⑤ □糸―□糸

⑥ □意―□意

⑦ □点―□点

⑧ □罪―□罪

復　閉（へい）　悪　横　入　善（ぜん）　縦（たて）　有

下　失　無　退（たい）　開　得　往　上

3 （　）の中に漢字や言葉を書き、組になる言葉を作りましょう。〈例〉上段（じょうだん）―中段―下段

① 上流―中（　）―（　）

② 気（　）―（　）―固体

③ 過（　）―（　）在―（　）来

④ （　）―西―南―（　）

⑤ （　）―きのう―きょう―あした―（　）―（　）

敬語

名前

月　日

① 敬語には、一段目のような「ていねい語」、二段目のような「尊敬語」、三段目のような「けんじょう語」があります。それぞれが対応するように線で結びましょう。

	ていねい語	尊敬語	けんじょう語
①	見ます	お持ちになる	参る
②	食べます	おっしゃる	頂く
③	持ちます	お借りになる	申しあげる
④	行きます	なさる	拝借する
⑤	言います	おたずねになる	お持ちする
⑥	たずねます	いらっしゃる	いたす
⑦	借ります	ご覧になる	うかがう
⑧	します	めし上がる	拝見する

② 次の文の――を引いた言葉が、ていねい語なら㋢、尊敬語なら㋜、けんじょう語なら㋘を（　）に書きましょう。

① ぼくは、六年生です。
② おじさんが、おいでになった。
③ ノートを、先生から頂く。
④ 私(わたくし)は、中村でございます。
⑤ 五時にお客様がいらっしゃった。
⑥ りっぱな仏像を拝観した。
⑦ あの方が、おかしをくださった。
⑧ 社長がとう着された。
⑨ きっと行きます。
⑩ 明日は母と参る予定です。

3 次の言葉を、「――れる（られる）」という形の尊敬語に直しましょう。

① する（　　）
② 乗る（　　）
③ 投げる（　　）
④ 受ける（　　）

4 例のように「お」や「ご」をつけるとよい名詞(めいし)の右横に線を引き、（　）に「お」や「ご」をつけて書きましょう。

〈例〉駅まで見送りします。（お見送り）
① 荷物をたなに上げましょう。（　　）
② 先生は、在宅(ざいたく)ですか。（　　）
③ 本日は、入学おめでとうございます。（　　）

敬語が使えるとかっこいい!!

名詞

名前

月　日

名詞(めいし)には、次のような種類があります。

ア「海」「学校」「人間」のように、事物をまとめて表すもの（普通(ふつう)名詞）
イ「野口英世(のぐちひでよ)」「東京」のように、ひとつだけの名を表すもの（固有名詞）
ウ「十人」「百グラム」のように、数量を表すもの（数量名詞・数詞）
エ「かれ」「ここ」のように、人や事物の名前の代わりに使うもの（代名詞）

1 次の名詞は、ア〜エのどの種類ですか。（　）に記号を書きましょう。

①（　）机(つくえ)　②（　）日本海　③（　）二時間　④（　）城　⑤（　）それ　⑥（　）神戸(こうべ)

2 次の文の名詞を〇で囲みましょう。

① 富士山(ふじさん)は、日本で一番高い山です。

② ぼくは、旅行で、広島の原爆(げんばく)ドームを見た。

3 [ ] の中の代名詞を、次の①〜⑥の種類に分けて書きましょう。

① 話し手 （　　）（　　）
② 聞き手 （　　）（　　）
③ 話し手に近い （　　）（　　）
④ 聞き手に近い （　　）（　　）
⑤ 両方から遠い （　　）（　　）
⑥ はっきり分からない （　　）（　　）

どなた　わたし
あなた　これ
だれ　それ
あれ　どれ
きみ　あそこ
どこ　そこ
ここ　ぼく

4 次の言葉を名詞にしましょう。

① 残る（残り）
② あせる（　　）
③ 始まる（　　）
④ 寒い（　　）
⑤ 深い（　　）
⑥ こわい（　　）

5 次の二つの名詞を合わせて、合わせ言葉を作りましょう。

① 屋根 ＋ かわら（　　）
② 流れる ＋ 星（　　）
③ うすい ＋ 明かり（　　）
④ 読む ＋ 書く（　　）

動詞

月　日

名前

動詞（どうし）は次のようなことを表す言葉で、その基本形はうの段（だん）（う、く、す、つ……）で終わります。

ア「本を読む」「水が流れる」のように、人やものの動きを表す。

イ「体が温まる」「花がさく」「田中さんがいる」のように、人やものの状態の変化や存在（そんざい）を表す。

ウ「友を信じる」「母が喜ぶ」のように、気持ちや感情を表す。

1 次の動詞は、ア〜ウのどの種類ですか。（　）に記号を書きましょう。

①（　）なやむ　②（　）会う　③（　）晴れる　④（　）歩く　⑤（　）思う

2 次の文の動詞の右横に線を引き、それぞれア〜ウのどの種類か書きましょう。

① 教室の前に、テレビがある。イ

② わたしは、いすにすわり、ゆっくりと日記を書いた。

③ 空はよく晴れているが、ぼくの心は愛犬の死を悲しむ。

動詞の「とける」と「とかす」は、似ていますが、少しちがいます。「氷がとける」とは言いますが、「氷をとける」とは言いませんね。「開く」と「開ける」でちがいを見てみましょう。

ア　ドアが開く……………ドアそのものが開いている。

イ　私はドアを開ける…ドアとは別の「私」が開ける。

右の文でも、「ドアが開いた」という結果は同じですが、「ドアを開く」とは言いませんね。

このように、伝えたい様子によって、動詞も少し変えます。

3（　）の文にあうように、動詞を変えましょう。

① 子ども達が集まる（子ども達を　　　　）

② 柿の実が落ちる（兄が柿の実を　　　　）

③ 兄が水を流す（水が　　　　）

④ 家が建つ（大工が家を　　　　）

⑤ 父がはり金を曲げる（はり金が　　　　）

⑥ パンが焼ける（母がパンを　　　　）

⑦ 妹がたこを上げる（たこが　　　　）

⑧ お湯がわく（兄がお湯を　　　　）

形容詞・形容動詞

名前

月　日

形容詞(けいようし)は次のようなことを表す言葉で、その基本形は「い」で終わります。

ア「おとなしい」「大きい」「悪い」のように、人やものの性質や状態を表す。

イ「うれしい」「だるい」のように、心の状態(気持ち・感じ)を表す。

1 次の形容詞は、アとイのどちらの種類ですか。(　)に記号を書きましょう。

①(　)こわい　②(　)黒い　③(　)古い　④(　)丸い　⑤(　)苦しい　⑥(　)痛(いた)い

2 次の文の形容詞に線を引きましょう。

① 雨雲のある空は、暗い。

② 広い公園に、美しい花がさく。

③ 教室が、とても明るくなる。

④ 新しい本は、難(むずか)しかった。

⑤ 妹は、体が小さくて弱かった。

⑥ やさしい姉が、さびしく笑った。

形容動詞も、形容詞と同じように「りこうだ」「まっすぐだ」「無理だ」「残念だ」のように、人やものの性質や状態・心の状態を表す言葉で、基本形はだで終わります。

3 □にあてはまる字を書きましょう。

① 豊か□なる。
② 簡単（かんたん）□する。
③ 広大□大地
④ すなお□□心
⑤ のびやか□笑う。
⑥ おだやか□ない。

4 次の文の――を引いた形容動詞で、基本形には○を、基本形でないものは基本形を（　）に書きましょう。

① 公園の桜の花がきれいだ。（○）
② この問題は、とても複雑だ。（　）
③ やさしい母は、にこやかな顔で、いつも笑っている。（　）
④ おくびょうなかれも、正義のために、勇かんに戦った。（　）（　）

副詞

名前

月　日

副詞（ふくし）は、次のようなことを表す言葉です。

ア「ゆっくり歩く」「からっと晴れた」のように、動きや状態をくわしくする。

イ「少しください」「かなりゆっくり」のように、量などが「どれくらいか」を表す。

ウ「決して約束を破ってはいけません」（禁止）、「まるで鳥のように飛ぶ」（たとえ）のように、決まった特別の言い方。

1 次の文の（　）にあう副詞を［　］から選んで書きましょう。

① 暑いので、コップに、ジュースを（　　）入れた。

② 大つぶの雨が、（　　）降（ふ）ってきた。

③ 笛の合図で、（　　）（　　）集まろう。

なみなみと
さっと
ザーザー
いっせいに

2 次の文の副詞に線を引きましょう。

① きのう先生に聞いた話は、とても悲しかった。

② 長く降り続いた雨が、やっとあがりました。

③ そこはあぶないので、ちょっと右へ寄りなさい。

④ たいへんお世話になり、ご恩(おん)は決して忘れません。

⑤ あの子は、まだ二才でも、ずいぶんはっきりと話す。

3 ウのような決まった言い方の文を作ります。——を引いた副詞にあうように、□に書きましょう。

① 父は、たぶん今夜もおそく帰るで□□□。（推量(すいりょう)）

② もし、雪が降っ□□、雪合戦がしたいです。（仮定）

③ どうか、その本を貸して□□□□。（願望・たのみ）

④ どうして、あなたは音楽が好きなの□□□。（質問）

⑤ まさか、君が負けることは□□□□□□。（打ち消し推量）

助詞

助詞（じょし）は、「——が」、「——は」のように言葉にくっついて関係を表したり、意味をそえたりします。「ゆるさんぞ」、「楽しいね」のように、文末につくこともあります。

名前

月　日

1 次の文の□にあてはまる助詞を書きましょう。

① 海□泳ぐ。

② 学校□門が開いている。

③ 父が自動車□動かす。

④ あなた□本を貸そう。

⑤ 飛行機は新幹線□速い。

⑥ 車は東京□大阪へ向かう。

⑦ 九時から十時□勉強する。

⑧ こっそり君に□うちあける。

⑨ 見れば見る□美しい。

⑩ 勉強する□、ほめられる。

⑪ 見たり聞い□した。

⑫ これはだれのです□。

2 次の文の助詞を○で囲みましょう。

① 身長は高いが、体重は軽い。

② その金の時計、すてきだね。

③ 家族からさえ見放されたよ。

④ 親友の君にだけは話そう。

3 次の文の［　］で囲んだ助詞はどのような働きをするか、［　］のア～オから選び記号で書きましょう。

①（　　）ジュース［でも］飲もうか。

②（　　）本を百冊（さつ）［も］読んだ。

③（　　）紙を五枚（まい）［ばかり］くれよ。

④（　　）くつ［とか］服［とか］買おう。

⑤（　　）いったい何をするの［やら］。

ア 並（なら）べたて
イ およその程度
ウ 強調
エ 疑問（ぎもん）
オ 軽い気持ちの例示

4 次の――を引いた言葉で、使われ方がちがうものを一つ選び、（　）に○をつけましょう。

①
（　）ぼくが、案内した。
（　）父が、帰って来た。
（　）見たが、分からない。

②
（　）二人きりで遊んだ。
（　）人生は一度きり。
（　）きりのよい数字。

接続語（つなぎ言葉）

名前

月　日

文と文をつなぐ接続詞（せつぞくし）には、次のような種類があります。

ア　前の文から予想できる内容が続く。
イ　前の文からは予想できない内容が続く。
ウ　前後の内容を比べたり、選んだりする。
エ　前の文の内容の理由や説明。
オ　前の文にさらにつけ加える文が続く。
カ　話題を変える文が続く。

1　次の文の――を引いた接続詞は、ア〜カのどの種類ですか。（　）に記号を書きましょう。

①　母は病気です。でも、心はとても元気です。……（　）
②　のどがかわいた。それで、水を飲んだ。……（　）
③　ところで、これから遠足の話をしましょう。……（　）
④　強い風です。そのうえ、雨が激（はげ）しく降（ふ）ってきました。……（　）
⑤　欠席します。なぜなら、体調が悪いからです。……（　）
⑥　ごはんにしますか。それとも、パンにしますか。……（　）

2 次の（　）にあてはまる接続詞を[　]から選び記号で書きましょう。

① 雨が降った。（　）、遠足は中止だ。

② 体調が悪い。（　）、学校へは行く。

③ お茶を飲む。（　）、ジュースも飲む。

だが
したがって
それに

一つの文の中で前の部分と後ろの部分をつなぐ接続助詞には、次のようなものがあります。

ア 「原因や理由」の後に、予想できる「結果や結論（けつろん）」が続くことを表す。

イ アと異（こと）なり、予想外の「結果や結論」が続くことを表す。

ウ 並（なら）べたてたり、続けたりすることなどを表す。

3 次の文の――を引いた接続助詞は、ア～カのどの種類ですか。（　）に記号を書きましょう。

①（　）夕焼けが赤いから、明日は晴れだ。

②（　）気温も高いし、しつ度も高い。

③（　）父が止めたのに、兄は外出した。

④（　）春になれば、花がさく。

⑤（　）なぐさめても、弟は泣きやまない。

文末表現 ①

名前

月　日

1 過去・現在・未来のことを表す文について考えましょう。

(1)「休む」を変化させ、過去（昨日）、現在（今）、未来（明日）の文にしましょう。

ア 昨日、大西さんは、学校を（　　　　）。

イ 今、大西さんは、学校を（　　　　）。

ウ 明日、大西さんは、学校を（　　　　）。

(2) 動きの進む順になるように、（　）に番号を書きましょう。

①
（　）かえるが泳いでいる。
（　）かえるが泳ごうとしている。
（　）かえるが泳ぎ終わる。

②
（　）ぼくは、本を読み終えた。
（　）ぼくは、本を読んでいる。
（　）ぼくは、本を読み出す。

2 予想から確定に移っていく順になるように、（　）に番号を書きましょう。

①
（　）ベスは、どうも病気らしい。
（　）ベスは、きっと病気だろう。
（　）ベスは、確かに病気だ。

②
（　）サムは、海へ行く。
（　）サムは、海へ行くにちがいない。
（　）サムは、海へ行くようだ。

③
（　）いとこが訪ねて来るはずだ。
（　）いとこが訪ねて来る。
（　）いとこが訪ねて来るかもしれない。

3 例のように、主語をかえた文を作りましょう。

〈例〉 犬が　ねこを　追う。 → ねこが　犬に　追われる。

① 母親が　赤ちゃんを　だく。
（赤ちゃんが　　　　）

② 先生が　春子さんを　ほめる。
（　　　　）

③ 子どもが　父親に　助けられる。
（　　　　）

④ どろぼうが　警察官に　たいほされた。
（　　　　）

文の意味が変わらないようにね！

文末表現 ②

名前

月　日

文には、次のような種類があります。

ア　打ち消し予想の文…あの子に、ホームランは打てまい。

イ　希望の文…わたしは先生になりたい。／ぜひパーティーに招待してほしい。

ウ　伝え聞きの文…富士山にはごみが多いそうだ。

エ　ためしの文…かえるにさわってみる。

オ　可能の文…兄は、英語がしゃべれる。

カ　指図の文…父が、妹にかたをたたかせる。

1 次の①〜⑥の文は、ア〜カのどの種類の文ですか。（　）に記号を書きましょう。

①（　）この犬はのら犬ではあるまい。

②（　）まなさんが退院したそうだ。

③（　）母が、弟に勉強をさせる。

④（　）わたしは、好きな本を買いたい。

⑤（　）母にお願いしてみる。

⑥（　）父は、竹とんぼが作れる。

文には、次のような種類があります。

ア　打ち消しの文…秘密(ひみつ)はだれにも話さない。
イ　質問・疑問(ぎもん)の文…くじらは、けものですか。
ウ　命令の文…早く帰れ。／しっかりボールを投げろ。
エ　禁止する命令の文…ボールを投げるな。
オ　義務の文…子どもはうんと遊ぶべきだ。／健康に気を付けなければならない。
カ　やる気や予定を表す文…友達をたくさん作ろう。／兄は、高い山に登るつもりだ。

2　次の①～⑥の文は、ア～カのどの種類の文ですか。（　）に記号を書きましょう。

①（　）早く食べろ。
②（　）君はなまけ者ではない。
③（　）だれがそうじをしますか。
④（　）今日は計算練習をがんばろう。
⑤（　）けっして悪いことはするな。
⑥（　）いつも正直に話さねばならない。

3　次の「か」で終わる文が表す意味を［　］から選び、（　）に記号で書きましょう。

（　）さあ、向こうへ行こうか。
（　）窓(まど)からごみを捨(す)てていいのか。
（　）こら、さっさと宿題をしないか。

［ あ 命令　い さそい　う 反対の意味 ］

文の種類 ①

名前

月　日

文には、次のような種類があります。

ア　主語・述語を一組だけもつ文

〈例〉弟は三年生だ。／妹はもうすぐ一年生だ。 ※「もうすぐ」という修飾語がありますが、主語・述語は一組の文です。

イ　二組の主語・述語からなる文

〈例〉弟は三年生で、妹は一年生だ。

ウ　二組の主語・述語をもち、一方がもう一方の言葉を修飾する文

〈例〉サッカーが（主）大好きな（述）　弟は（主）　三年生だ。（述）

1 次の文は、ア、イ、ウのどの種類の文ですか。（　）に記号で書きましょう。

①（　）魚が泳ぎ、水草がゆれる。

②（　）魚が泳ぐ。

③（　）弟がつってきた魚が泳ぐ。

④（　）イルカは、ぼくがあげたエサを食べた。

⑤（　）くじらはけものだ。

⑥（　）くじらはけものだが、マンボウは魚だ。

2 次の二つの文を、一つの文にしましょう。

① 花がさく。（そして）実がなる。

花
、
。

② 強風がふいた。（それで）看板（かんばん）がたおれた。

③ つりはおもしろい。（だから）ぼくは海へ行きたい。

3 次の文を、二つの文に分けましょう。

① あれは羊で、これは牛だ。

（　　　　）（　　　　）

② 大雨が降（ふ）ったので、がけがくずれた。

（　　　　）（そのため、）（　　　　）

③ パソコンは便利だから、ぼくは熱心に練習している。

（　　　　）（だから、）（　　　　）

文の種類 ②

名前

月　日

1 次の文の続きを［　］から選んで（　）に書きましょう。

① 台風がきたので、（　　　　）。
② 台風がきたのに、（　　　　）。
③ 仲がいいから、（　　　　）。
④ 仲がいいけど、（　　　　）。

ひ害はなかった
ひ害があった
けんかをしない
けんかをする

2 次の文の続きを［　］から選んで（　）に書きましょう。

① 大阪にも行ったし、（　　　　）。
② 大阪には行ったが、（　　　　）。
③ ぼくが止めたら、（　　　　）。
④ ぼくが止めても、（　　　　）。

京都には行かなかった
京都にも行った
君は行くだろう
君は行かないだろう

3 次の文の――を引いた部分が修飾（しゅうしょく）する言葉を（　）に書きましょう。

〈例〉大きな実のなった枝は、重くて折れそうだ。　（枝）

① ぼくたちの乗ったバスが、高速道路を走っている。　（　　）

② わたしたちは、波のおだやかな海で泳ぎます。　（　　）

4 次の文の組み立てを考え、□や□にあてはまる言葉を書きましょう。

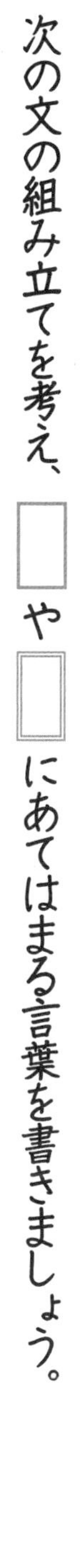

① ぼくが作った作品が、コンクールに入選した。

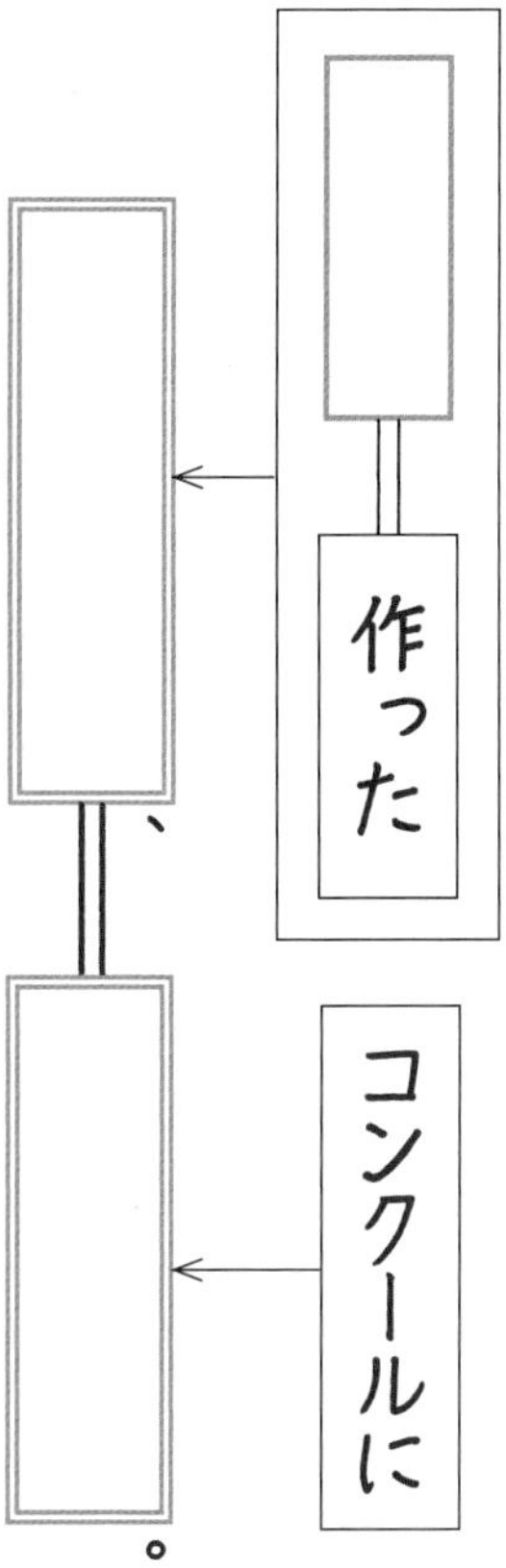

作った
コンクールに

② 父は、母が作った料理をおいしそうに食べている。

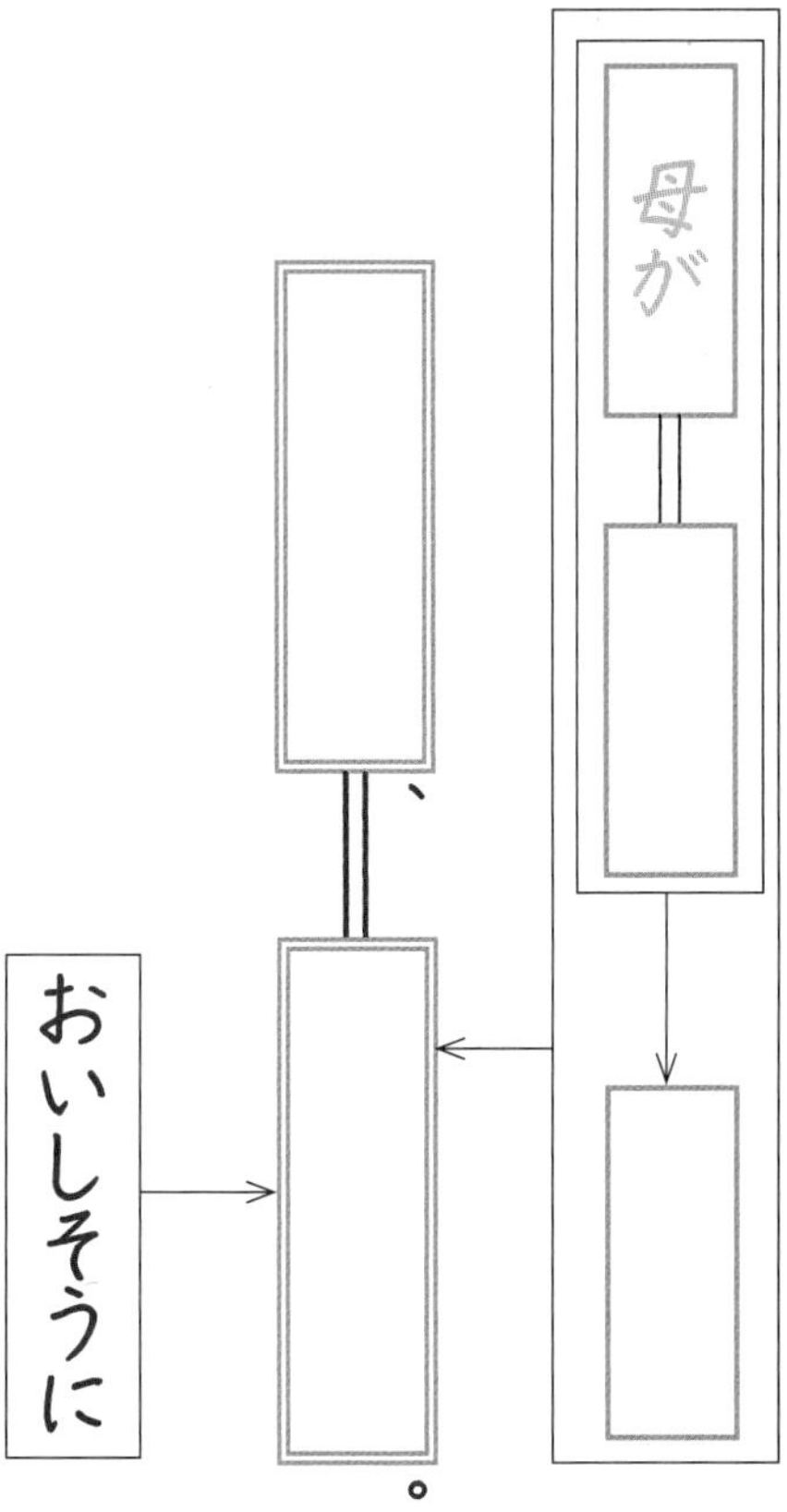

母が
おいしそうに

接頭語

名前

月　日

接頭語（せっとうご）とは、名詞（めいし）・動詞・形容詞などの言葉（単語）の上につき、ある意味をそえたり、調子をつけたり、性質を変えたりする言葉です。

〈例〉 真ん中　不自由　か細い

1 次の接頭語は、続く語を否定（ひてい）（打ち消し）します。後に続く言葉を下の□から選んで書きましょう。

① 不［　　］　不［　　］

② 非［　　］　非［　　］

③ 無［　　］　無［　　］

関心　常識　事故　可能　公開　幸せ

2 例のように、「お」や「ご」の接頭語がつく敬語（けいご）を書きましょう。

① 〈例〉 お顔

お［　　］　お［　　］

② 〈例〉 ごあいさつ

ご［　　］　ご［　　］

③ 次の接頭語につく言葉を［　］から選んで書きましょう。

① す（　　　　）

② こ（　　　　）

③ た（　　　　）

［高い　やすい　早い］

④ 次の文の（　）にあてはまる、語調（言葉の調子）を強める接頭語を［　］から選んで書きましょう。

① ぼくは、ボールを（　　　）とばす。

② 強いレスラーは、相手を（　　　）とばす。

③ レーサーは、車を（　　　）とばす。

［すっ　かっ　ふっ］

⑤ 次の言葉の接頭語を○で囲みましょう。

① 不始末

② 無表情

③ 小一時間

④ 非鉄金属

⑤ まっさかさま

⑥ すあし

⑦ 差しおさえる

⑧ 打ち寄せる

接尾語

名前　　　　月　　日

接尾語（せつびご）とは、名詞（めいし）・動詞・形容詞などの言葉（単語）の下につき、意味をそえたり、調子（リズム）をつけたり、性質を変えたりする言葉です。

〈例〉　ぼくら　早さ　学者ぶる

1 次の言葉にあう接尾語を下の［　］から選んで□に書き、その語がそえる意味を［　］から選んで（　）に記号を書きましょう。

① 寒□……（　）

② ほえ□…（　）

③ 兄き□…（　）

④ あせ□…（　）

ぶる
ばむ
がる
たてる

ア　様子を見せる。
イ　様子をおびる。
ウ　強調する。
エ　それらしく見せようとする

2 次の接尾語のうち、よりていねいな言い方に○をつけましょう。

① （　）君ら　（　）君たち

② （　）秋山様　（　）秋山さん

3 ①～④の例のような接尾語のつく言葉を□から選び、□に書きましょう。

① 〈例〉春めく

めく　めく

② 〈例〉悲しげ

げ　げ　げ

③ 〈例〉酸性

性　性

④ 〈例〉計画的

的　的　的

文化　ざわ　楽し　中　強制　アルカリ　秋　感動　はかな　得意

4 次の表の形容詞を、「さ」や「がる」をつけて名詞や動詞に変えて書きましょう。

	形容詞	名詞（さ）	動詞（がる）
①	強い		
②	うれしい		
③	苦しい		

そのちょうし♪

擬音語・擬態語

名前

月　日

擬音語（ぎおんご）…ものの音や動物の鳴き声をまねてつくった言葉。ふつう、片仮名（かたかな）で書く。
〈例〉ザーザー　ガチン　ワンワン
擬態語（ぎたいご）…ものごとの様子や身ぶりなどの感じを、それらしく表す言葉。
〈例〉ぬるぬる　ぞろぞろ　にっこり

1 次の文の（　）にあてはまる擬音語を［　］から選んで書きましょう。

① お寺のかねが（　　　）と鳴る。

② 紙のたばが（　　　）と落ちた。

③ （　　　）とドアが開く。

④ （　　　）と牛肉を焼いた。

⑤ （　　　）とあわが出始めた。

⑥ 赤ちゃんが（　　　）と泣く。

ギーッ　ゴーン　ドサッ　ジューッ　シュワーッ　オギャー

2 次の①〜④の様子をよく表しているのは、下の[ ]のどの擬態語を使ったときですか。（　）に書きましょう（二度使うものもあります）。

① 速く歩いている。………（　　）（　　）

② ゆっくり歩いている。……（　　）（　　）

③ 用心深く歩いている。……（　　）

④ 気ぜわしく歩いている。…（　　）

そろそろ
すたすた
のろのろ
せかせか
歩いている

3 次の擬態語はどんなときに使いますか。[ ]から選び、□に記号を書きましょう。

① くすくす □　② ぶうぶう □

③ こっくり □　④ すやすや □

⑤ ごくごく □　⑥ くんくん □

ア うなずく。
イ 勢いよく飲む。
ウ 文句を言う。
エ 安らかにねむる。
オ においをかぐ。
カ ひそやかに笑う。

4 「はらはら」を使って短文を作りましょう。

（　　）

慣用句

名前

月　日

1 次の①～⑦の意味にあう慣用句を［　］から選び、（　）に記号を書きましょう。

①（　）気持ちがすっきりする。
②（　）自分でじかにする。
③（　）こっそりとする。
④（　）金額や数をきちんと合わせる。
⑤（　）とても一生けん命に努力する。
⑥（　）感心して、自然に敬う。
⑦（　）相手の弱味を見つけ、自分の思いどおりにしようとする。

ア　足元を見る
イ　頭が下がる
ウ　胸がすく
エ　目をぬすむ
オ　骨身をけずる
カ　手を下す
キ　耳をそろえる

2 慣用句を正しく使っている文を選び、（　）に記号を書きましょう。

①　目玉が飛び出る（　）
ア　目玉が飛び出るほど悲しんだ。
イ　目玉が飛び出るほどおどろいた。

②　身の毛がよだつ（　）
ア　身の毛がよだつほどのきょうふ
イ　身の毛がよだつほどの落ち着き

③「口」に関する慣用句の意味を［　］から選び、（　）に記号を書きましょう。

口
- がかたい……（　）
- が軽い……（　）
- がすべる……（　）
- に合う……（　）
- を切る……（　）
- をそろえる…（　）
- をはさむ……（　）

ア　人の話をさえぎって、割りこんで話す。
イ　うっかり言ってしまう。
ウ　最初に言い出す。
エ　味が好みに合い、おいしく食べられる。
オ　秘密のことでも、すぐにしゃべってしまう。
カ　秘密を守り、簡単にはしゃべらない。
キ　みんなで同じことを言う。

④次の（　）にあてはまる体の部位を［　］から選んで慣用句を完成させ、その意味を［　］から選んで□に記号を書きましょう。

①（　）がすわる……□
②（　）が上がる……□
③（　）をかしげる…□
④（　）を持つ……□

首　腹　かた　うで

ア　疑わしく思う
イ　上達する
ウ　かくごが決まっている
エ　味方になる

ことわざ

名前

月　日

1 次の（　）にあてはまる動物の名前を[　]から選んで書き、ことわざを完成させましょう。

① （　　）にしんじゅ
② （　　）に豆鉄ぽう
③ （　　）の耳に念仏
④ （　　）の手も借りたい
⑤ （　　）で（　　）をつる

馬　たい　ねこ　はと　えび　ぶた

2 次の（　）にあてはまる体の部位を[　]から選んで書き、ことわざを完成させましょう。

① 仏の（　　）も三度
② （　　）もと過ぎれば熱さ忘（わす）れる
③ 上手の（　　）から水がもれる
④ 人の（　　）には戸は立てられない
⑤ （　　）のあかをせんじて飲む
⑥ （　　）に腹（はら）はかえられぬ
⑦ かべに（　　）あり　しょうじに（　　）あり

顔　目　耳　口　のど　手　背（せ）　つめ

3 次の①～④のことわざと意味があうように、線で結びましょう。

① おのれの頭のはえを追え　・　　・　むだな心配はしない方がよい。

② 情けは人のためならず　・　　・　人に親切にすると、いつか自分にもよいことがめぐってくる。

③ あしたはあしたの風がふく　・　　・　人の世話をやくより、まず自分のことを考えなさい。

④ 船頭多くして船山に登る　・　　・　指図する人が多いと、意見が分かれてとんでもない方向に進む。

4 次の二つのことわざが、似た意味なら○、ちがう意味なら×を書きましょう。

①（　）急がば回れ／せいては事を仕損じる

②（　）月とすっぽん／ちょうちんにつりがね

③（　）うそから出たまこと／ひょうたんからこま

④（　）おにの目にもなみだ／おにに金棒（かなぼう）

⑤（　）二階から目薬／目の中に入れても痛（いた）くない

⑥（　）後は野となれ山となれ／立つ鳥あとをにごさず

手紙の書き方

名前

月　日

次の文章は、中村さんが書いた郷土文化資料館へのお礼の手紙です。

ア

また、分からないことがあれば、ぜひ行かせていただきます。これからも、お体にお気をつけてお過ごしください。

イ

新緑のかがやく季節となりました。その後お元気で郷土文化資料館のみなさま、その後お元気でしょうか。

ウ

先日は、郷土の作家について分かりやすく説明してくださり、ありがとうございました。たくさんの資料を出していただき、とても勉強になりました。館長さんが、何でも聞いてね、と、わたしの質問に全て答えてくださり、とてもうれしかったです。おかげさまで「好きな作家発表会」では、よい発表ができそうです。

エ

五月十八日

桜台小学校　六年一組

中村　洋子

郷土文化資料館御中

(1) ア～エを正しい順に並びかえましょう。

（　　）→（　　）→（　　）→（　　）

(2) 改まった手紙には、左のような決まった形式があります。ア～エはどれにあたるか、（　）に記号を書きましょう。

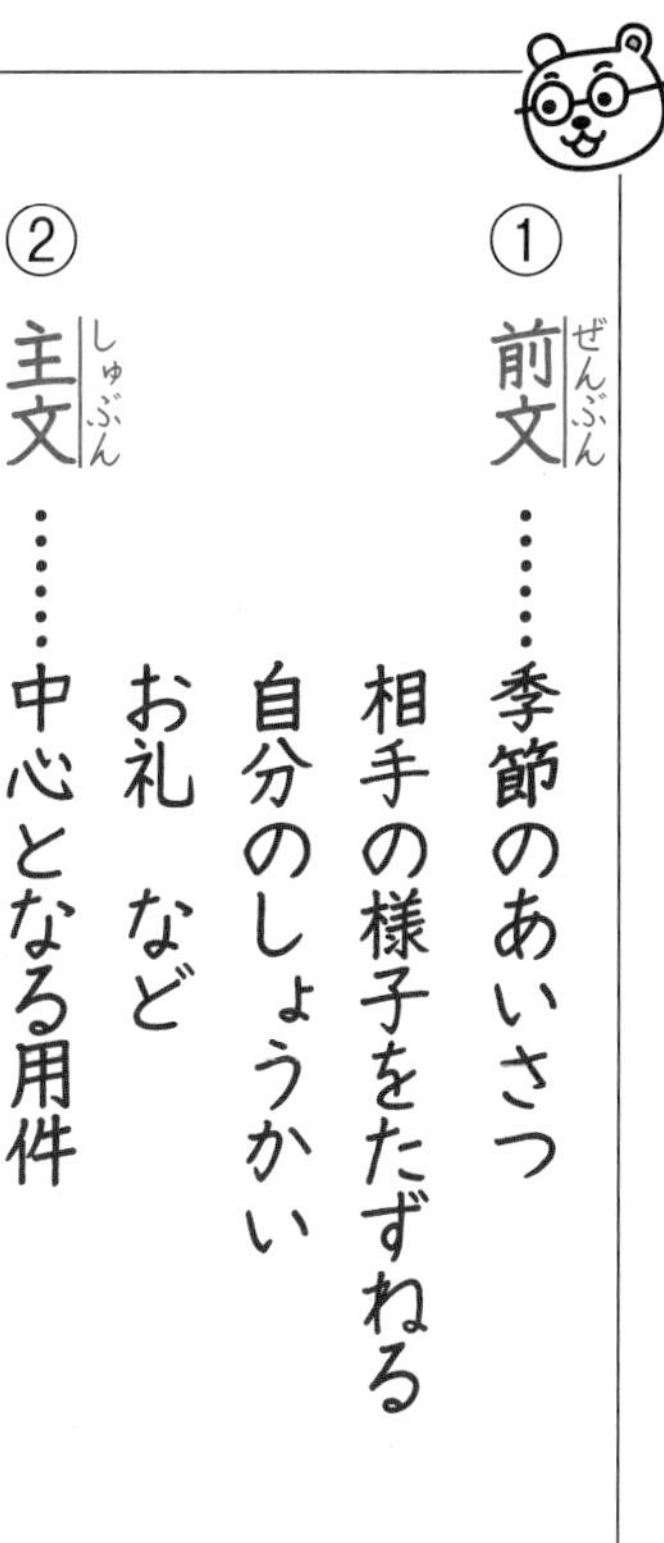

①前文……季節のあいさつ
相手の様子をたずねる
自分のしょうかい
お礼　など

②主文……中心となる用件

③末文……しめくくりのあいさつ

④後付け……日付、自分の名前
相手の名前
※あて名が個人名でないときは「御中」を使います。

①前文……（　　）

②主文……（　　）

③末文……（　　）

④後付け……（　　）

みんなも手紙を書いてみよう！

2 次の訓令式のローマ字で表した言葉を、平仮名に直して書きましょう。

① huta（　　）　② sakura（　　）　③ syasin（　　）

④ tyabin（　　）　⑤ zyunban（　　）　⑥ kôen（　　）

⑦ sippo（　　）　⑧ okâsan（　　）　⑨ syônen（　　）

⑩ nattô（　　）　⑪ takkyû（　　）　⑫ kon'ya（　　）

のばす音はâやôと表します。

3 次のヘボン式のローマ字で表した言葉を、平仮名に直して書きましょう。

① ishi（　　）　② chizu（　　）　③ juken（　　）

④ janken（　　）　⑤ chûgaku（　　）　⑥ jôhô（　　）

⑦ kotchi（　　）

⑧ samma（　　）

ヘボン式では、chの前につまる音がきたら、tをつけます。

matchi　pitchâ
マッチ　ピッチャー

ローマ字 ①

名前

月　日

1 ローマ字には、「訓令式（くんれいしき）」と「ヘボン式」の２つの書き表し方があります。例のように、訓令式には㋗、ヘボン式には㋬を（　）に書きましょう。

〈例〉

し（㋗）si
　（㋬）shi

しゃ（㋗）sya
　　（㋬）sha

① ち（　）ti
　　（　）chi

② つ（　）tu
　　（　）tsu

③ ふ（　）hu
　　（　）fu

④ じ ぢ（　）zi
　　　（　）ji

⑤ しゅ（　）syu
　　　（　）shu

⑥ しょ（　）syo
　　　（　）sho

⑦ ちゃ（　）cha
　　　（　）tya

⑧ ちゅ（　）chu
　　　（　）tyu

⑨ ちょ（　）cho
　　　（　）tyo

⑩ じゃ ぢゃ（　）ja
　　　　（　）zya

⑪ じゅ ぢゅ（　）ju
　　　　（　）zyu

⑫ じょ ぢょ（　）jo
　　　　（　）zyo

ⓝの表し方　「ん」（n）の後にa・i・u・e・oやyが続く場合、「n」のあとに「'」を付けます。

han'i（範囲（はんい））、pan'ya（パン屋）

ヘボン式では、「ん」の後にp・b・mがくる場合、「m」で表します。

empitsu（えんぴつ）、tombi（とんび）

hammâ（ハンマー）

ローマ字 ②

名前

月　日

3 次の大文字と小文字で表した言葉を、漢字や平仮名に直して書きましょう。（人名は平仮名で書きます。）

① Nippon
（　　　）

② Hyôgo-ken
（　　　）

③ Kôbe-shi
（　　　）

④ 5-banchi
（　　　）

⑤ Tsujimoto-Ryûichirô
（　　　）

⑥ Reiwa 2-nen 8-gatsu 31-nichi
（　　　）

4 次のクイズの答えを［　　］から選び、（　）に記号を書きましょう。

① Natsu no tsugi no kisetsu wa※?
（　　　）

② Toshoshitsu ni aru mono wa?
（　　　）

③ Haru o※ daihyô suru hana wa?
（　　　）

④ Kanji o gakushû suru kyôka wa?
（　　　）

ア Sakura　イ Hon　ウ Aki　エ Kokugo

※「は」「を」「へ」は、「wa」「o」「e」と書き表します。

1 次の訓令式(くんれいしき)のローマ字（大文字）で表した言葉を、漢字に直して書きましょう。

① RIKA（　　　）　② ONGAKU（　　　）　③ TAIIKU（　　　）

④ SYÛZI（　　　）　⑤ ZUKÔ（　　　）　⑥ SANSÛ（　　　）

⑦ DÔTOKU（　　　）　⑧ GAKKI ※リコーダーなど（　　　）　⑨ KYÛSYOKU（　　　）

⑩ SYAKAIKENGAKU（　　　）

2 次のヘボン式のローマ字（大文字）で表した言葉を、漢字や仮名に直して書きましょう。

① TOCHI（　　　）　② SHIMA（　　　）　③ FUJISAN（　　　）

④ CHAWAN（　　　）　⑤ SHOKUJI（　　　）　⑥ JAGAIMO（　　　）

⑦ SHÔBU ※植物（　　　）　⑧ CHÛRIPPU（　　　）　⑨ CHÔCHO（　　　）

3 次の言葉を、ヘボン式の小文字で書きましょう。

① すし sushi
② つり
③ ちいき
④ じかん
⑤ ちょきん
⑥ ゆうびん
⑦ じょうだん
⑧ きっぷ
⑨ しゅうじ
⑩ ジェットき
⑪ ちょっきゅう
⑫ さんぽ

4 次の言葉を、ヘボン式の大文字で書きましょう。

① つる TSURU
② ふえ
③ まち
④ でんしゃ
⑤ しょくじ
⑥ ちゅうしゃ
⑦ とんぼ

名前

月　日

1 次の言葉を、訓令式(くんれいしき)の小文字で書きましょう。

① いえ ie
② りんご
③ きしゃ
④ きんぎょ
⑤ くうき
⑥ どうろ
⑦ きって
⑧ いっしょ
⑨ はっぱ
⑩ にゅういん
⑪ りょうしん
⑫ げっしゃ
⑬ がっこう
⑭ たっきゅう
⑮ せんい sen'i
⑯ しんや

2 次の言葉を、訓令式の大文字で書きましょう。

① さる SARU
② たぬき
③ にんぎょ
④ おんぶ
⑤ ろうそく
⑥ きょうだい
⑦ ひょうたん
⑧ れっしゃ
⑨ たんい

ローマ字 ④

名前　　　　月　　日

コンピュータでは、「ぢ」、「づ」、「は」、「を」、「ん」は、ふつう、次のように打ちます。

ぢ… D I　づ… D U　は… H A

を… W O　ん… N N

また、次のようなのばす音には、Uをつけます。

こうえん…… K O U E N N

きゅうり…… K Y U U R I

② コンピュータで打つつもりで、次の言葉や文をローマ字の大文字で書きましょう。

① 手作り

② 本屋

③ ぼくは予習をする

① 次のクイズに、ヘボン式のローマ字で答えましょう。例のように、一文字目は大文字で書きましょう。

〈例〉Byôki ni nattara, utareru mono wa(は)?
(答え) Chûsha

① Haru, hanami o(を) suru hana wa nâni?

② Jidôsha to hikôki de, hayai hô wa?

③ "Wan wan" to naku dôbutsu wa nâni?

④ Oyogu toki ni kiru mono wa,
nan deshô?

⑤ Taiyô to tsuki de, chikai hô wa?

⑥ Pan wa pan demo, taberarenai pan wa
nan deshô?

(答え)

① ______ ② ______

③ ______ ④ ______

⑤ ______ ⑥ ______

詩　せんねん　まんねん

名前

月　日

次の詩を読み、あとの問いに答えましょう。

いつかのっぽのヤシの木になるために
そのヤシのみが地べたに落ちる
その地ひびきでミミズがとびだす
そのミミズをヘビがのむ
そのヘビをワニがのむ
そのⒶワニを川がのむ
その川の岸ののっぽのヤシの木の中を
昇(のぼ)っていくのは
今まで土の中でうたっていた清水(しみず)
その清水は昇って昇って昇りつめて
Ⓑヤシのみの中で眠(ねむ)る

(1) Ⓐワニを川がのむとは、どういうことを表していますか。○をつけましょう。

（　）ワニのいる川の流れが激(はげ)しいこと
（　）ワニが川で死んでしまうこと
（　）ワニが川の水をのむこと

(2) Ⓑヤシのみの中で眠るのは何ですか。

（　　　　）

(3) Ⓒはるなつあきふゆと平仮名で書いているのはなぜですか。○をつけましょう。

（　）漢字の読めない子にもこの詩がわかるようにするため。
（　）平仮名の持つやわらかさがこの詩にふさわしいから。

その眠りが夢でいっぱいになると
いつかのっぽのヤシの木になるために
そのヤシのみが地べたに落ちる
その地ひびきでミミズがとびだす
そのミミズをヘビがのむ
そのヘビをワニがのむ
そのワニを川がのむ
その川の岸に
まだ人がやって来なかったころの
Ⓒはるなつあきふゆ　はるなつあきふゆの
Ⓓながいみじかい　せんねんまんねん

（まど・みちお『国語六 創造』光村図書）

（　）漢字のない遠い昔を表現するため。

(4) Ⓓ「ながいみじかい　せんねんまんねん」と表現しているのはなぜですか。○をつけましょう。

（　）ながい、みじかいことをヤシや動物はわからないから。
（　）食べる、食べられるのくり返しはみじかいが、そのくり返しはながく続くから。
（　）せんねんはみじかいが、まんねんはながいから。

(5) この詩に使われている表現の工夫を二つ選び、○をつけましょう。

（　）同じ表現をくり返している。
（　）人間以外のものを人間にたとえている（擬人法）。
（　）文の順序を逆にしている（倒置法）。

俳句

名前

月　日

1 次の（　）にあてはまる言葉を□から選び、記号で書きましょう。

俳句は（　）の（　）音から成ります。「（　）」という、季節を表す言葉を盛りこむことになっています。そして、（　）と数えます。

俳句は（　）から生まれ、（　）時代、（　）により芸術として高められました。

ア　一句、二句
イ　芭蕉
ウ　十七
エ　五・七・五
オ　季語
カ　江戸
キ　短歌

2 次の□にあてはまる言葉を□から選び、記号で書きましょう。

① □村いっぱいの子どもかな　　小林　一茶

② 閑さや岩にしみ入る□　　松尾　芭蕉

③ □隣は何をする人ぞ　　松尾　芭蕉

④ □海に夕日を吹き落とす　　夏目　漱石

ア　蝉の声
イ　秋深き
ウ　凩や
エ　雪とけて

③ 次の俳句の季語を（　）に、その季節を□に書きましょう。

あ 山路来て何やらゆかしすみれ草　松尾芭蕉　（　）□

い 春の海終日のたりのたりかな　与謝蕪村　（　）□

う 柿くへば鐘が鳴るなり法隆寺　正岡子規　（　）□

え 夏の蝶日かげ日なたと飛びにけり　高浜虚子　（　）□

④ 次の季節の季語を□から選び、（　）に記号で書きましょう。

春…（　）　夏…（　）

秋…（　）　冬…（　）

ア こたつ
イ うなぎ
ウ 山桜
エ 落ち葉

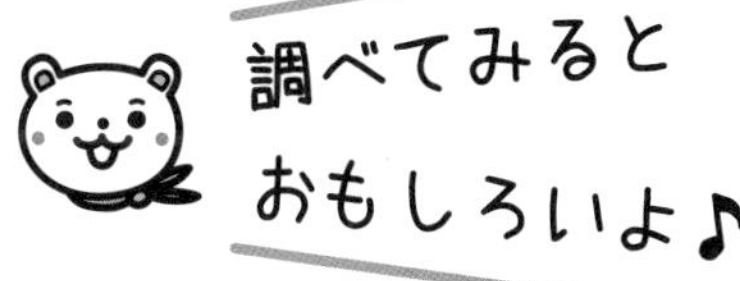

短歌

名前

月　日

1 次の□にあてはまる漢字や漢数字を書きましょう。

① 短歌は、五・□・□・□・□の□□□音から成ります。

② 短歌は、奈良時代に作られた□葉集から、□年以上の伝統があります。

③ 短歌は、一□、二□と数えます。

④ お正月に遊ぶ□人□□は、昔の短歌（和歌）をかるたにしたものです。

⑤ 有名な歌人に、□原□秋や□岡□規がいます。

〈ヒント〉①と②には、すべて漢数字が入るよ。
③は体の部位、④には漢数字と体の部位が入るよ。
⑤の一人目の□には方角と色が入り、二人目の□には一年生の漢字が入るよ。

2 次の短歌に出てくる言葉の説明で、正しい方に○をつけましょう。

あ 石走る垂水の上のさわらびの萌え出づる春になりにけるかも　志貴皇子

い 秋来ぬと目にはさやかに見えねども風のおとにぞおどろかれぬる　藤原敏行

う みちのくの母のいのちを一目見ん一目見んとぞただにいそげる　斎藤茂吉

① 垂水
（　）流れの速い水、急流。
（　）落ちてくる水、たき。

② さわらび
（　）芽を出したばかりのわらび。
（　）りっぱに生長した見事なわらび。

③ 萌え出づる
（　）草木が、芽を出し始める。
（　）草木が、花をさかせる。

④ おどろかれぬる
（　）急に、びっくりさせられた。
（　）はっと気がついた。

⑤ みちのく
（　）今の関東地方の辺り。
（　）今の東北地方の辺り。

⑥ ただに
（　）何も持たずに
（　）ひたすら

物語文

あの坂をのぼれば ①

名前

月　日

次の文章を読み、あとの問いに答えましょう。

——あの坂をのぼれば、海が見える。

少年は、朝から歩いていた。草いきれ(Ⓐ)がむっとたちこめる山道である。顔も背(せ)筋(すじ)もあせにまみれ、休まず歩く息づかいがあらい。

——あの坂をのぼれば、海が見える。

それは、幼(おさな)いころ、そいねの祖母から、いつも子守歌(こもりうた)のように聞かされたことだった。うちのうらの、あの山を一つこえれば、海が見えるんだよ、と。

その、山一つ(Ⓑ)、という言葉を、少年は正直にそのまま受け止めていたのだが、

(1) 少年が歩いているのは、「どこ」ですか。

草いきれがたちこめる（　　　　）

(2) Ⓐ草いきれとは何ですか。正しいものに○をつけましょう。

（　）夏、日が強く照っているとき、草のしげみから出る、むっとするような熱い空気。

（　）春のあたたかな日、草のしげみをきぬ布のようにゆらす、さわやかな風。

（　）においのある草がたくさんあり、そのにおいがむっとして気分が悪くなってしまうこと。

それはどうやら、しごく大ざっぱな言葉※のあやだったらしい。現に、今こうして、とうげを二つ三つとこえても、まだ海は見えてこないのだから。

それでも少年は、呪文(じゅもん)のように心に唱えて、のぼってゆく。

——あの坂をのぼれば、海が見える。

のぼりきるまで、あと数歩。半ばかけだすようにして、少年はそのいただきに立つ。しかし、見下ろす行く手は、またも波のように、下ってのぼって、その先の見えない、長い長い山道だった。

少年は、がくがくする足をふみしめて、もう一度気力を奮(ふる)い起こす。

※ 何かを伝えるとき、事実よりも意識的にことばをかざってたくみに言うこと。

（杉 みき子『ひろがる言葉 小学国語 六上』教育出版）

(3) 少年が、幼(おさな)いころ、そいねの祖母から、いつも子守歌のように聞かされたことを二つ書きましょう。

（あの　　　　　　　　　　　　）

（うちの　　　　　　　　　　　）

(4) Ⓑ山一つが言葉のあやだったのが分かったのはなぜですか。

とうげをいくつもこえているのに、まだ

（　　　　）が（　　　　　　）から。

そのちょうし！

物語文

あの坂をのぼれば ②

名前

月　日

次の文章を読み、あとの問いに答えましょう。

――あの坂をのぼれば、海が見える。

少年は、今、どうしても海を見たいのだった。細かくいいえばきりもないが、やりたくてやれないことの数々の重荷が背に積もり積もった時、少年は、磁石が北をさすように、まっすぐに海を思ったのである。自分の足で、海を見てこよう。山一つこえたら、本当に海があるのを確かめてこよう、と。

――あの坂をのぼれば、海が見える。

しかし、まだ海は見えなかった。Ⓐはうようにしてのぼってきたこの坂の行く手

(1) Ⓐはうようにしてのぼってきたこの坂から考えられることに○をつけましょう。

（　）急な坂道をつまずくように急いでのぼってきて、とてもつかれた。

（　）急な坂道を手をつくようにしてのぼってきて、とてもつかれた。

（　）なだらかな坂道をゆっくりのぼってきて、少しつかれた。

(2) Ⓑ道ばたとは、どこですか。正しいものに○をつけましょう。

（　）道の真ん中あたり

（　）道のはし

（　）道の前方

も、やはり今までと同じ、果てしない上り下りのくり返しだったのである。

もう、やめよう。

急に、Ⓑ道ばたにすわりこんで、少年はⒸうめくようにそう思った。こんなにつらい思いをして、坂をのぼったり下りたりして、いったいなんの得があるのか。この先、山をいくつこえたところで、本当に海へ出られるのかどうか、わかったものじゃない……。

額ににじみ出るあせをそのままに、草の上にすわって、通りぬける山風にふかれていると、Ⓓなにもかも、どうでもよくなってくる。じわじわと、疲労(ひろう)がむねにつき上げてきた。


（杉 みき子『ひろがる言葉 小学国語 六上』教育出版）

(3) Ⓒうめくようにということから考えられるものを選び、○をつけましょう。

（　）迷い苦しみながら、そう思った。

（　）迷わず、すぱっと決断するように、そう思った。

（　）あらあらしく声をあげながら、そう思った。

(4) Ⓓなにもかも、どうでもよくなってくるについて、次の問いに答えましょう。

① そのように感じたのは、何をしているときですか。

（　　　　）ににじみ出る（　　　　）をそのままに、（　　　　）にすわって、通りぬける（　　　　）にふかれているとき。

② そのあと、どうなりましたか。

疲労が（　　　　）

物語文　あの坂をのぼれば ③

名前

月　日

次の文章を読み、あとの問いに答えましょう。

声は、上から来る。ふりあおぐと、すぐ頭上を、光が走った。つばさの長い、真っ白い大きな鳥が一羽、ゆっくりと羽ばたいて、先導するように次のとうげをこえてゆく。

――あれは、海鳥だ！

少年はⒶとっさに立ち上がった。

海鳥がいる。Ⓑ海が近いのにちがいない。そういえば、あの坂の上の空の色は、確かに海へと続くあさぎ色だ。

今度こそ、海に着けるのか。

それでも、ややためらって、行く手を見はるかす少年の目の前を、ちょうのようにひらひらと、白い物がまい落ちる。

(1) Ⓐとっさにの意味に○をつけましょう。

（　）考えながら
（　）ちょっと間をおいて
（　）そのときすぐに

(2) 少年が、Ⓑ海が近いのにちがいないと考えた理由をしめす文を二つ書きぬきましょう。

（　　　）
（そういえば、　　　）

てのひらをすぼめて受け止めると、それは、雪のようなひとひらの羽毛だった。

――©あの鳥の、おくり物だ。

ただいっぺんの羽根だけれど、それはたちまち少年の心に、白い大きなつばさとなって羽ばたいた。

――あの坂をのぼれば、海が見える。

少年はもう一度、力をこめてつぶやく。

しかし、そうでなくともよかった。今はたとえ、この後三つの坂、四つの坂をこえることになろうとも、Ⓓ必ず海に行き着くことができる、行き着いてみせる。

白い小さな羽根をてのひらにしっかりとくるんで、ゆっくりと坂をのぼってゆく少年の耳に――あるいは心のおくにか――かすかなしおざいのひびきが聞こえ始めていた。


（杉 みき子『ひろがる言葉 小学国語 六上』教育出版）

(3) ©あの鳥の、おくり物とは、どんなおくり物ですか。○をつけましょう。

（　）もう海に着けることはないだろうというあきらめ
（　）海に着けなくても、がんばったのでよいという気持ち
（　）もしかしたら海に着けるかもしれないという希望
（　）きっと海に着けるという確信

(4) 少年が、Ⓓのように思ったのはなぜですか。○をつけましょう。

（　）三つ、四つの坂をこえれば海に着くことがわかったから。

（　）しおざいの音がきこえてきたので、音のする方へ行けば着けると思ったから。

（　）海鳥を見たことで海が近いと確信し、海を見たい気持ちがよりいっそう強くなったから。

名前

月　日

物語文　川とノリオ ①

次の文章を読み、あとの問いに答えましょう。

Ⓐすすきのほが、川っぷちで旗をふった。ふさふさゆれる三角旗（ばた）を。すすきの銀色の旗の波と、真っ白いのぼりに送られて、ノリオの父ちゃんは、行ってしまった。

暗い停車場（ていしゃば）の待合室で――父ちゃんのかたいてのひらが、いっときもおしいというように、Ⓑノリオの小さい足をさすっていたっけ。

父ちゃんを乗せていった貨物列車の、馬たちの飼い葉のすえたにおい。

すすきはそれからも川っぷちで、白くほほけた旗をふり、――母ちゃんとノリオは橋の上で、夕焼け空をながめていた。暮（く）れかけた

(1) Ⓐに使われている表現技法に○をつけましょう。

（　）擬人（ぎじん）法
（　）体言止め
（　）反復

(2) 父ちゃんは、何に乗って行ってしまいましたか。

（　　　　　）

(3) ノリオの父ちゃんはどこに行ったのですか。最もふさわしいと思うものに○をつけましょう。

（　）戦争
（　）旅行
（　）仕事

町の上の広い広い空。Ⓒ母ちゃんの日に焼けた細い手が、きつくきつくノリオをだいていた。

ぬれたような母ちゃんの黒目に映って、赤とんぼがすいすい飛んでいった。川の上をどこまでも飛んでいった。

また早春

Ⓓ（おいで、おいで。つかまえてごらん。私は、だあれにもつかまらないよ。）

川の水がノリオを呼んでいる。白じらと波だって笑いながら。

ノリオの新しいくりのげたが、片一方、ぷっかりと水にういた。じいちゃんの手作りのくりの木のげた……。

（いぬい とみこ『ひろがる言葉 小学国語 六上』教育出版）

(4) Ⓑのしぐさには、父ちゃんのどんな気持ちが表れていますか。〇をつけましょう。

（　）ノリオのはだがやわらかくて気持ちがいい。

（　）早く大きくなっていっしょに遊びたい。

（　）かわいいノリオともう会えないかもしれない。

(5) Ⓒのときの母ちゃんの思いとして、あてはまらないものに〇をつけましょう。

（　）ノリオが川に落ちると危ない。

（　）ノリオがかわいく、いとおしい。

（　）自分がノリオを育てていくのだという強い思い。

(6) Ⓓおいで、おいでとは、だれがだれを呼んでいる声ですか。

（　　　）が（　　　）を呼んでいる。

物語文　川とノリオ　②

名前

月　日

次の文章を読み、あとの問いに答えましょう。

ノリオの家の母ちゃんは、この日の朝早く汽車に乗って、ヒロシマへ出かけていったという。

黒いきれを垂らした電灯の下に、大人たちの話が続いていた。

じいちゃんが、夜おそく出かけていった。

おぼんの夜（八月十五日）

前に死んだ、ばあちゃんの仏壇に、Ⓐ新しいぼんぢょうちんが下がっている。

じいちゃんはきせるをみがいている。ジュ

(1) Ⓐからわかることに○をつけましょう。

（　）ばあちゃんのぼんちょうちんが古くなったので、新しくした。

（　）母ちゃんも仏壇でまつられている。

（　）夜が暗いから明るくしている。

(2) Ⓑのようになるのはなぜですか。○をつけましょう。

（　）くさいやにのにおいがしたから。

（　）悲しさがこみ上げてきたから。

（　）ノリオに腹を立てたから。

(3) Ⓒしずくとは何のことですか。

（　　　　　）

ーッと焼けるくさいやにのにおい。

Ⓑときどき、じいちゃんの横顔が、へいけがにのように、ぎゅっとゆがむ。ごま塩のひげがかすかにゆれて、ぽっとり、ひざにⒸしずくが落ちる。

＊

Ⓓ母ちゃんのもどってこないノリオの家。

じいちゃんがノリオの雑炊（ぞうすい）をたいた。ぼうっと明るいくどの火の中に、げた作りのじいちゃんの節くれだった手が、Ⓔぶるぶるふるえて、まきを入れる。ぼしゃぼしゃと白くなった、じいちゃんのかみ。

ノリオは、Ⓕじいちゃんの子になった。たばこくさいじいちゃんにだかれてねた。


（いぬい とみこ『ひろがる言葉 小学国語 六上』教育出版）

(4) Ⓓについて、母ちゃんがもどってこないのはなぜですか。理由を選び、○をつけましょう。

（　）旅行に行っているから。

（　）戦争のひ害にあったから。

（　）仕事でまだ家に帰っていないから。

(5) Ⓔからわかることに、○をつけましょう。

（　）寒さにふるえている。

（　）くどの火がこわい。

（　）まきをうまく入れられない。

(6) Ⓕじいちゃんの子になったとはどういうことですか。次の文にあうように、考えて書きましょう。

［　　　　　　　　　　］ので、じいちゃんに育てられることになったということ。

物語文　川とノリオ　③

名前

月　日

次の文章を読み、あとの問いに答えましょう。

また、八月の六日が来る

さらさらとすずしいせの音をたてて、今日もまた川は流れている。

川の底から拾ったびんのかけらを、じいっと目の上に当てていると、ノリオの世界はうす青かった。

［①］照りつける真夏の太陽も、銀色に［②］光るだけ。

＊

幾（いく）たびめかのⒶあの日がめぐってきた。

まぶしい川のまん中で、母ちゃんを一日中、待ってたあの日。そしてとうとう母ちゃんが、もどってこなかった夏のあの日。

ドド……ンという遠いひびきだけは、ノリオも聞いたあの日の朝、母ちゃんはヒロシマ

(1) 上の文章の①、②にあてはまる言葉を、［　］から選んで書きましょう（①、②にはちがう言葉が入ります）。

①（　　　　）

②（　　　　）

キラキラ
ギラギラ

(2) Ⓐあの日とはどんな日ですか。文中から二つ書きぬきましょう。

（　　　　　　　　）あの日

（　　　　　　　　）あの日

で焼け死んだという。ノリオたちがなんにも知らないまに。

じいちゃんが、母ちゃんを探して歩いた時、暗いヒロシマの町には、死骸から出るりんの火が、幾晩も青く燃えていたという。折り重なってたおれた家々と、折り重なって死んでいる人々の群れ……。子どもを探す母ちゃんと、母ちゃんを探す子どもの声。

そして、ノリオの母ちゃんは、とうとう帰ってこないのだ。

じいちゃんも、ノリオもだまっている。

年寄りすぎたじいちゃんにも、小学二年のノリオにも、何が言えよう。

＊

ノリオは、青いガラスのかけらを、ぽんと川の水に投げてやった。すぐにまぶしい日の光が、ノリオの世界に返ってきて、ノリオは仕事を思い出す。

じいちゃんの工場のやぎっ子の干し草かりが、ノリオの仕事だ。

（いぬい とみこ『ひろがる言葉 小学国語 六上』教育出版）

(3) ヒロシマと片仮名で書くのはなぜだと思いますか。○をつけましょう。

（　）戦争で原子爆弾が落ちた都市であることを強めるため。

（　）漢字が読めない子どもにもわかるようにするため。

（　）世界中の人に親しみを持ってもらうため。

(4) じいちゃんは何をするためにヒロシマに行ったのですか。

（　　　　）

(5) ノリオの仕事は何ですか。

（　　　　）

物語文

海のいのち ①

名前

月　日

次の文章を読み、あとの問いに答えましょう。

①父もその父も、②その先ずっと顔も知らない父親たちが住んでいた海に、太一（たいち）もまた住んでいた。季節や時間の流れとともに変わる海のどんな表情でも、太一は好きだった。

「ぼくは漁師になる。おとうといっしょに海に出るんだ。」

子供（こども）のころから、太一はこう言ってはばからなかった。

父は、もぐり漁師だった。潮（しお）の流れが速くて、Ⓐだれにももぐれない瀬（せ）に、たった一人でももぐっては、岩かげにひそむクエをついてきた。二メートルもある大物

(1) ①父もその父もと、②その先ずっと顔も知らない父親たちについて、二字の熟語（じゅくご）でそれぞれ書きましょう。

① 父と［　　］のこと。

② ［　　］のこと。

(2) 太一がなりたいものは何ですか。また、なったらしたいことは何ですか。

① なりたいもの（漢字で）……［　　］

② したいこと

（　　　　）

(3) Ⓐだれにももぐれない瀬とありますが、それはなぜですか。

（　　　　）

をしとめても、父は自まんすることもなく言うのだった。

「海のめぐみだからなあ。」

不漁の日が十日間続いても、父は何も変わらなかった。

ある日父は、夕方になっても帰らなかった。空っぽの父の船が瀬で見つかり、仲間の漁師が引き潮を待ってもぐってみると、父はロープを体に巻いたまま、水中でⒷ事切れていた。ロープのもう一方の先には、Ⓒ光る緑色の目をしたクエがいたという。

父のもりを体につきさした瀬の主は、何人がかりで引こうと全く動かない。まるで岩のような魚だ。結局、ロープを切るしか方法はなかったのだった。


（立松 和平『新しい国語 六』東京書籍）

(4) 二メートルもあるクエは、どこにひそんでいましたか。
だれにももぐれない瀬の（　　）

(5) 太一の父が、大物をしとめても不漁が続いても変わらなかったのはなぜですか。○をつけましょう。
（　）自まんすると、他の人にいやがられるから。

（　）自然があたえてくれたものだと感謝していたから。

（　）不漁になっても、たくわえがあるから。

(6) Ⓑ事切れていたとはどういうことですか。
（　　）

(7) Ⓒ光る緑色の目をしたクエを言いかえている三字の言葉を書きぬきましょう。
□□□

物語文　海のいのち　②

名前

月　日

次の文章を読み、あとの問いに答えましょう。

でしになって何年もたったある朝、いつものように同じ瀬に漁に出た太一に向かって、与吉じいさはⒶふっと声をもらした。そのころには与吉じいさは船に乗ってこそきたが、作業はほとんど太一がやるようになっていた。

「自分では気づかないだろうが、おまえは村一番の漁師だよ。太一、ここはおまえの海だ。」

船に乗らなくなった与吉じいさの家に、太一は漁から帰ると毎日魚を届けに行った。真夏のある日、Ⓑ与吉じいさは暑いのに毛布をのどまでかけてねむっていた。太一は全てをさとった。

「海に帰りましたか。与吉じいさ、心から感

(1) だれが、だれのでしなのですか。

（　　　　）が（　　　　）のでし

(2) Ⓐふっと声をもらしたの様子にあたるものに○をつけましょう。

（　）特に言おうという気持ちではないが、つい大きな声が出た。

（　）ぜひ言おうという気持ちで、小さい声で伝えた。

（　）特に言おうという気持ちではないが、自然と声が出た。

謝しております。おかげさまでぼくも海で生きられます。」

©悲しみがふき上がってきたが、今の太一は自然な気持ちで顔の前に両手を合わせることができた。父がそうであったように、与吉じいさも海に帰っていったのだ。

ある日、母はこんなふうに言うのだった。

「おまえが、おとうの死んだ瀬にもぐると、いつ言いだすかと思うと、わたしは［Ⓓ］夜もねむれないよ。おまえの心の中が見えるようで。」

太一は、あらしさえもはね返すくっ強な若(わか)者(もの)になっていたのだ。太一は、そのたくましい背中(せなか)に、母の悲しみさえも背負おうとしていたのである。

(立松 和平『新しい国語 六』東京書籍)

(3) Ⓑは、どんなことを表していますか。

（　　　　）

(4) Ⓑが表していることを言いかえている表現を文中から八字で書きぬきましょう。

与吉じいさも［　　　　　　　た］

(5) ©悲しみがふき上がってきたの意味にあたるものに○をつけましょう。

（　）悲しみがふきとんだ。
（　）悲しみの気持ちが激(はげ)しくわいてきた。
（　）悲しみの気持ちが少しずつわいてきた。

(6) Ⓓにあてはまる言葉を選び、○をつけましょう。

（　）おそろしくて
（　）わくわくして
（　）たくましくて

物語文　海のいのち　③

名前

月　日

次の文章を読み、あとの問いに答えましょう。

Ⓐ興奮していながら、太一は冷静だった。これが自分の追い求めてきたまぼろしの魚、村一番のもぐり漁師だった父を破った瀬の主なのかもしれない。太一は鼻づらに向かってもりをつき出すのだが、クエは動こうとはしない。そうしたままで時間が過ぎた。太一は、永遠にここにいられるような気さえした。しかし、息が苦しくなって、またうかんでいく。

Ⓑもう一度もどってきても、瀬の主は全く動こうとはせずに太一を見ていた。おだやかな目だった。Ⓒこの大魚は自分に殺されたがっているのだと太一は思ったほ

(1) Ⓐ興奮と対になる言葉を、文中から書きぬきましょう。

(2) Ⓑは、どこにもどってきたことを表していますか。○をつけましょう。

（　）太一が暮らしている家

（　）海の上にうかぶ船

（　）潮の流れの速い瀬

(3) 太一がⒸのように思ったのはなぜですか。（　）にあてはまる言葉を書きましょう。

どだった。これまで数限りなく魚を殺してきたのだが、こんな感情になったのは初めてだ。この魚をとらなければ、本当の一人前の漁師にはなれないのだと、太一は泣きそうになりながら思う。

水の中で太一はⒹふっとほほえみ、口から銀のあぶくを出した。もりの刃先(はさき)を足の方にどけ、クエに向かってもう一度えがおを作った。

「おとう、ここにおられたのですか。また会いに来ますから。」

Ⓔこう思うことによって、太一は瀬の主を殺さないですんだのだ。大魚はこの海のいのちだと思えた。

(立松 和平『新しい国語 六』東京書籍)

太一がもう一度(　　　)きても、全く(　　　)とはせずに、(　　　)目で(　　　)を見ていたから。

(4) なぜⒹのようにほほえんだのですか。○をつけましょう。

(　)瀬の主を殺さないですむ理由が見つかったから。

(　)瀬の主をうまく生けどりにする方法を思いついたから。

(　)瀬の主を楽に殺す方法を思いついたから。

(5) Ⓔの指し示す文章を、文中から書きぬきましょう。

(　　　　　　　　)

物語文　きつねの窓 ①

名前　　月　日

次の文章を読み、あとの問いに答えましょう。

いつでしたか、山で道に迷った時の話です。ぼくは、自分の山小屋にもどるところでした。歩き慣れた山道を、鉄砲（てっぽう）をかついで、ぼんやり歩いていました。そう、あの時は、全くぼんやりしていたのです。昔大好きだった女の子のことなんかを、Ⓐとりとめなく考えながら。

道を一つ曲がった時、ふと、空がとてもまぶしいと思いました。まるで、みがきあげられた青いガラスのように……。すると、地面も、なんだか、うっすらと青いのでした。

(1) この話は、どんな時の話ですか。

（　　　　）時。

(2) ぼくはどこを、どのように歩いていましたか。

どこ……………（　　　　）

どのように……（　　　　）歩いていた。

(3) Ⓐとりとめなくと同じ意味の言葉を選び、○をつけましょう。

（　）なんとなく
（　）しんけんに
（　）なつかしく

「あれ？」

一瞬（いっしゅん）、ぼくは立ちすくみました。まばたきを、二つばかりしました。ああ、Ⓑそこは、いつもの見慣れたすぎ林ではなく、広々とした野原なのでした。それも、一面、青いききょうの花畑なのでした。

Ⓒぼくは息をのみました。いったい、自分は、どこをどうまちがえて、いきなりこんな場所に出くわしたのでしょう。だいいち、こんな花畑が、この山にはあったのでしょうか。

〈すぐ引き返すんだ。〉

ぼくは、自分に命令しました。その景色は、あんまり美しすぎました。なんだか、Ⓓそらおそろしいほどに。

（安房 直子『みんなと学ぶ 小学校 国語 六年上』学校図書）

(4) 空のまぶしさを何にたとえていますか。

（　　　　）

(5) Ⓑそこはどんなところでしたか。文中から九字で書きぬきましょう。

□□□□□□□□□

(6) Ⓒから、ぼくのどんな気持ちがわかりますか。○をつけましょう。

（　）おどろき

（　）くやしさ

（　）喜び

(7) Ⓓそらおそろしいという表現から、どんな様子がわかりますか。○をつけましょう。

（　）ふるえるほどこわい感じ。

（　）これから起こることに期待している感じ。

（　）なんとなく不気味で不安な感じ。

物語文　きつねの窓　②

名前

月　日

次の文章を読み、あとの問いに答えましょう。

きつねは、両手をのばして、また、窓(まど)を作ってみせました。

「ぼくはもう、さびしくなくなりました。この窓から、いつでも、母さんの姿(すがた)を見ることができるんだから。」

ぼくは、すっかり感激(かんげき)して、何度もうなずきました。実は、ぼくも独りぼっちだったのです。

「ぼくも、そんな窓がほしいなあ。」

ぼくは、子供(こども)のような声をあげました。するど、きつねは、もううれしくてたまらないという顔をしました。

「そんなら、すぐにお染(そ)めいたします。Ⓐそこに、手を広げてください。」

(1) きつねがさびしくなくなったのはなぜですか。

（　　　　　）

(2) きつねがうれしくてたまらないという顔をしたのはなぜですか。○をつけましょう。

（　）窓から、母さんの姿を見ることができたから。

（　）そんな窓がほしいなあと言ったから。

（　）ぼくの指がきれいに染まったから。

(3) Ⓐそことはどこですか。

（　　　　　）

テーブルの上に、ぼくは両手を置きました。きつねは、花のしるの入ったお皿と筆を持ってきました。そして、筆にたっぷりと青い水をふくませると、ゆっくり、ていねいに、ぼくの指を染め始めました。やがて、ぼくの親指と人差し指は、ききょう色になりました。

「さあ、できあがり。さっそく、窓を作ってごらんなさい。」

ぼくは、胸（むね）をときめかせて、ひし形の窓を作りました。そして、Ⓑそれを、おそるおそる目の上にかざしました。

すると、ぼくの小さな窓の中には、一人の少女の姿が映（うつ）りました。花がらのワンピースを着て、リボンの付いたぼうしをかぶって。それは、見覚えのある顔でした。目の下に、ほくろがあります。

（安房 直子『みんなと学ぶ 小学校 国語 六年上』学校図書）

(4) 何の花のしるを使って染めましたか。

（　　　　）

(5) 染めた指は何指ですか。

（　　　　）と（　　　　）

(6) Ⓑそれとは何をさしていますか。

（　　　　）

(7) 小さな窓には何が映りましたか。

（　　　　）

ファイト！

物語文　きつねの窓　③

名前

月　日

次の文章を読み、あとの問いに答えましょう。

それにしても、ぼくは全くすてきな指を持ちました。この指はいつまでも大切にしたいと思いながら、ぼくは、林の道を歩いていきました。

ところが、小屋に帰って、ぼくがいちばん先にしたことは、なんだったでしょう。ああ、ぼくは、全く無意識に、自分の手を洗ってしまったのです。それが、長い間の習慣だったものですから。

Ⓐいけない、と思った時は、もうおそすぎました。青い色は、たちまち落ちてしまったのです。洗い落とされたその指で、いくらひし形の窓をこしらえても、

(1) なぜ、無意識に自分の手を洗ってしまったのですか。

（　　　）

(2) Ⓐいけないと思ったのは、ぼくが何をしたからですか。

（　　　）

(3) ひし形の窓から何が見えましたか。

（　　　）

(4) がっくりとうなだれたのはなぜですか。

（　　　）

その中には、小屋の天井が見えるだけでした。

ぼくはその晩、もらったなめこを食べるのも忘れて、がっくりとうなだれていました。

次の日、ぼくは、もう一度きつねの家に行って、指を染め直してもらうことにしました。そこで、お礼にあげるサンドイッチをどっさり作って、すぎ林の中へ入っていきました。

［Ⓑ］、すぎ林は、行けども行けどもすぎ林。ききょうの花畑など、どこにもありはしないのでした。

（安房 直子『みんなと学ぶ 小学校 国語 六年上』学校図書）

（　）なめこを食べるのを忘れたから。
（　）染めた指を洗ってしまったから。
（　）もう一度きつねの家に行かなければならないから。

(5) 次の日ぼくは、どこに、何のために行こうとしましたか。

どこに……（　　　）

何のため…（　　　）

(6) サンドイッチは何のために作ったのですか。

（　　　）

(7) Ⓑにあてはまる言葉に○をつけましょう。

（　）そして
（　）けれど
（　）つまり

物語文　ヒロシマのうた　①

名前

月　日

次の文章を読み、あとの問いに答えましょう。

わたしはそのとき、水兵だったのです。広島から三十キロばかりはなれた呉（くれ）の山の中で、陸戦隊[※1]の訓練を受けていたのです。そしてアメリカの飛行機が原爆（げんばく）[※2]を落とした日の夜、七日の午前三時ごろ、広島の町へ行ったのです。

町の空は、まだ燃え続けるけむりで、ぼうっと赤くけむっていました。ちろちろと火の燃えている道を通り、広島駅の裏（うら）にある東練兵場（れんぺいじょう）へ行きました。

Ⓐああ、そのときのおそろしかったこと。広い練兵場の全体が、黒々と、死人と、動けない人のうめき声で、うずまっていたのです。

※1　海軍が、陸上での戦とうのためにつくった軍隊。
※2　「原子爆弾（ばくだん）」のこと。一九四五年八月六日午前八時十五分に落とされた。

（今西　祐行『新しい国語　六』東京書籍）

(4)　(3)のときの町の空の様子を書いた文を、書きぬきましょう。

町の空は、（　　　　　　　　）

(5)　わたしたちは、広島の町のどこへ行ったと書かれていますか。

（　　　　）駅の裏の（　　　　）

(6)　(5)のところへ行くとき、どんな道を通りましたか。

（　　　　　　　　）道

(1) いつのときの話ですか。○をつけましょう。

（　）アメリカの飛行機が原爆を落としたとき

（　）わたしが軍隊に入り、水兵になったばかりのとき

（　）わたしが初めて陸戦隊の訓練を受けたとき

(2) 陸戦隊の訓練の場所はどこですか。

呉の（　　　　）

(3) 広島の町へ行ったのは、いつですか。

（　　）年（　　）月（　　）日

午前（　　）時ごろ

ガンバレ
ガンバレ！

(7) Ⓐああは、どんなことを表していますか。正しいものに○をつけましょう。

（　）ため息が出るほど、おそろしかった。

（　）言葉では説明できないほど、おそろしかった。

（　）不思議でたまらないほど、おそろしかった。

(8) (7)のように思ったのはなぜですか。

物語文　ヒロシマのうた　②

名前

月　日

次の文章を読み、あとの問いに答えましょう。

「ありがとうございました。ありがとうございました。ミ子ちゃんは元気で、助かったのですね。」

わたしは思わず独り言を言って、独りで手紙に頭を下げました。

それにしても、遠くにはなれているわたしは、どうすればいいのか分かりませんでした。Ⓐわたしはすぐにも飛んでいって、ミ子ちゃんに会ってみたいと思いました。でも、わたしも勤め人です。そう勝手に休むわけにもいきません。

わたしはすぐ返事を書きました。夏まで待ってください。夏になったら、きっ

(1) わたしがひとりで手紙に頭を下げた理由を表す文になるように、□から言葉を選び、（　）に書きましょう。

（　　　）を助け、（　　　）に育ててくれたことに対する深い（　　　）の気持ちから。

感謝　ミ子ちゃん　元気

(2) Ⓐのように思ったわたしですが、どうしましたか。（　）にあう言葉を書きましょう。

（　　　）なので、そう（　　　）わけにもいかず、すぐには行けなかった。

と休みをもらって、広島へ行きます。広島でお会いして、いろいろわたしにできることなら相談いたしましょう。そういう返事を出しました。

　その年の夏、ちょうどあの日のように朝からぎらぎらと暑い日、広島の駅で、わたしたちは会いました。赤いズックぐつに、セーラー型のワンピースを着ている一年生というのが、目印でした。わたしは、白いワイシャツにハンチング、こん色のズボンというのが目印の約束でした。すぐに分かりました。

（今西 祐行『新しい国語 六』東京書籍）

ファイト！

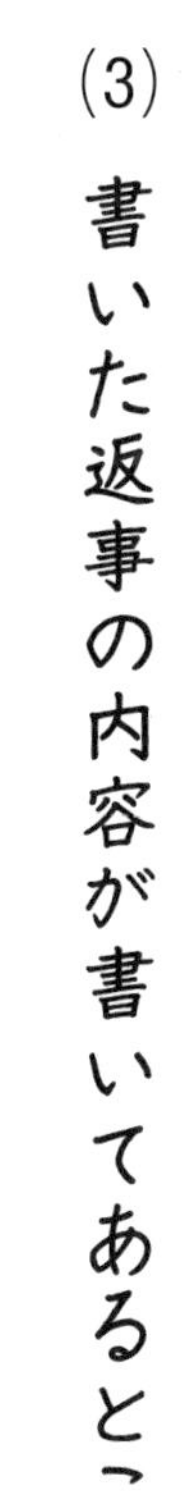

(3) 書いた返事の内容が書いてあるところに〰〰を引きましょう。

(4) わたしは、いつ広島へ行くと返事を出しましたか。

（　　　）

(5) それぞれの目印や特ちょうを、三つずつ書きましょう。

ミ子ちゃん……（　　）（　　）（　　）

わたし……（　　）（　　）（　　）

物語文　ヒロシマのうた　③

名前

月　日

次の文章を読み、あとの問いに答えましょう。

その日は、わたしも洋裁学校の一部屋にとめてもらいました。わたしが起きると、ヒロ子ちゃんのお母さんが出てきて、

「ゆうべ、あの子はねないんですよ。」

と言うのです。

「Ⓐやっぱり。」

と、わたしが心配そうに言うと、

「いいえねえ、あなたにワイシャツを作ってたんですよ。見てやってくださ い。」

Ⓑそう言って、うれしそうに、紙に包んだワイシャツを、こっそり見せるのです。

「ないしょですよ。見せたなんて言ったら、しかられますからね。」

(1) わたしは、どこにとまりましたか。

（　　　　）の一部屋

(2) Ⓐやっぱりという言葉から、わたしは、ヒロ子ちゃんがねなかった理由を、はじめ、どう考えたことがわかりますか。記号で答えましょう。

ア　おそくまで遊んでいた。

イ　わたしの言ったことのせいでねられなかった。

ウ　わたしにワイシャツを作っていた。

（　　）

(3) ヒロ子ちゃんがねなかった本当の理由は、(2)のアイウのどれですか。

（　　）

そっと広げてみると、そのワイシャツのうでに、小さな、きのこのような原子雲のかさと、その下に、S・Iと、わたしのイニシャル（頭文字）が水色の糸でししゅうしてあるのです。

「よかったですね。」

「ええ、おかげさまで、もう何もかも安心ですもの……。」

お母さんはそう言って、笑いながらも、そっと目をおさえるのでした。

わたしはその日の夜、広島駅で、汽車が出るときに、窓からⒸそれを受け取りました。わたしはそれを胸にかかえながら、いつまでも十五年の年月の流れを考え続けていました。

Ⓓ汽車はするどい汽笛を鳴らして、上りにかかっていました。

（今西 祐行『新しい国語 六』東京書籍）

(4) ヒロ子ちゃんのお母さんは、なぜⒷのようにしたのですか。［　］から言葉を選び、（　）に書きましょう。

（　　）は、（　　）が、悲しみをのりこえて、お世話になった人に、精いっぱいの（　　）を伝えようとするまでに（　　）したことがとてもうれしかったから。

> 成長　ヒロ子ちゃん　感謝　お母さん

(5) Ⓒそれとは、何ですか。文中から五字で書きぬきましょう。

□□□□□

(6) Ⓓの文が暗示していることに○をつけましょう。

（　）これまでのヒロ子ちゃんの深い悲しみ

（　）今のヒロ子ちゃんのつらさ

（　）これからのヒロ子ちゃんの強くたくましい生き方

伝記　イーハトーヴの夢 ①

名前

月　日

次の文章を読み、あとの問いに答えましょう。

「Ⓐいねの心が分かる人間になれ。」

それが生徒たちへの口ぐせだった。

また、こんな言葉を覚えている教え子もいる。

「農学校の『農』という字を、じっと見つめてみてください。『農』の字の上半分の『曲』は、大工さんの使う曲尺（かねじゃく）のことです。そして下の『辰（しん）』は、時という意味です。年とか季節という意味もあります。」

曲尺というのは、直角に曲がったものさしのことだ。それを使うと、一度に二つの方向の寸法が測れる。だから賢治（けんじ）の

(1) Ⓐは、だれの言葉ですか。

（　　　）

(2) Ⓐの意味として、正しいものに○をつけましょう。

（　）いねがよく育つために、そのときどきでいねが何を必要としているかを考えられる人間になりなさい。

（　）いねをよく育てるために、自分の心が何を考えているか分かる人間になりなさい。

（　）いねの心が分かるといねが何を考えているかが分かるので、そんな人間になりなさい。

(3) 「曲尺」とは何ですか。

（　　　）

言葉は、「その年の気候の特徴を、いろんな角度から見て、しっかりつかむことが大切です。」という意味になる。

また賢治は、春、生徒たちと田植えをしたとき、田んぼの真ん中に、ひまわりの種を一つぶ植えたこともあった。すると、真夏、辺り一面ただ平凡な緑の中に、Ⓑそれが見事に花を開く。

「田んぼが、詩に書かれた田んぼのように、かがやいて見えましたよ。」

と、昔の教え子たちが言う。

苦しい農作業の中に、楽しさを見つける。工夫することに、喜びを見つける。そうして、未来に希望を持つ。Ⓒそれが、先生としての賢治の理想だった。


（畑山 博『国語六 創造』光村図書）

(4) 「曲尺」を使うと、どんなことができますか。

（　　　　）

(5) Ⓑそれが見事に花を開くについて、次の問いに答えましょう。

① 「それ」とは何ですか。文中から四字で書きぬきましょう。

□□□□

② Ⓑのとき、教え子たちには、田んぼがどう見えましたか。

（　　　　）のように、（　　　　）見えた。

(6) Ⓒそれが指し示す文章の、初めと終わりを五字ずつ□に書きましょう。

① 初め……□□□□□

② 終わり……□□□□□。

伝記　イーハトーヴの夢　②

名前

月　日

次の文章を読み、あとの問いに答えましょう。

賢治(けんじ)がイーハトーヴの物語を通して追い求めた理想。Ⓐそれは、人間がみんな人間らしい生き方ができる社会だ。それだけでなく、人間も動物も植物も、たがいに心が通い合うような世界が、賢治の夢だった。一本の木にも、身を切られるときの痛(いた)みとか、日なたぼっこのここちよさとか、いかりとか、思い出とか、Ⓑそういうものがきっとあるにちがいない。賢治は、その木の心を自分のことのように思って、物語を書いた。

Ⓒ　、Ⓓ時代は、賢治の理想とはちがう方向に進んでいた。さまざまな機械の

(1) Ⓐそれとは何ですか。

賢治が（　　　）を

通して（　　　）

(2) Ⓑそういうものについて、書かれた順に書きましょう。

①（　　　）

②（　　　）

③（　　　）

④（　　　）

自動化が始まり、鉄道や通信が発達した。なんでも、早く、合理的にできることがよいと思われるような世の中になった。そんな世の中に、賢治の理想は受け入れられなかった。

初めのころ、賢治は、自分が書いた童話や詩の原稿(げんこう)をいくつかの出版社に持ちこんだ。でも、どの出版社でも断られた。しかたなく、賢治は、自分で二冊(さつ)の本を出す。童話集「注文の多い料理店」、詩集「春と修羅(しゅら)」。でも、これもほとんど売れなかった。それどころか、ひどい批評(ひひょう)Ⓔの言葉が返ってくる。自分の作品が理解されないことに、賢治は傷(きず)ついた。次に出すつもりで準備を整えていた詩集も、出すのをやめた。

(畑山 博『国語六 創造』光村図書)

(3) Ⓒにあてはまる言葉に、○をつけましょう。

( ) それで　( ) けれども
( ) けっして　( ) いわゆる

(4) Ⓓは、どんな世の中になっていったということですか。□にあう漢字を書きましょう。

□さが求められ、□□□にできることがよいとされる世界。

(5) Ⓔ批評の意味として、正しいものに○をつけましょう。

( ) 良い点だけを見つけ、なぜそれを選んだかを述べる。
( ) 悪い点だけを見つけ、なぜそれを選んだかを述べる。
( ) 良い点、悪い点などを示して、自分の考えを述べる。

伝記　イーハトーヴの夢　③

名前

月　日

次の文章を読み、あとの問いに答えましょう。

農業に対する考え方にも、変化が起こっていた。

Ⓐ「一度に大勢の生徒を相手に理想を語ってもだめだ。理想と現実の農業はちがう。実際に自分も農民になって、自分で耕しながら人と話さなければ。」そう思った賢治(けんじ)は、三十さいのとき農学校をやめ、「羅須地人(らすちじん)協会」という協会を作る。農家の若者たちを集め、自分も耕しながら勉強する。それが賢治の目的だった。

協会に集まった農村の青年は三十人ほど。そこで賢治は、農業技術を教え、土とあせの中から新しい芸術を生み出さなければならないことを語った。農民の劇団(げきだん)を作ったり、み

(1) Ⓐのように思った賢治は、何さいのときに、どうしましたか。

（　　）さいのとき、（　　）をやめ、ある（　　）を作った。

(2) 賢治が「羅須地人協会」を作った目的を書いた文を書きぬきましょう。

（　　　　）

(3) 「羅須地人協会」で、賢治がしたことを書きましょう。

郵　便　は　が　き

料金受取人払郵便

大阪北局
承　認
3901

差出有効期間
2022年5月31日まで
※切手を貼らずに
お出しください。

5 3 0 - 8 7 9 0

1 5 6

大阪市北区曽根崎2－11－16
梅田セントラルビル

清風堂書店
愛読者係　行

愛読者カード　ご購入ありがとうございます。

フリガナ		性別	男　・　女
お名前		年齢	歳
TEL FAX	(　　)	ご職業	
ご住所	〒　　－		
E-mail	@		

ご記入いただいた個人情報は、当社の出版の参考にのみ活用させていただきます。
第三者には一切開示いたしません。

□学力がアップする教材満載のカタログ送付を希望します。

●ご購入書籍・プリント名

●本書（プリント含む）を何でお知りになりましたか？（あてはまる数字に○をつけてください。）

1．書店で実物を見て
（書店名　　　　　　　　　　　　）

2．ネットで見て

3．広告を見て
（新聞・雑誌名　　　　　　　　　　）

4．書評・紹介記事を見て
（新聞・雑誌名　　　　　　　　　　）

5．友人・知人から紹介されて

6．その他（　　　　　　　　　　）

●本書の内容にはご満足いただけたでしょうか？（あてはまる数字に○をつけてください。）

たいへん満足　5　4　3　2　1　不満

●ご意見・ご感想、本書の内容に関してのご質問、また今後欲しい商品のアイデアがありましたら下欄にご記入ください。
おハガキをいただいた方の中から抽選で10名様に2,000円分の図書カードをプレゼントいたします。当選の発表は、賞品の発送をもってかえさせていただきます。

ご感想を小社HP等で匿名でご紹介させていただく場合もございます。　□可　□不可

ゝ社の出版物はお近くの書店にご注文ください。　　ご協力ありがとうございました。

んなで歌やおどりを楽しんだりした。

毎日、北上川沿い(きたかみがわぞ)のあれ地を耕し、真っ黒に日焼けし、土のにおいをぷんぷんさせる賢治。でもそれは、長くは続かなかった。病気のために、ねこんでしまったのだ。

羅須地人協会は、二年ほどで閉(と)じなければならなくなった。でも次の年、病気が少しよくなると、起き出して村々を歩き回った。「あなたのこの田んぼは、こういう特徴(とくちょう)があるから、今年は、こういう肥料をこのくらいやりなさい。」と、一人一人に教えてあげるボランティアだ。同時に、賢治は、Ⓑ石灰(せっかい)肥料会社の共同経営者になって、セールスに歩き回る。石灰肥料は土地改良に役立つものだったので、それを広めることが農民のためになると考えたのだ。岩手県内だけでなく、東北一帯を、毎日毎日飛び回った。

（畑山 博『国語六 創造』光村図書）

①（　　　　　）を教えた。

②（　　　　　）を語った。

③（　　　　　）を作った。

④（みんなで　　　　　）を楽しんだりした。

⑤（毎日、　　　　　）を耕した。

(4) 賢治がⒷになったのは、どのように考えたからですか。

（　　　　　）

説明文
イースター島にはなぜ森林がないのか ①

名前

月　日

次の文章を読み、あとの問いに答えましょう。

今から約千六百年前、ポリネシア人たちが、それまでだれ一人として人間が上陸したことのなかったイースター島に上陸したとき、島はヤシ類の森林におおわれていた。いずれの大陸からも遠くはなれたこの島には、ほ乳動物は生息せず、空を自由に飛ぶことのできる鳥類が数多くすみ着いていた。

ほ乳動物が生息していなかったのは、太平洋の真ったただ中に火山の噴火でできたこの小さな島に、泳いでたどり着くことのできるほ乳動物がいなかったからである。

ポリネシア人たちは、イースター島に

(1) 人間が初めてイースター島に上陸したのは、今から何年前ですか。

（　　　　）

(2) (1)のとき、島は何におおわれていましたか。

（　　　　）

(3) イースター島にほ乳動物が生息していなかったのはなぜですか。

（　　　　）の真ったただ中にある島のため、どんなほ乳動物も（　　　　）たどり着くことができなかったから。

たどり着いた初めてのほ乳動物だったといってもよいのだが、実はそのとき、もう一種類、別のほ乳動物が、ひそかに上陸していたのである。それは、ポリネシア人たちが、長い船旅の間の食りょうとするために船に乗せていた、ラットである。

島に着いた船からにげ出したラットは、この島で野生化し、Ⓐまたたく間に島中に広がっていったらしい。やがて、このラットの子孫が、ポリネシア人たちの子孫と島をおおう森林に大きなわざわいをおよぼすことになる。だが、長い船旅の末ようやくこの島にたどり着いたポリネシア人たちにとって、ラットの船からの逃走（とうそう）など、Ⓑほんのささいな出来事であったにちがいない。

（鷲谷 いづみ『新しい国語 六』東京書籍）

(4) 人間以外に上陸したほ乳動物は何ですか。

（　　　　）

(5) (4)の動物は何のために船に乗せていたのですか。

（　　　　）

(6) Ⓐまたたく間にと同じ意味の言葉に○をつけましょう。

（　）思った以上に
（　）知らないうちに
（　）たちどころに

(7) Ⓑほんのささいな出来事とは、どんなことですか。

（　　　　）したこと。

説明文

イースター島にはなぜ森林がないのか　②

名前

月　日

次の文章を読み、あとの問いに答えましょう。

　イースター島から森林が失われた大きな原因は、この島に上陸して生活を始めた人々が、さまざまな目的で森林を切り開いたことである。

　［①］、農地にするために森林が切り開かれた。

　安定した食りょう生産を行うためには、農作物をさいばいするための農地を開こんしなければならない。「花粉分析（ぶんせき）」の結果、島の堆積物（たいせきぶつ）の中にふくまれる樹木の花粉が時代とともにしだいに減少したことが明らかになっている。

　［②］、丸木船を作るために、森林か

(1)　イースター島から森林が失われた大きな原因は何ですか。

(2)　森林が切り開かれた目的は何ですか。三つ書きましょう。

(3)　丸木船は、何の木から作りましたか。

ら太い木が切り出された。

　イースター島が緑の森林におおわれていたころ、森林には丸木船を作るのに十分な太さのヤシの木がたくさん生えていた。その木を切りたおして作った丸木船をこいで、島の漁師たちは、サメなどの大きな魚をとらえていたのである。また、島に住む人々は、この丸木船に乗って、島から四百キロメートルもはなれた無人島まで行き、そこに生息するⒶ無尽蔵(むじんぞう)ともいえる海鳥(かいちょう)をとらえて食りょうにすることもできた。

　[③]、食りょう生産との関わりが深いこれらの目的に加え、宗教(しゅうきょう)的・文化的な目的でも森林が伐採(ばっさい)された。


(鷲谷 いづみ『新しい国語 六』東京書籍)

(4) 上の文章の①～③にあてはまる言葉を、[　]から選んで書きましょう。

①（　　　　）　②（　　　　）
③（　　　　）

もし　でも　まず
さらに　だから　次いで

(5) 切りたおして作った丸木船をこいで何をとりにいきましたか。二つ書きましょう。

（　　　　　　　　）

（　　　　　　　　）

(6) Ⓐ無尽蔵とはどんな意味ですか。○をつけましょう。

（　）とてもめずらしいこと
（　）きわめて大きいこと
（　）いくらでもあること

説明文
イースター島にはなぜ森林がないのか ③

名前

月　日

次の文章を読み、あとの問いに答えましょう。

ラットは、人間以外のほ乳動物のいない、すなわち、えさをうばい合う競争相手も天敵もいないこの島で、爆発的にはんしょくした。そのラットたちがヤシの実を食べてしまったために、新しい木が芽生えて育つことができなかったようなのである。

このようにして、三万年もの間自然に保たれてきたヤシ類の森林は、伐採という人間による直接の森林破壊と、人間が持ちこんだ外来動物であるラットがもたらした生態系へのえいきょうによって、ポリネシア人たちの上陸後、わずか千二百年ほどで、ほぼ完ぺきに破壊されてし

(1) ラットが島で爆発的にはんしょくしたのはなぜですか。

(2) 新しい木が芽生えて育たなかったのは、ラットが何を食べたからだと考えられますか。

(3) ヤシ類の森林が破壊された原因を二つ書きましょう。

まったのである。

一七二二年に、初めてヨーロッパ人がこの島をおとずれたとき、島の繁栄(はんえい)も、豊かな森林も、すでに過去のものとなっていた。木は切りつくされて森林はなく、その結果、むき出しとなった地表の土が雨や風に流され、畑はやせ細っていたのである。

農業生産がふるわないだけではない。漁に必要な丸木船を作る材木がなくなってしまったため、かつてのように、魚や海鳥(かいちょう)をとることもできなくなっていたのである。

Ⓐのことながら、島は深刻(しんこく)な食りょう不足におちいっていた。食りょうをうばい合う村どうしの争いが絶えず、島の人口も、最も栄えていたころの三分の一にまで減少していた。

(鷲谷 いづみ『新しい国語 六』東京書籍)

(4) ヨーロッパ人が島をおとずれたときの森林と畑の様子を書きましょう。
森林…(　　　)
畑……(　　　)

(5) 魚や海鳥をとることもできなくなったのはなぜですか。
(　　)に必要な(　　)を作る(　　)がなくなってしまったため。

(6) Ⓐにあてはまる言葉に○をつけましょう。
(　)いつも
(　)おどろき
(　)当然

説明文

時計の時間と心の時間①

名前

月　日

次の文章を読み、あとの問いに答えましょう。

　みなさんが「時間」と聞いて思いうかべるのは、きっと時計が表す時間のことでしょう。私(わたし)はこれを、「時計の時間」とよんでいます。「時計の時間」は、もともとは、地球の動きをもとに定められたもので、いつ、どこで、だれが計っても同じように進みます。[Ⓐ]、「心の時間」はちがいます。「心の時間」とは、私たちが体感している時間のことです。みなさんは、あっというまに時間が過ぎるように感じたり、なかなか時間がたたないと思ったりしたことはありません

(1) 時計の時間とは何をもとに定められたものですか。

(　　　　)

(2) Ⓐにあてはまる言葉に○をつけましょう。

(　) しかし
(　) さらに
(　) とくに

(3) 心の時間とはどんな時間ですか。

(　　　　)

か。私たちが感じている時間は、いつでも、どこでも、だれにとっても、同じものとはいえません。「心の時間」には、さまざまな事がらのえいきょうを受けて進み方が変わったり、人によって感覚がちがったりする特性があるのです。

分かりやすい例が、「その人がそのときに行っていることをどう感じているかによって、進み方が変わる」というものです。みなさんも、楽しいことをしているときは時間がたつのが速く、たいくつなときはおそく感じたという経験があるでしょう。このようなことが起こるのは、時間を気にすることに、時間を長く感じさせる効果があるためだと考えられています。

(一川誠『国語六 創造』光村図書)

(4) いつ、どこで、だれが計っても同じなのは、時計の時間ですか、心の時間ですか。

(　　　)

(5) 時間がたつのが速く感じるのはどんなときですか。

(　　　)

(6) 時間がたつのがおそく感じるのはどんなときですか。

(　　　)

(7) 時間を気にすることには、どんな効果がありますか。

(　　　)

説明文

時計の時間と心の時間②

名前

月　日

次の文章を読み、あとの問いに答えましょう。

一日の時間帯によっても、「心の時間」の進み方は変わります。実験①はこの変化について調べたものです。実験の参加者に、一日四回、決まった時刻（じこく）に、時計を見ないで三十秒の時間を計ってもらい、そのとき「時計の時間」がどのくらい経過していたかを記録してもらいました。実験①のグラフは、それぞれの時刻ごとに、記録の平均を示したものです。グラフを見ると、感じた時間は同じ三十秒でも、朝や夜は、昼に比べて長い時間がたっていたことが分かります。［Ⓐ］、昼よりも時間が速くたつように感じてい

(1)　心の時間の進み方は、何によっても変わると述べられていますか。

（　　　　）

(2)　実験①は、どんな実験ですか。

一日（　　）回、（　　　）時刻に（　　　）で（　　　）の時間を計り、記録する。

(3)　実験の結果から、時間が速くたつように感じるのは、昼ですか、朝や夜ですか。

（　　　　）

るということなのです。これは、その時間帯の体の動きのよさと関係があると考えられています。私たちの体は、朝、起きたばかりのときや、夜、ねる前には、動きが悪くなります。すると、昼間であればすぐにできることでも、時間がかかるので、Ⓑあっというまに時間が過ぎるように感じるのです。

（一川 誠『国語六 創造』光村図書）

ぼくも
実験して
みようかな！

同じ「時間」
なのに、
不思議ね。

(4) 心の時間の進み方が変わるのは、何と関係がありますか。

（　　　　　　　　）

(5) Ⓐにあてはまる言葉に○をつけましょう。

（　）しかし
（　）つまり
（　）さらに

(6) 私たちの体の動きが悪くなるのは一日のうちいつですか。

（　　　　　　　　）

(7) (6)のとき、Ⓑあっというまに時間が過ぎるように感じるのはなぜですか。

（　　　　　　　　）

説明文 時計の時間と心の時間 ③

名前

月　日

次の文章を読み、あとの問いに答えましょう。

さらに、「心の時間」には、人によって感覚が異(こと)なるという特性があります。ここで、Ⓐ簡単(かんたん)な実験をしてみましょう。机(つくえ)を指でトントンと軽くたたいてみてください。しばらくの間、くり返したたくうちに、Ⓑ自分にとってここちよいテンポが分かってくるでしょう。このテンポは人によって異なるもので、さまざまな活動のペースと関わりがあることが分かっています。そして、このペースと異なるペースで作業を行うと、ストレスを感じるという研究もあります。みんなで同じことをしていても、私(わたし)たちは、それぞれにちがう感覚で時間と向き合っているのです。

(1) 心の時間には、どんな特性がありますか。

(　　　　)

(2) Ⓐ簡単な実験とは、どんな実験ですか。

(　　　　)を(　　　　)で軽く(　　　　)実験

(3) Ⓑ自分にとってここちよいテンポと関わりのあるふだんの活動を、二つ書きましょう。

(　　　　)

(　　　　)

ここまで見てきたように、「心の時間」は、心や体の状態、身の回りの環境などによって、進み方がちがってきます。また、私たちはそれぞれにちがう「心の時間」の感覚をもっています。そうした、「心の時間」のちがいをこえて、私たちが社会に関わることを可能にし、社会を成り立たせているのが「時計の時間」なのです。このことから、「時計の時間」が、私たちにとっていかに不可欠なものであるかが分かります。それと同時に、「時計の時間」と「心の時間」には、必ずずれが生まれることにも気づくでしょう。「心の時間」の感覚のちがいもあわせて考えれば、いつも正確に「時計の時間」どおりに作業し続けたり、複数の人が長い時間、同じペースで作業を進めたりすることは、とても難しいことだと分かります。

（一川誠『国語六 創造』光村図書）

(4) 作業を行うときストレスを感じるのはどんなときだと書いていますか。○をつけましょう。

（　）その作業が難しいとき。

（　）自分のペースと異なるペースで作業を行うとき。

（　）その作業に多くの時間がかかるとき。

(5) 上の文章からわかることに○をつけましょう。

（　）時計の時間と心の時間には、ずれが生まれる。

（　）時計の時間と心の時間は、それぞれ自分にあうものを使うとよい。

（　）時計の時間と心の時間には、ずれがあるので、正確に作業し続けることのできる時計の時間にしたがうのがよい。

(6) 「なくてはならない」、「必要だ」という意味の言葉を文中から三字で書きぬきましょう。

説明文　ＡＩで言葉と向き合う①

名前

月　日

次の文章を読み、あとの問いに答えましょう。

ＡＩ（エーアイ）とは、人の知能の働きを人工的に実現しようとしたもののことをいいます。それは、ある情報を、あらかじめコンピュータにデータとして入力し、そのデータをもとに、類似（るいじ）する事例を認識（にんしき）したり、論理（ろんり）的に判断したりするためのプログラムとして作られています。

では、「感覚」という人の知能の働きについても、ＡＩが実現することは可能なのでしょうか。感覚に着目して、人の知能と人工知能の関係をさぐりながら、その過程を見ていきましょう。

みなさんは、人前で話したり、歌やダンスなどを発表したりするとき、「緊張（きんちょう）してむねがどきどきした。」と言ったことがあるで

(1) ＡＩとは何ですか。

(　　　　　　　　)

(2) 上の文章の①〜⑥にあてはまるオノマトペを、□から選んで書きましょう。

①(　　　　)　②(　　　　)

③(　　　　)　④(　　　　)

⑤(　　　　)　⑥(　　　　)

きらきら　こってり　さらさら

ざらざら　ざわざわ　つうん

しょう。このときの「どきどき」のような、音や物事の様子を表した言葉のことを、「オノマトペ」といいます。オノマトペには、「①」など耳で聞いたことを表す言葉、「②」など目で見たことを表す言葉、「③」や「④」などものの手ざわりを表す言葉、「⑤」など鼻でかいだにおいを表す言葉、「⑥」など食べたときの食感や味を表す言葉などがあり、私たちはオノマトペを使って、自分の感覚を伝えることができます。日本語は、外国語と比べてこのようなオノマトペが多く、表現方法が豊かだといわれています。Ⓐそのため、私たちは、細かな感覚のちがいも、オノマトペを使い分けることで表現できていると言えるかもしれません。Ⓑ、なぜ人は、オノマトペを使って細かな感覚のちがいを表現することができるのでしょう。

（坂本 真樹『みんなと学ぶ 小学校 国語 六年上』学校図書）

(3) 私たちがオノマトペを使って伝えることができるのは何ですか。

（　　　　　　）

(4) Ⓐそのためとは、何をさしていますか。

（　　　　　　ため。）

(5) Ⓑにあてはまる言葉に○をつけましょう。

（　）もし
（　）では
（　）また

(6) 文章の内容とあうものに○をつけましょう。

（　）オノマトペは体に関するものしかない。
（　）オノマトペを使い分けて細かな感覚のちがいを表現できていると言える。
（　）外国語は日本語よりもオノマトペが多い。

説明文 ＡＩで言葉と向き合う ②

名前

月　日

次の文章を読み、あとの問いに答えましょう。

私はまず、人の感覚を表すオノマトペを、数値化するシステムを作ることにしました。Ⓐそのシステムについて、少しふれてみましょう。言葉はふつう、考えや気持ち、そのものの名前や意味を表すものですが、状況によってさまざまな伝わり方をすることがあります。そのため、言葉そのものに基準を決めて数値化するのには向いていません。一方、オノマトペはその音のもつ意味を一つ一つ分析した研究データがあるので、ある程度、だれにでも分かりやすいように数値で示すことができます。例えば、日本人

(1) Ⓐそのシステムとは、どんなシステムですか。

（　　　　）システム

(2) 言葉はふつう何を表すものですか。四つ書きましょう。

（　　　　）（　　　　）

（　　　　）（　　　　）

(3) オノマトペが数値で示しやすいのはなぜですか。

（　　　　）

は、「ふ」や「わ」など、一つ一つの文字に対する音の印象について、言葉をこえた感覚をもっています。また、「ふ」が「ふわふわ」や「ふにゃふにゃ」などのやわらかさを表現するときによく使われる音であることを、経験的に理解しています。

　このような、言葉を音にした印象を、感覚的に理解する人間の特性を生かし、文字を一つ一つデータ化することにしました。そして、それぞれのオノマトペについて、Ⓑ「明るい⇕暗い」、「温かい⇕冷たい」、「厚い⇕うすい」などの印象を、四十三項目（こうもく）挙げて評価することで、オノマトペを数値化することに成功しました。

（坂本 真樹『みんなと学ぶ 小学校 国語 六年上』学校図書）

(4) 「ふ」という文字は、何を表現するときによく使われますか。

（　　　　　）

(5) 言葉に関する人間の特性とは、どんな特性ですか。

（　　　　　）

(6) それぞれのオノマトペについて、何項目を挙げて数値化しましたか。

（　　　　　）項目

(7) Ⓑのように、組になる言葉を作りましょう。

① 起立 ⇕ □□

② 賛成 ⇕ □□

がんばっているね♪

説明文　ＡＩで言葉と向き合う③

名前

月　日

次の文章を読み、あとの問いに答えましょう。

ＡＩ（エーアイ）を生かしたこのシステムを使うことによって、人々の感性にうったえることのできるオノマトペを、確かめたり作ったりすることが可能になりました。今後の実用化に向けて、このＡＩを使ったシステムは、さまざまなことに役立っていくのではないかと考えています。［Ⓐ］、新商品の名前や広告コピーなどが、人の感覚に合うように表現できているかどうかを確かめることができます。また、小説や歌詞（かし）、マンガなどに使うための新たな表現を生み出すこともできるでしょう。

ＡＩを利用したオノマトペ生成システムから、私たちはふだん無意識に使っている言葉

(1) ＡＩを生かしたシステムを使うことで可能になったことは何ですか。

(2) ＡＩを使ったシステムが実用化すると、どんなことができると考えられますか。二つ書きましょう。

について、どのようなときに、どう使っているのかを自覚することができます。それによって、適した言葉の使い方を見いだしたり、日本語の良さやおもしろさを再発見したりすることもあるでしょう。

私たち人間は、言葉と向き合うことで、新しいイメージを広げ、自身の感性をみがくことができます。この人間独自のものである感性を、人工知能が作った言葉から受け取ってみるのも、おもしろいと思いませんか。今後も人間しかできないものといわれてきたさまざまなことに、ＡＩの最新技術を取り入れることで、人間とＡＩが共存（きょうぞん）する新しい世界が開かれていくことでしょう。

（坂本 真樹『みんなと学ぶ 小学校 国語 六年上』学校図書）

(3) Ⓐにあてはまる言葉に○をつけましょう。

（　）例えば
（　）特に
（　）反対に

(4) 私たちがオノマトペ生成システムによって再発見できることは何ですか。

（　　　　　　　　）

(5) 上の文章からわかることに○をつけましょう。

（　）人間ではできないことをするのがＡＩのいちばんのよさである。
（　）ＡＩの最新技術は人間のもつ感性をこえるようになった。
（　）人間がＡＩの技術を取り入れることで両者が共存する新しい世界が作られていく。

説明文
インターネットの投稿を読み比べよう

名前

月　日

次の文章を読み、あとの問いに答えましょう。

インターネットには、多くの情報があふれています。わたしたちは、①そこから④情報を得るだけでなく、情報を発信することもできます。インターネット上の掲示板（けいじばん）やブログ、SNS（エスエヌエス）などは、だれでも情報を受信したり発信したりすることができるもので、書き手と読み手が直接つながることができます。②そこでは、さまざまなテーマに対して意見がかわされていて、意見を投稿（とうこう）することでその議論（ぎろん）に参加することもできます。

だれかの投稿を読む際は、書き手の意

(1) 文中の二行目の①そこと、八行目の②そこがしめすものを、それぞれ書きましょう。

①（　　　　）

②（　　　　）

(2) ④情報を得るの「得る」を文中の別の漢字二字で書きましょう。

□□する

(3) だれかの投稿を読む際に大切なのは、どんなことですか。三つに分けて書きましょう。

（　　　　）

見や主張を読み取るだけでなく、どのような理由からそう述べているのか、どのような事実や事例が挙げられているのかを考えることが大切です。書かれていることが正しい事実かどうかということはもちろん、理由付けの仕方や、事実や事例の挙げ方に説得力があるかどうかにも気をつけて、書き手の意見や主張に対する自分の考えを持つようにしましょう。

このことは、自分が意見を投稿する際にも大切です。述べたいことと、その理由付けとして適切な事実や事例を挙げることで、Ⓑ読み手を説得したり、多くの読み手に共感してもらったりすることができるのです。

（『新しい国語　六』東京書籍）

(4) Ⓑのために大切なことは何ですか。文中の言葉で書きましょう。

（　　）（　　）だけでなく、その（　　）として適切な（　　）や（　　）を挙げること。

(5) 文章の内容とあうものに〇をつけましょう。

（　）インターネットに書かれていることは正しい事実である。

（　）投稿を読むときは書き手の意見や主張を読み取るだけでよい。

（　）インターネット上ではだれでも情報を受信、発信できる。

説明文 森へ ①

名前　　　　　月　　日

次の文章を読み、あとの問いに答えましょう。

朝の海は、深いきりに包まれ、Ⓐ静まりかえっていました。聞こえるのは、カヤックのオールが水を切る音だけです。Ⓑ少し、風が出てきました。白い太陽が、ぼうっと現れては、消えてゆきます。ゆっくりと、きりが動いているのです。オールを止めると、カヤックは、Ⓒ鏡のような水面をしばらくすべり、ミルク色の世界の中で、やがて動かなくなりました。きりの切れ間から、辺りを取りまく山や森が、ぼんやり見えています。たくさんの島々の間を通り、いつの間にか深い入り江(いりえ)のおくまで来ていたのです。ここは、南アラスカからカナダにかけて広がる、原生林の世界です。

（星野 道夫『国語六 創造』光村図書）

(5) (4)のようになるのは、なぜですか。

（　　　　　　　　　　）

(6) なぜ、太陽が白く見えるのですか。

（　　　　　）が太陽にかかっているから。

(7) Ⓒ鏡のような水面という言葉からわかることに○をつけましょう。

（　）太陽の光がまぶしく反射している水面

（　）波がきらきらとかがやく水面

（　）波がなく、まわりの風景が映(うつ)るほどの水面

(1) 朝の海の様子を書きましょう。

(　　　　　)

(2) Ⓐ静まりかえっての意味に○をつけましょう。

(　) 少し静かになって

(　) だんだん静かになって

(　) すっかり静かになって

(3) Ⓐの中で聞こえるのは、何の音でしたか。

(　　　　　)だけ

(4) Ⓑによって変わる景色を書きましょう。

(　　　　　)

(8) 太陽が白く見えるような、きりにおおわれた風景を何と表現していますか。七字で書きぬきましょう。

□□□□□□□

(9) 文中の言葉の説明になるように、□にあう言葉を[　]から選んで書きましょう。

① 入り江

□が□□に入りこんだところ

② 原生林

□が手を加えていない、□□そのままの林

[人　親　空　海　森林　陸地　自然]

説明文　森へ　②

名前

月　日

次の文章を読み、あとの問いに答えましょう。

Ⓐふっと前を見ると、対岸の岩の上から、クロクマの親子が、じっとぼくを見ているⒷではないですか。Ⓒぼくは、あわてて岸をかけ上がりました。すると、なんてことでしょう。川の上流にも下流にも、いつのまにか、クマがあちこちにいるのです。今、この森の川は、サケを食べに来るクマの世界でした。見上げれば、子グマが木の上でねています。どうして今まで気がつかなかったのだろう。

Ⓓすでに一生を終えたサケが、たくさん流れてきています。

「サケが森を作る。」

アラスカの森に生きる人たちの古いことわざです。産卵（さんらん）を終えて死んだ無数のサケが、上流から下流へと流されながら、森の自然に栄養をあたえてゆくからなのです。

（星野 道夫『国語六 創造』光村図書）

(2) Ⓑの表現について、あてはまるものに○をつけましょう。

（　）疑問（ぎもん）

（　）打ち消し

（　）感動

（　）おどろき

(3) クマは何のために森の川へ来るのですか。

（　　　　　　　　　　）

(4) クマがたくさんいる様子を、筆者はどんな言葉で表現していますか。

□□の□□

(1) Ⓐふっと前を見るとについて、次の問いに答えましょう。

① 「ふっと」の意味に○をつけましょう。

（　）何の気なしに
（　）何かを意識して
（　）予定していたとおり

② Ⓐふっと前を見ると、何が見えましたか。

（どこから　　　）から、
（何が　　　）が、
（どうしていた　　　）いた。

がんばっているね♪

(5) Ⓒのようにすると、何が見えましたか。

（　　）の（　　）や（　　）の
あちこちにいる（　　）

(6) Ⓓと同じような言葉を文中から見つけて書きましょう。

| | | | | | | | | サケ |

(7) アラスカの森に生きる人たちの古いことわざを書きましょう。

（　　　　）

(8) どうして、(7)のことわざのようなことが言えるのですか。

死んだサケは、流されながら、（　　）に（　　）をあたえてゆくから。

説明文　森へ　③

名前

月　日

次の文章を読み、あとの問いに答えましょう。

ぼくは、川をそっとはなれ、再び森の中に入ってゆきました。

不思議な光景に出会いました。地面に横たわる古い倒木(とうぼく)※1の上から、巨木(きょぼく)※2が一列にならんでのびているのです。それは、きっとⒶこんな物語があったのでしょう。

昔、一本のトウヒの木が年老いてたおれました。その木は死んでしまいましたが、まだ、たくさんの栄養をもっていました。長い年月の間に、その幹の上に落ちたⒷ幸運なトウヒの種子たちがいました。そこに根を下ろした種子たちは、倒木の栄養をもらいながら、さらに気の遠くな

(1) Ⓐの物語について書いてあるところの初めと終わりを五字ずつ書きましょう（読点も一字とします）。

□□□□□～□□□□□。

(2) Ⓑの種子たちは、なぜ幸運だと言えるのですか。○をつけましょう。

（　）倒木に根を下ろして栄養をもらい、大木に成長できるから。

（　）土に根を下ろして栄養をもらい、大木に成長できるから。

（　）土に根を下ろして栄養をもらい、大木に栄養をあたえられるから。

るような時間の中で、ゆっくりと大木に成長していったのです。Ⓒ、年老いて死んでしまった倒木が、新しい木々を育てたのです。

それでやっと分かりました。森の中でときどき見かけた、根が足のように生えた不思議な姿（すがた）の木のことです。その根の間に空いていた穴（あな）、それは、Ⓓをあたえつくして消えた倒木のあとだったのです。

目の前の倒木は、たくさんの大木の根にからまれ、今なおⒺをあたえ続けているようです。が、いつかはすっかり消えてゆくのです。ぼくはこけむした倒木にすわり、Ⓕそっと幹をなでてみました。

※1 倒木…たおれた木。　※2 巨木…大きな木。大木。

（星野 道夫『国語六 創造』光村図書）

(3) Ⓒにあてはまる言葉に〇をつけましょう。

（　）そして
（　）しかし
（　）つまり
（　）または

(4) ⒹとⒺには同じ言葉が入ります。文中から漢字二字で書きぬきましょう。

□□

(5) Ⓕのときの筆者の思いとして考えられるものに〇をつけましょう。

（　）この幹は、いつかすっかり消えてゆくのだなあ。
（　）この幹は、たくさんのこけが生えているなあ。
（　）この幹は、すわるのに都合がいいなあ。

説明文
町の幸福論――コミュニティデザインを考える①

名前　　　　月　　日

次の文章を読み、あとの問いに答えましょう。

物やお金だけでは、町に住む人々の豊かさや幸福にはつながらない。そのときに重要になってくるのが「コミュニティデザイン」という考え方である。コミュニティとは、何らかの人のつながりによる共同体ともいえ、同じ地域（ちいき）に住んでいる人、あるいは同じ興味を持つ人どうしによるものなどがある。人と人とがつながる仕組みを作り、「町を元気にしていこう」という目的のもとにコミュニティを組織していくのが、コミュニティデザインといえるだろう。

(1) 町に住む人々の豊かさや幸福に重要なのは、物やお金だけではなく、何という考え方ですか。

（　　　　　　　　　　）

(2) コミュニティとは何ですか。文中から三字で書きぬきましょう。

□□□

(3) コミュニティの例を二つ挙げましょう。

（　　　　　　　　　　）

（　　　　　　　　　　）

地域に住む人々のつながりは、二〇一一年の東日本大震災（しんさい）によって、改めて重視されるようになった。災害が起きた後は、被災（ひさい）地の道路や住宅（じゅうたく）だけでなく、そこに住む人のコミュニティも同時に考えて町を復興していかなければならない。また、災害などの非常時にすばやくおたがいが助け合えるためには、人々のつながりが大切になる。そういった人のつながりは、家を建てるように簡単（かんたん）に作ることができない。そのため、日々のコミュニティ活動から、人々がつながる仕組みを作っていくことが必要になる。

（山崎 亮『新しい国語 六』東京書籍）

そのちょうし！

(4) コミュニティデザインとは何ですか。

（　　　）を作り、

（　　　）という目的のもとに

（　　　）こと

(5) 地域に住む人々のつながりが改めて重視されるようになった出来事は何ですか。

（　　　）

(6) 文章の内容とあうものに〇をつけましょう。

（　）災害後は、被災地の道路や住宅を復興させればよい。

（　）人とのつながりは災害に備えて仕組みを作るのがよい。

（　）日々のコミュニティ活動から人々がつながる仕組みを作ることが必要である。

説明文
町の幸福論――コミュニティデザインを考える ②

名前

月　日

次の文章を読み、あとの問いに答えましょう。

では、そのようなコミュニティデザインでは、どんなことが重要になってくるのだろうか。実際の町作りの事例から考えてみよう。

まず重要になるのは、地域（ちいき）の住民たちが主体的に町作りに取り組むということである。コミュニティデザインの目的は、人のつながりを作ることにより、その地域の課題を解決することだ。そのためには、その地域に住む人たち自身が、課題に対して継続的（けいぞく）、［Ⓐ］に取り組んでいくことが必要である。ここではそん

(1) コミュニティデザインの目的は何ですか。

（　　　　　　　　）

(2) Ⓐにあてはまる言葉に○をつけましょう。

（　）形式的
（　）表面的
（　）主体的

(3) 益子町は何で有名ですか。

（　　　　　　　　）

なニつの事例をしょうかいしたい。
一つ目の例は、焼き物で有名な栃木県益子(ましこ)町(まち)の土祭(ひじさい)という祭りである。この祭りでは、芸術家による作品展示(てんじ)だけでなく、Ⓑ市民の手による陶芸(とうげい)体験、粘土(ねんど)の採(さい)掘(くつ)場所の見学ツアーなどが行われる。祭りの企画(きかく)、事前準備、運営に至るまで市民自らが中心となって取り組んだ結果、祭りの後にも引き続き町作りの活動に取り組むグループが生まれ、町作りの活動に取り組む人々のつながりが、さらに広がっていくこととなった。

（山崎 亮『新しい国語 六』東京書籍）

(4) 益子町の土祭で行われることを三つ書きましょう。

（　　　）（　　　）（　　　）

(5) Ⓑ市民の手の「手」と同じ使い方をしているものに○をつけましょう。

（　）帰宅後、手をしっかり洗(あら)う。
（　）家から火の手があがる。
（　）いそがしくて手が足りない。

(6) 土祭で市民自ら中心となって取り組んだことは何ですか。三つ書きましょう。

（　　　）（　　　）（　　　）

説明文

町の幸福論――コミュニティデザインを考える ③

名前

月　日

次の文章を読み、あとの問いに答えましょう。

　この二つの事例のように、コミュニティデザインにおいては、地域の住民たちが主体的に町作りに取り組むことが重要である。しかし、その地域の課題を解決しようとするときに、もう一つ重要なことがある。それは、未来のコミュニティをどのように思いえがくかということ、Ⓐ未来のイメージを持つということである。

　未来のイメージを持つときの方法として、バックキャスティングという考え方がある。これは、まず未来をえがき、その未来から現在をふり返って、今やるべきことを見つけていくというものである。タイムマシン法といわれることもある。この方法

(1) コミュニティデザインにおいて、重要なことは何ですか。

（　　　　）

(2) 地域の課題を解決しようとするときに重要なことは何ですか。

（　　　　）を持つこと

(3) Ⓐにあてはまる言葉に○をつけましょう。

（　）つまり

（　）しかし

（　）さらに

を使った事例を一つしょうかいしよう。
島根県の離島（りとう）に、海士町（あまちょう）という町がある。この海士町にあるただ一つの高校には廃校（はいこう）の話が持ち上がっていた。町の人口が減少しただけでなく、中学を卒業した生徒たちが島外の高校に進学するケースが増え、入学者数がわずか三十人程度という年が続いていたからである。この高校を存続（そんぞく）させるためにはどうすればよいのか。

今ある状況（じょうきょう）から考えれば、島外の高校へ行こうとする生徒たちを一人でも多く町に引き留め、入学者数の減少に歯止めをかけることが、大切になるだろう。Ⓑしかし、町民たちがバックキャスティングによって思いえがいたのは、もっと希望にあふれた未来だった。

（山崎 亮『新しい国語 六』東京書籍）

(4) 未来のイメージを持つときの方法として、どんな考え方がありますか。

（　　　　　　）

(5) (4)はどんな方法ですか。

（　　　　　　）

(6) (4)の別の言い方は何といいますか。

（　　　　　　）

(7) Ⓑとありますが、離島の高校を存続させるために思いえがいた未来はどんなものだったと思いますか。〇をつけましょう。

（　）島外の高校へ行く生徒を引き留める。
（　）少人数でできる教育を続ける。
（　）島のよさを生かして、都会からの入学者を増やす。

説明文 『鳥獣戯画』を読む ①

名前

月　日

次の文章を読み、後の問いに答えましょう。

はっけよい、のこった。秋草の咲き乱れる野で、蛙と兎が相撲をとっている。蛙が外掛け、すかさず兎は足をからめて返し技。その名はなんと、かわず掛け。おっと、蛙が兎の耳をがぶりとかんだ。この Ⓐ反則技に、たまらず兎は顔をそむけ、ひるんだところを蛙が――。

墨一色、抑揚のある線と濃淡だけ、のびのびと見事な筆運び、その気品。みんな生き生きと躍動していて、まるで人間みたいに遊んでいる。［①］、こんなに Ⓑ人間くさいのに、何から何まで本物の生き物のまま。耳の先だけがぽちんと黒い

(1) だれとだれが、どこで何をしていますか。

だれ…（　　）と（　　）

どこ…（　　）

何を…（　　）

(2) Ⓐ反則技とは次のうちどれですか。○をつけましょう。

（　）足をからめる返し技

（　）かわず掛け

（　）耳をかむ

(3) 上の文章の①と②にあてはまる言葉を［　］から選び、（　）に書きましょう。

のは、白い冬毛の北国の野ウサギ。蛙はトノサマガエル。まだら模様があって、いく筋か背中が盛り上がっている。ただの空想ではなく、ちゃんと動物を観察したうえで、骨格も、手足も、毛並みも、ほぼ正確にしっかりと描いている。

［②］、この絵を見ると、さっきまで四本足で駆けたり跳びはねたりしていた本当の兎や蛙たちが、今ひょいと立って遊び始めたのだとしか思えない。

この絵は、『鳥獣人物戯画』。『鳥獣戯画』甲巻、通称『鳥獣戯画』の一場面。『鳥獣戯画』は、「漫画の祖」とも言われる国宝の絵巻物だ。

（高畑 勲『国語六 創造』光村図書）

ファイト！

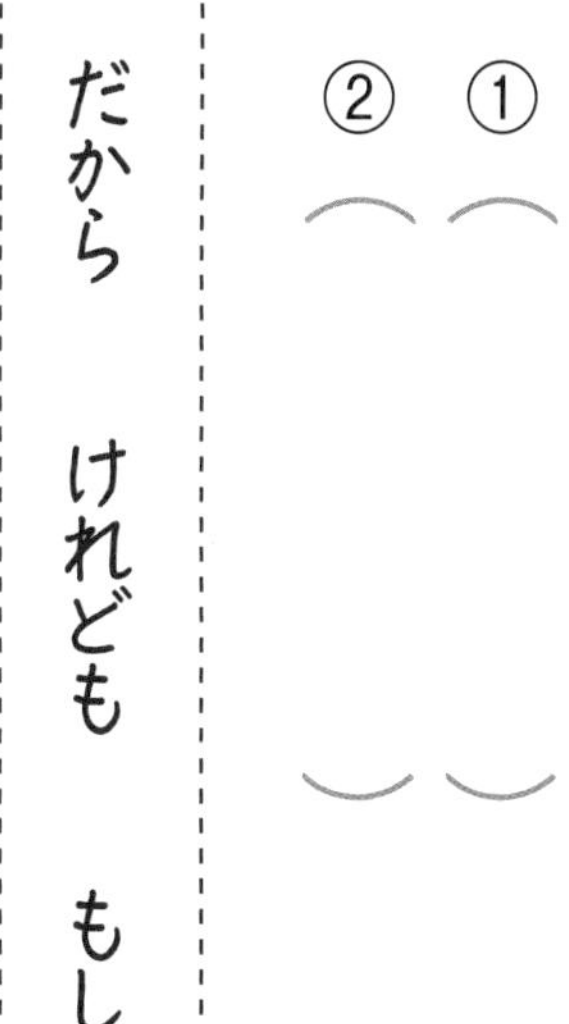

①（　　　）
②（　　　）

だから　けれども　もし

(4) Ⓑ人間くさいの正しい意味に○をつけましょう。

（　）人間のにおいがすること
（　）人間らしさが感じられること
（　）人間のふりをしていること

(5) ほぼ正確に描かれている体の場所はどこですか。

（　　　）（　　　）（　　　）

(6) 『鳥獣人物戯画』は、何に指定されていますか。

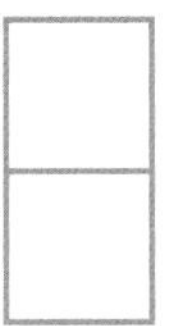

説明文 『鳥獣戯画』を読む ②

名前

月　日

次の文章を読み、あとの問いに答えましょう。

もんどりうって転がった兎(うさぎ)の、背中や右足の線。勢いがあって、絵が止まっていない。Ⓐ動きがある。しかも、投げられたのに目も口も笑っている。それがはっきりとわかる。Ⓑ、前の絵の、応援(おうえん)していた兎たちも笑っていた。ほんのちょっとした筆さばきだけで、見事にそれを表現している。Ⓒたいしたものだ。では、なぜ、兎たちは笑っていたのだろうか。蛙(かえる)と兎は仲良しで、この相撲(すもう)も、対立や真剣(しんけん)勝負を描(えが)いているのではなく、Ⓓ蛙のずるをふくめ、Ⓔあくまでも和気あいあいとした遊びだからにちがいない。

(1) Ⓐ動きがあると同じ意味の文を、文中から書きぬきましょう。

（　　　　　）

(2) Ⓑにあてはまる言葉に○をつけましょう。

（　）そういえば
（　）それにしても
（　）それほど

(3) Ⓒとありますが、何がたいしたものなのですか。文中の言葉で書きましょう。

□□□□だけで、動きや表情を□□しているところ。

絵巻の絵は、くり広げるにつれて、右から左へと時間が流れていく。ではもう一度、Ⓕこの場面の全体を見てみよう。まず、「おいおい、それはないよ」と、笑いながら抗議する応援の兎が出てきて、その先を見ると、相撲の蛙が兎の耳をかんでいる。そして、その蛙が激しい気合いとともに兎を投げ飛ばすと、兎は応援蛙たちの足元に転がって、三匹の蛙はそれに反応する。一枚の絵だからといって、ある一瞬をとらえているのではなく、次々と時間が流れていることがわかるだろう。この三匹の応援蛙のポーズと表情もまた、実にすばらしい。それぞれが、どういう気分を表現しているのか、今度は君たちが考える番だ。

（高畑勲『国語六 創造』光村図書）

(4) Ⓓ蛙のずるとはどんなことですか。

（　　　　　　）というずる

(5) 応援の兎は何と言って抗議しましたか。

（　　　　　　）

(6) Ⓔあくまでもの正しい意味に○をつけましょう。

（　）どうあっても、まったく

（　）あきるまでずっと

（　）ほかのものたちも

(7) Ⓕについて説明している文章の始めと終わりを五字ずつ書きましょう（読点や記号も一字とします）。

□□□□□〜□□□□□。

説明文 『鳥獣戯画』を読む ③

名前　　　　月　　日

次の文章を読み、あとの問いに答えましょう。

この絵巻がつくられたのは、今から八百五十年ほど前、平安時代の終わり、平家が天下を取ろうとしていたころだ。『鳥獣戯画』だけではない。この時代には、ほかにもⒶとびきりすぐれた絵巻がいくつも制作され、上手な絵と言葉で、長い物語を実に生き生きと語っている。そして、これら絵巻物に始まり、江戸時代には、絵本（絵入り読み物）や写し絵（幻灯芝居）、昭和時代には、紙芝居、漫画やアニメーションが登場し、子どもだけでなく、大人もおおいに楽しませて

(1) この絵巻がつくられたのは、今から何年前で、何時代ですか。

（　　　）年ほど前

（　　　）時代の終わり

(2) Ⓐとびきりと似た意味の言葉に〇をつけましょう。

（　）ずばぬけている

（　）めずらしい

（　）見たこともない

(3) 長い物語を生き生きとさせるものは何ですか。

（　　　）

きた。十二世紀から今日まで、言葉だけでなく絵の力を使って物語を語るものが、とぎれることなく続いているのは、日本文化の大きな特色なのだ。

十二世紀という大昔に、まるで漫画やアニメのような、こんなに楽しく、とびきりモダンな絵巻物が生み出されたとは、なんとすてきでおどろくべきことだろう。しかも、筆で描(えが)かれたひとつひとつの絵が、実に自然でのびのびしている。描いた人はきっと、何物にもとらわれない、自由な心をもっていたにちがいない。世界を見渡(みわた)しても、そのころの絵で、これほど自由闊達(かったつ)なものはどこにも見つかっていない。

(高畑勲『国語六 創造』光村図書)

(4) 絵巻物に続いて、江戸時代に登場したものは何ですか。

（　　　　　）

(5) 日本文化の大きな特色とは、どんなことですか。

（　　　　　）

(6) 文章の内容とあうものに○をつけましょう。

（　）本当のすぐれた絵巻は、鳥獣戯画だけである。

（　）紙芝居や漫画などは、子どもたち特有の楽しみである。

（　）十二世紀に楽しくモダンな絵巻物が生み出されたのは、すてきでおどろくべきことである。

説明文 メディアと人間社会 

名前

月　日

次の文章を読み、あとの問いに答えましょう。

情報を伝えるための手段として、古くから用いられてきたのは、文字です。文字のない時代には、遠くの相手と思いや考えを伝え合いたいと思っても、Ⓐ難しいものでした。文字の誕生によって、時間や空間をこえて情報を伝えることができるようになったのです。伝えたい内容を文字にして相手に届ければ、手紙となります。おもしろい物語や話を文章にして残せば、本となります。社会の出来事を書いて知らせれば、新聞になります。しかし、文字を使った情報伝達は、書いたものを人が持って移動する必要があるため、伝

(1) 古くから用いられてきた、情報を伝える手段は何ですか。

（　　　　）

(2) Ⓐについて正しく述べている文に○をつけましょう。

（　）長い時間や広い場所がなくても情報が手に入ること。

（　）過去の情報や遠くの場所の情報を伝えることができること。

（　）時間や場所が変わると情報も変化すること。

(3) 次の情報は、文中で何と表されていますか。

えるのに時間がかかります。
　電波を使った通信の発明は、情報を早く伝えたいという思いに応えるものでした。初めは、遠くの海を航海する船で重宝（ちょうほう）されましたが、やがてラジオ放送が始まると、多くの人々に広く同時に情報を伝えるメディアとして、大きな力をもつようになりました。ラジオでは、効果音なども工夫されるようになり、聞き手に豊かに想像させるドラマなども多数生み出されました。一九三八年には、アメリカでドラマ「宇宙（うちゅう）戦争」を聞いた人々が、本当に火星人がやって来たとかんちがいし、パニックになるという出来事がありました。これは、Ⓑメディアが、社会を混乱（こんらん）させてしまうほどにえいきょう力をもったことを示す事例といえます。

（池上　彰『国語六　創造』光村図書）

伝える内容を文字にして届ける……（　　）
物語や話を文章に残す…………（　　）
社会の出来事を書いて知らせる…（　　）

(4) 文字を使った情報伝達の不便なところはどんなところですか。

（　　　　　　　　　　　　　　　）

(5) 情報を早く伝えたいという思いに応える発明とは、どんな発明ですか。

（　　　　　　　　　　　　　　　）

(6) Ⓑの事例として、どんなかんちがいをしたことが挙げられていますか。

（　　　　　）というドラマを聞いた人々が、（　　　　　　　　　　　　）とかんちがいした。

説明文

メディアと人間社会 ②

名前

月　日

次の文章を読み、あとの問いに答えましょう。

そして、二十世紀の終わりが近づくと、インターネットが発明されます。かつては、情報を広く発信したいと思っても、それができるのは限られた人だけでした。インターネットの登場で、ごくふつうの人々が手軽に情報を発信できるようになり、これまで報じられなかったような、社会や個人に関わる情報が伝えられるようになったのです。しかし、手軽であるということは、誤（あやま）った内容も簡単（かんたん）に広まるということでもあります。また、わざとうその情報をまぎれこませることも容易になりました。現在では、こうした情報で社会が混乱（こんらん）することも起こっています。

(1) インターネットが発明されたのはいつですか。

（　　　　　　）ごろ

(2) インターネットのよさは何ですか。二つに分けて書きましょう。

（　　　　　　）

（　　　　　　）

(3) (2)のようなことができるようになったのは、インターネットがどんなメディアだからですか。文中の漢字二字で書きましょう。

□□

メディアは、「思いや考えを伝え合いたい。」「社会がどうなっているのかを知りたい。」という人間の欲求と関わりながら進化してきました。その結果、今、私たちは、大量の情報に囲まれる社会に生きています。今後も新しいメディアが生まれ、社会に対してえいきょう力をもつでしょう。Ⓐ、どんなメディアが登場しても重要なのは、私たち人間がどんな欲求をもっているか、そして、その結果メディアにどんなことを求めているのかを意識し、メディアと付き合っていくことなのではないでしょうか。

（池上 彰『国語六 創造』光村図書）

がんばるキミはえらいぞっ！

(4) インターネットの登場で、社会が混乱する原因を二つ書きましょう。

(5) メディアは、人間のどんな欲求と関わりながら進化してきましたか。二つ書きましょう。

(6) Ⓐにあてはまる言葉に○をつけましょう。

（　）だから

（　）しかし

（　）ところで

説明文　大切な人と深くつながるために

名前

月　日

次の文章を読み、あとの問いに答えましょう。

では、コミュニケーションが得意になるためには、どうしたらいいのでしょう。コミュニケーションは、おたがいがうまく折り合いをつけるための技術です。スポーツの場合、テクニックをみがく方法を知っていますか。そう、何回も何回も練習しますね。コミュニケーションも同じです。相手とぶつかり、むっとしたり、苦手だなあと思ったりしても、いろんな相手といろんな場所で何度もコミュニケーションしていくうちに、話し方や断り方、アドバイスのしかた、要求のしかたが得意になっていくのです。

(1) コミュニケーションとはどんな技術ですか。

(　　　)

(2) スポーツとコミュニケーションの、テクニックをみがくときの共通点は何ですか。

(　　　)

(3) いろんな相手や場所で何度もコミュニケーションをすると、どんなことが得意になりますか。四つに分けて書きましょう。

(　　　)(　　　)

(　　　)(　　　)

昔は、話し相手や遊び相手は人間しかいませんでしたから、ぶつかり、きそい、交渉（こうしょう）する中で、コミュニケーションの技術はみがかれました。［Ⓐ］、最近はインターネットが発達して、人は人と直接話さなくても、時間が過ごせるようになりました。大人たちは、メールやゲームをしたり、ウェブサイトを見たりする時間が増えて、どんどん人間との直接のコミュニケーションが苦手になっています。

あなたはどうですか。人と会話する時間は増えていますか。減っていますか。本当に自分の言いたいことを言い、本当にしたいことをしようと思ったら、あなたは人とぶつかります。それが、あなたがあなたの人生を生きるということです。

（鴻上尚史『国語六 創造』光村図書）

(4) Ⓐにあてはまる言葉に○をつけましょう。

（　）だから

（　）でも

（　）もし

(5) 大人たちにとって、直接のコミュニケーションが苦手になっているのはなぜですか。

（　　　　　　　　　　　　　　　　）

(6) 「おたがいにゆずり合っていっちする点を見つける」という意味の言葉を、文中から八字で書きぬきましょう。

説明文　平和のとりでを築く ①

名前

月　日

次の文章を読み、あとの問いに答えましょう。

「原爆(げんばく)ドーム」は、広島市のほぼ中心を流れる川のほとりに建っている。もともとは、物産陳列館(ちんれつかん)として、一九一五年（大正四年）に完成した。ヨーロッパ出身の若(わか)い建築家が設計した鉄骨(てっこつ)・れんが造りの三階建てで、建物の真ん中には、楕円形(だえんけい)の丸屋根（ドーム）が五階の高さにつき出ている。建てられた当時は、小さいながら、ひときわ目立つ建物だったという。

〈途中(とちゅう)省略〉

一九四五年（昭和二十年）八月六日午前八時十五分、よく晴れた夏空が広がる

(1) 原爆ドームは、どんなところに建っていますか。

□□□□□□□□□　□□□□□□□に建っている。

(2) Ⓐもともとの原爆ドームについて、次の問いに答えましょう。

① いつ完成したのですか。

（　　　　年）

② どんな人が設計したのですか。

（　　　　）

③ 何でできていますか。

（　　　　）

朝、広島市に原子爆弾が投下された。それは、この建物にほど近い、約六百メートルの上空で爆発した。強烈な熱線と爆風が放射線とともに市街をおそった。市民の多くは一瞬のうちに生命をうばわれ、川は死者でうまるほどだった。ようやく生き残った人も傷つき、その多くは死んでいった。

Ⓑ爆心地に近かったこの建物は、たちまち炎上し、中にいた人々は全員なくなったという。建物は、ほぼ真上からの爆風を受けたため、全焼はしたものの、れんがと鉄骨の一部は残った。丸屋根の部分は、支柱の鉄骨がドームの形となり、この傷だらけの建物の最大の特徴を、後の時代にとどめることとなった。

（大牟田 稔『国語六 創造』光村図書）

(3) 原子爆弾は、いつ投下されましたか。

（　　）年（　　）月（　　）日

午前（　　）

(4) 原子爆弾が投下されたのは、どんな朝だと書かれていますか。

（　　　　　　）朝

(5) 亡くなった人がとても多かったことがわかる文を二つ選び、〰〰を引きましょう。

(6) Ⓑ爆心地の意味として、正しいものに○をつけましょう。

（　）爆弾が命中した個所

（　）爆弾が落ちた町の中心地

（　）爆発の中心地

説明文　平和のとりでを築く ②

月　日

名前

次の文章を読み、あとの問いに答えましょう。

原爆ドームを保存するか、それとも取りこわしてしまうか、戦後まもないころの広島では議論が続いた。保存反対論の中には、「原爆ドームを見ていると、原爆がもたらしたむごたらしいありさまを思い出すので、Ⓐ一刻も早く取りこわしてほしい。」という意見もあった。

市民の意見が原爆ドーム保存へと固まったのは、一九六〇年（昭和三十五年）の春、急性白血病でなくなった一少女の日記がきっかけであった。赤ちゃんだったころに原爆の放射線を浴びたその少女は、十数年たって、突然、

(1) 原爆ドームを保存するか取りこわすかの議論は、いつごろ、どこでありましたか。

（いつごろ　　　）の（どこで　　　）

(2) Ⓐ一刻の正しい使い方に○をつけましょう。

（　）私は、とても急ぐ用事があったので、一刻も走った。

（　）地球温暖化は、一刻をあらそう環境問題だ。

（　）ぼくは、すごくがんばったから、一刻で宿題が終わった。

(3) 市民の意見が、原爆ドーム保存へと固まったきっかけは何ですか。

（　　　）

被爆が原因とみられる病にたおれたのだった。残された日記には、あの痛々しい産業奨励館だけが、いつまでも、おそるべき原爆のことを後世にうったえかけてくれるだろう――、と書かれていた。この日記に後おしされて、市民も役所も「原爆ドーム永久保存」に立ち上がったのである。

保存といっても、傷ついた建物だけに簡単ではない。風や雨、雪に打たれ震動にさらされる原爆ドームには、何よりも補強工事が急がれた。このことが新聞やテレビで伝えられると、全国から保存を願う手紙や寄付が次々と広島市に届けられるようになった。その後、補強工事は何度かくり返され、今の形を保っている。

（大牟田 稔『国語六 創造』光村図書）

(4) 少女の急性白血病の原因について、次の問いに答えましょう。

① 原因は何とみられていますか。最もあてはまるものを［　］から選び、記号で答えましょう。

（　　）

ア 戦争　イ 震動　ウ 被爆

② ①の意味を、文中の言葉を使って書きましょう。

原爆の（　　　　）を浴びること。

(5) 原爆ドーム保存のために、急がれたことは何ですか。

（　　　　）

(6) (5)のことが新聞やテレビで伝えられると、どうなりましたか。

（　　　　）

説明文

平和のとりでを築く ③

名前

月　日

次の文章を読み、あとの問いに答えましょう。

原爆ドームが世界遺産の候補として世界の国々の審査を受けることになったとき、私は、Ⓐちょっぴり不安を覚えた。それは、原爆ドームが、戦争の被害を強調する遺跡であること、そして、規模が小さいうえ、歴史も浅い遺跡であることから、はたして世界の国々によって認められるだろうかと思ったからであった。

［　Ⓑ　］、心配は無用だった。決定の知らせが届いたとき、私は、世界の人々の、平和を求める気持ちの強さを改めて感じたのだった。

(1) この文章の初めにはどんなことが書かれていますか。①〜③の問いに答えましょう。

① 何が ……………

② 何の候補として……

③ 何の審査を ……

(2) Ⓐのように思ったのは、原爆ドームがどんな遺跡だからですか。三つ書きましょう。

痛ましい姿の原爆ドームは、原子爆弾が人間や都市にどんなⒸ惨害をもたらすかを私たちに無言で告げている。未来の世界で核兵器を二度と使ってはいけない、いや、核兵器はむしろ不必要だと、世界の人々に警告する記念碑なのである。

　国連のユネスコ憲章には、「戦争は人の心の中で生まれるものであるから、人の心の中に平和のとりでを築かなければならない。」と記されている。原爆ドームは、それを見る人の心に平和のとりでを築くための世界の遺産なのだ。

（大牟田稔『国語六 創造』光村図書）

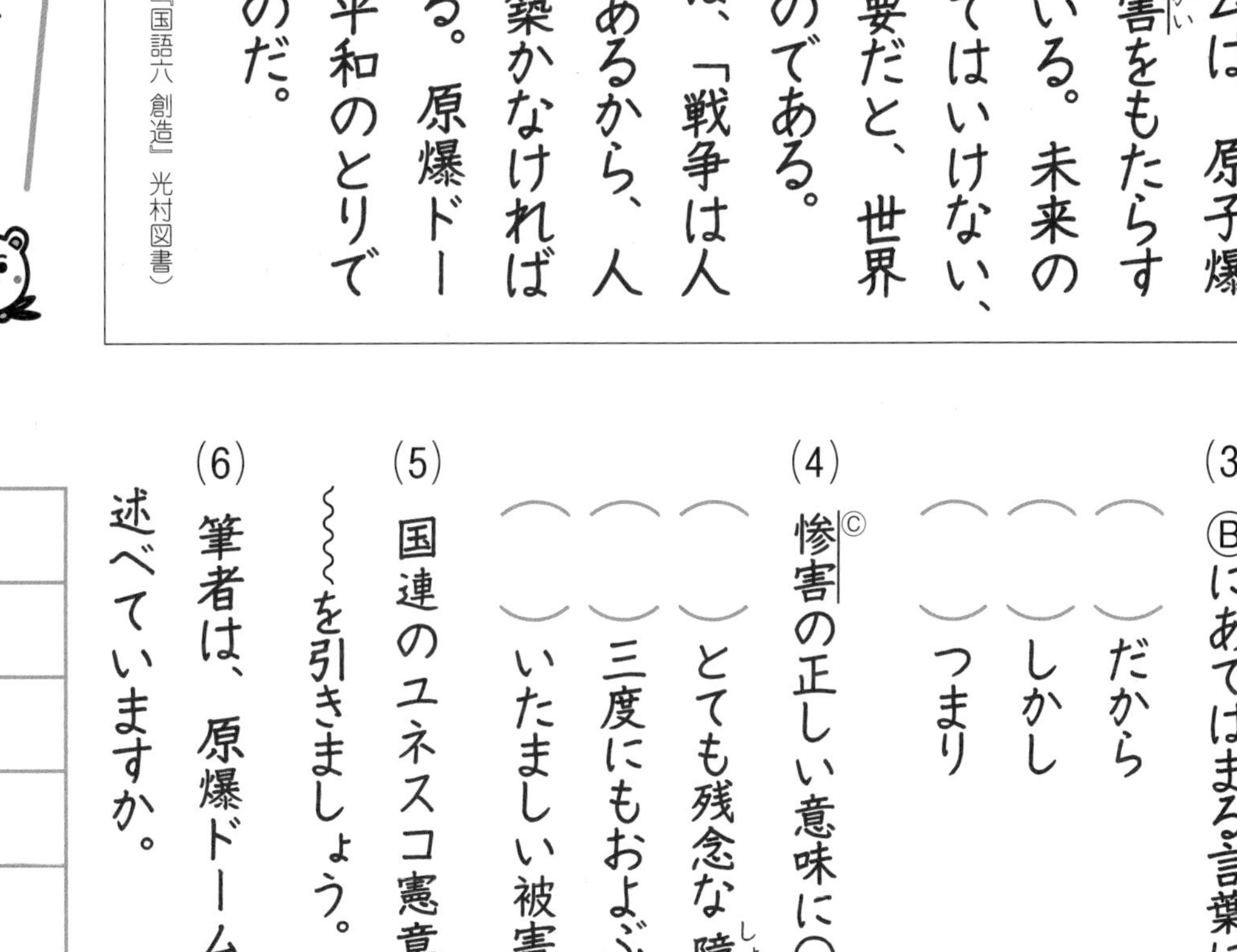

(3) Ⓑにあてはまる言葉に○をつけましょう。

（　）だから
（　）しかし
（　）つまり

(4) Ⓒ惨害の正しい意味に○をつけましょう。

（　）とても残念な障害
（　）三度にもおよぶ被害
（　）いたましい被害

(5) 国連のユネスコ憲章に記されている言葉に〰〰を引きましょう。

(6) 筆者は、原爆ドームは何のための遺産だと述べていますか。

□□□□□□を見た□□□に□□□□□□を築くための遺産

月　日

名前

随筆　ぼくの世界、君の世界①

次の文章を読み、あとの問いに答えましょう。

ぼくが、小学校の四年生か、五年生だったころのことだ。

ふろからあがって、しばらくぼんやりしながら、天井(てんじょう)からぶら下がっているうす暗い電球を見ていた時、ふと、Ⓐこんな考えがうかんだ。

――この電球は、丸くて、うす暗くて、だいだい色をしている。でもこれは、ぼくだけにそう見えているんじゃないか。ひょっとしたら、自分以外の人には、全然ちがったふうに見えているのかもしれない。

もちろん、他の人にどう見えているか

(1) ぼくがどのくらいのころの話ですか。

（　　　　）

(2) Ⓐこんな考えとはどんな考えですか。上の文章に～～を引きましょう。

(3) Ⓑにあてはまる言葉に○をつけましょう。

（　）具体的

（　）科学的

（　）基本的

(4) Ⓒとはどんな思いですか。

を、Ⓑに想像してみたわけではない。ただ、「自分に見えているものは、あくまでも、自分にそう見えているだけなのだ。他の人にも同じように見えている保証はどこにもない。」そういう思いが、不意にわいてきたのである。その時、なんともいえず不思議で、心細い感じがしたことを、今でもはっきり覚えている。

この体験は、ずいぶんあとになるまで、だれにも話さなかった。人に話すほどの意味があるとは、思えなかったからだ。

（西研『ひろがる言葉　小学国語　六下』教育出版）

（　　）に（　　）ものが、
（　　）にも（　　）見えている
（　　）はどこにもない、という思い。

(5) (4)のように思ったとき、どんな感じがしたと書かれていますか。

（　　）感じ

(6) 筆者が、体験をだれにも話さなかったのはなぜですか。

（　　）

(7) 「急に」、「とつ然」と同じ意味の熟語を、文中から漢字二字で書きぬきましょう。

□□

随筆 ぼくの世界、君の世界②

名前

月　日

次の文章を読み、あとの問いに答えましょう。

痛み（いた）についても、同じようなことがいえる。友達が、「おなかが痛いよ。」と言った時、君は、自分が腹痛（ふくつう）を起こした時の感覚を思い出して、「ああ、痛そうだなあ。大変だなあ。」と思う。でも、Ⓐそれは、あくまでも「自分」が経験してきた痛みの感覚でしかない。自分がこれまでに感じてきた痛みと、友達が感じている痛みが同じであるとは、［①］できないのだ。自分が、他人の中に入りこんで、その人が見たり、感じたりしていることをそのまま体験できれば別だが、もちろんⒷそんなこと

(1) Ⓐそれは、何をさしていますか。

（　　　　）

(2) Ⓑそんなこととは、どんなことですか。

（　　　　）

(3) 上の文章の①、②には、証明、保証のどちらが入りますか。

①（　　　　）　②（　　　　）

はだれにもできない。

　こんなふうに考え始めると、小学生のころのぼくが心細くなったように、なんとなく不安になってくる人もいるかもしれない。自分の感じていることと、他の人の感じていることが同じであるという［②］はどこにもない、と思うと、独りぼっちで置き去りにされたような気持ちがしてくるかもしれない。

　結局、私（わたし）たちは、一人一人別々の心をかかえ、相手のことなどわからないまま生きていくしかないのだろうか。［Ⓒ］、人と人は、永遠に理解し合えないのだろうか。

　Ⓓそうではない、とぼくは思う。


（西研『ひろがる言葉　小学国語　六下』教育出版）

(4)　Ⓒにあてはまる言葉に○をつけましょう。

（　）しかし
（　）つまり
（　）さらに

(5)　Ⓓそうではないとは、どういうことですか。文中の言葉を使って書きましょう。

（　　　　　　）は、（　　　　　　）に（　　　　　　）わけではないということ。

(6)　文章の内容とあうものに○をつけましょう。

（　）自分の感じている痛みと他の人の痛みは同じである。

（　）他人が見たり感じたりすることをそのまま体験することはできない。

（　）私たちは相手のことをわからないまま生きていくしかない。

月　日

随筆　ぼくの世界、君の世界③

名前

次の文章を読み、あとの問いに答えましょう。

私(わたし)たちは、幼(おさな)い時には、そういうことを特に意識していない。しかし、成長し、自立していくなかで、しだいに、親や周りの人々からは見えない心の世界や秘密(ひみつ)をもつようになり、Ⓐそのことを意識するようになる。そして同時に、他の人もまた、周りからは見えない、その人なりの心の世界をもっていることにも、少しずつ気づいていく。Ⓑそういう気づきが、ある時、「自分が感じていることと、他の人が感じていることが同じであるという保証はどこにもない。」という思いに発展(はってん)していったのに

(1) Ⓐそのこととは何をさしていますか。

（　　　）からは見えない（　　　）をもっていること。

(2) Ⓑそういう気づきとは、何に気づくことですか。

（　　　）

(3) Ⓒ極端な思いとはどんな思いですか。

（　　　）

ちがいない。

だれもがこんなⒸ極端（きょくたん）な思いをもつわけではないが、「自分だけの心の世界がある」ということ自体には、どんな人でも気づいていく。そしてそれは、「一人きりの自分」を知ることにもつながっていくだろう。自分の思いは、だれかに伝えようとしないかぎり、だれとも分かち合えないし、だれにもわかってもらえない、Ⓓこうした事実にだれもが直面するのである。これはさびしいことだが、Ⓔ［　　］人は、心を伝え合うための努力を始めるのだと思う。

（西研『ひろがる言葉　小学国語　六下』教育出版）

がんばるキミにはくしゅ！

(4) どんな人でも気づくことは何ですか。

（　　　　）

(5) Ⓓこうした事実とは、何ですか。

（　　）は、だれかに（　　）としなければ、だれとも（　　）ことや、だれにも（　　）ということ。

(6) Ⓔにあてはまる言葉に○をつけましょう。

（　）もしかして

（　）だからこそ

（　）なぜならば

狂言　柿山伏

名前　　　月　　日

次の文章を読み、あとの問いに答えましょう。

これは、空腹（くうふく）のあまり、他人の柿（かき）の木に登って柿を勝手に食べていた山伏（やまぶし）（主人公）が、柿主（相手役）に見つかりこらしめられる話です。

柿主　……略……（山伏の落とした柿の種が頭に当たって）はて、合点（がてん）の行かぬ。空から柿の種が落つるが、何としたことじゃ知らぬ。（分からない）（山伏のいる方を見て、）これはいかなこと。いかめな（いかめしい）山伏が、上って柿を食（く）ろう。さてさてにくいやつでござる。

柿主　Ⓐやい、やい、やい、やい。

山伏　そりゃ、見つけられたそうな。かくれずはなるまい。（と、顔をかくす。）

(1)　柿主が、柿の木の上に山伏がいることに気付いたきっかけは何ですか。

（　　　　）の落とした（　　　　）が、頭に当たったこと。

(2)　Ⓐを聞いた山伏は、どうしましたか。

顔を□□□□□。

(3)　柿主がⒷのように言ったのは、なぜですか。○をつけましょう。

（　）からすだと思ったから。

（　）山伏をこらしめようと思ったから。

（　）山伏のほかに、からすもいると思ったから。

柿主 さればこそ、顔をかくいた（かくした）。あの柿の木のかげへかくれたを、ようよう（よくよく）見れば、人ではないとみえた。

山伏 まず落ち着いた（安心した）。人ではないと申す。

柿主 Ⓑあれはからすじゃ。

山伏 やあ、からすじゃと申す。

柿主 からすならば鳴くものじゃが、おのれは鳴かぬか。

山伏 Ⓒこれは鳴かずはなるまい。

柿主 おのれ、鳴かずは人であろう。その弓矢をおこせ（よこせ）、一矢（ひとや）に射殺いてやろう。

山伏 Ⓓこかあ、こかあ、こかあ、こかあ。

柿主 （笑って）さればこそ、鳴いたり鳴いたり。また、あれをようよう見れば、Ⓔからすではのうてさるじゃ。

（『国語六 創造』光村図書）

(4) Ⓒの意味として、正しいものを選び○をつけましょう。

（ ）鳴いてはいけない。

（ ）鳴いてもどうしようもない。

（ ）鳴かなくてはならない。

(5) Ⓓは何の鳴きまねですか。

（ ）

(6) Ⓓを聞いて、柿主はどうしましたか。

□□た。

(7) Ⓔを聞いた山伏は、このあと何のまねをしたと思いますか。

（ ）

漢文　論語

名前

月　日

次のAは、「論語（ろんご）」の一部を書いた元の文で、日本語として読みやすくした文がB、その意味をまとめたものがCです。A～Cを読み、あとの問いに答えましょう。

A

子曰、「吾十有五而志于学。三十而立。四十而不惑。五十而知天命。六十而耳順。七十而従心所欲不踰矩。」

B

子曰（しいわ）く、「吾（われ）十有（ゆう）五にして学に志す。三十にして立つ。四十にして惑（まど（わ））はず。五十にして天命を知る。六十にして耳順（みみしたが（う））ふ。七十にして心の欲（ほっ）するところに従（したが（え））へども矩（のり）を踰（こ）えず。」と。

C

先生が言われたことには、「私は十五歳（さい）で学問に志を立てた。三十歳になり、独自の考えを確立した。四十歳のとき、まようことがなくなった。五十歳になったとき、天からあたえられた使命を知った。六十歳で、人の言うことがすなおに聞けるようになった。七十歳になって、自分の思うままにふるまっても道を外れることがなくなった。」と。

(1) 漢文とは、どのような文章のことですか。○をつけましょう。

（　）主に日本古来の書き方の文章のことで、元の文は漢字と平仮名で書かれている。

（　）主に中国古来の書き方の文章のことで、元の文は漢字と片仮名で書かれている。

（　）主に中国古来の書き方の文章のことで、元の文は漢字だけで書かれている。

(2) 先生（孔子）は、何歳でどうなられたのですか。上段・中段・下段を線で結びましょう。

上段	中段	下段
① 十五歳 ・	・ 惑はず ・	・ 人の言うことがすなおに聞けるようになった。
② 三十歳 ・	・ 耳順ふ ・	・ 独自の考えを確立した。
③ 四十歳 ・	・ 学に志す ・	・ まようことがなくなった。
④ 五十歳 ・	・ 矩を踰えず ・	・ 天からあたえられた使命を知った。
⑤ 六十歳 ・	・ 立つ ・	・ 学問に志を立てた。
⑥ 七十歳 ・	・ 天命を知る ・	・ 自分の思うままにふるまっても道を外れることがなくなった。

よくがんばりました！

がんばったね！

学力の基礎をきたえどの子も伸ばす研究会

HPアドレス　http://gakuryoku.info/

常任委員長　岸本ひとみ
事務局　〒675-0032 加古川市加古川町備後 178－1－2－102 岸本ひとみ方 ☎・Fax 0794－26－5133

① めざすもの

私たちは、すべての子どもたちが、日本国憲法と子どもの権利条約の精神に基づき、確かな学力の形成を通して豊かな人格の発達が保障され、民主平和の日本の主権者として成長することを願っています。しかし、発達の基盤ともいうべき学力の基礎を鍛えられないまま落ちこぼれている子どもたちが普遍化し、「荒れ」の情況があちこちで出てきています。

私たちは、「見える学力、見えない学力」を共に養うこと、すなわち、基礎の学習をやり遂げさせることと、読書やいろいろな体験を積むことを通して、子どもたちが「自信と誇りとやる気」を持てるようになると考えています。

私たちは、人格の発達が歪められている情況の中で、それを克服し、子どもたちが豊かに成長するような実践に挑戦します。

そのために、つぎのような研究と活動を進めていきます。

① 「読み・書き・計算」を基軸とした学力の基礎をきたえる実践の創造と普及。
② 豊かで確かな学力づくりと子どもを励ます指導と評価の探究。
③ 特別な力量や経験がなくても、その気になれば「いつでも・どこでも・だれでも」ができる実践の普及。
④ 子どもの発達を軸とした父母・国民・他の民間教育団体との協力、共同。

私たちの実践が、大多数の教職員や父母・国民の方々に支持され、大きな教育運動になるよう地道な努力を継続していきます。

② 会　　員

- 本会の「めざすもの」を認め、会費を納入する人は、会員になることができる。
- 会費は、年 4000 円とし、7 月末までに納入すること。①または②

①郵便振替　口座番号　００９２０－９－３１９７６９
名　　称　学力の基礎をきたえどの子も伸ばす研究会

②ゆうちょ銀行
店番０９９　店名〇九九店（ゼロキュウキュウ）　当座０３１９７６９

- 特典　研究会をする場合、講師派遣の補助を受けることができる。
  大会参加費の割引を受けることができる。
  学力研ニュース、研究会などの案内を無料で送付してもらうことができる。
  自分の実践を学力研ニュースなどに発表することができる。
  研究の部会を作り、会場費などの補助を受けることができる。
  地域サークルを作り、会場費の補助を受けることができる。

③ 活　　動

全国家庭塾連絡会と協力して以下の活動を行う。

- 全 国 大 会　全国の研究、実践の交流、深化をはかる場とし、年１回開催する。通常、夏に行う。
- 地域別集会　地域の研究、実践の交流、深化をはかる場とし、年１回開催する。
- 合宿研究会　研究、実践をさらに深化するために行う。
- 地域サークル　日常の研究、実践の交流、深化の場であり、本会の基本活動である。
  可能な限り月１回の月例会を行う。会場費の補助を受けることができる。
- 全国キャラバン　地域の要請に基づいて講師派遣をする。

全 国 家 庭 塾 連 絡 会

① めざすもの

私たちは、日本国憲法と教育基本法の精神に基づき、すべての子どもたちが確かな学力と豊かな人格を身につけて、わが国の主権者として成長することを願っています。しかし、わが子も含めて、能力があるにもかかわらず、必要な学力が身につかないままになっている子どもたちがたくさんいることに心を痛めています。

私たちは学力研が追究している教育活動に学びながら、「全国家庭塾連絡会」を結成しました。

この会は、わが子に家庭学習の習慣化を促すことを主な活動内容とする家庭塾運動の交流と普及を目的としています。

私たちの試みが、多くの父母や教職員、市民の方々に支持され、地域に根ざした大きな運動になるよう学力研と連携しながら努力を継続していきます。

② 会　　員

本会の「めざすもの」を認め、会費を納入する人は会員になれる。
会費は年額 1000 円とし（団体加入は年額 2000 円）、8 月末までに納入する。
会員は会報や連絡交流会の案内、学力研集会の情報などをもらえる。

事務局　〒564-0041　大阪府吹田市泉町 4－29－13　影浦邦子方　☎・Fax 06－6380－0420
郵便振替　口座番号　００９００－１－１０９９６９　　名称　全国家庭塾連絡会

国語習熟プリント　小学6年生

2020年８月30日　発行

著　者　谷口　正博

編　集　金井　敬之

発行者　面屋　尚志

企　画　フォーラム・A

発行所　清 風 堂 書 店

〒530-0057　大阪市北区曽根崎２-11-16

TEL 06-6316-1460／FAX 06-6365-5607

振 替　00920-6-119910

制作編集担当　青木　圭子

表紙デザイン　ウエナカデザイン事務所

※乱丁・落丁本はおとりかえいたします。

国語6年生
習熟プリント
答え

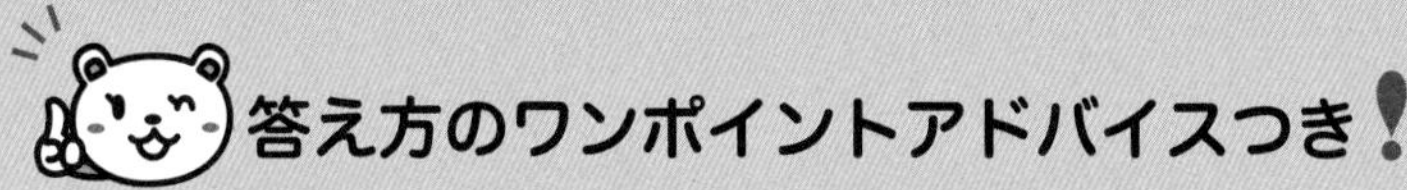
答え方のワンポイントアドバイスつき！

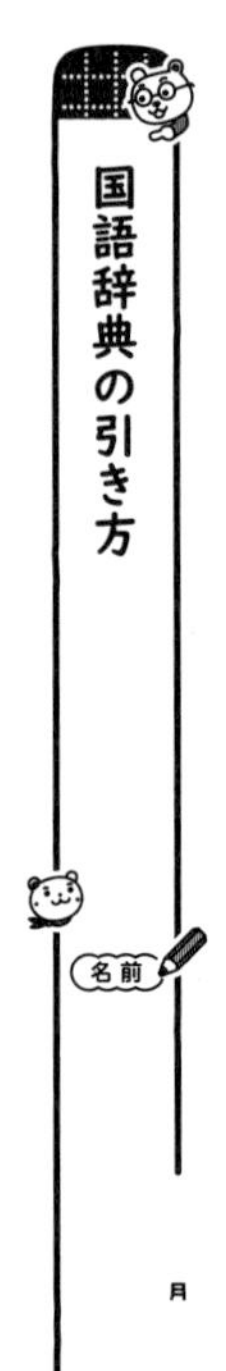

国語辞典の引き方

名前　　月　日

1 次の文章の（　）にあてはまるものを[　]から選んで書きましょう。

(1) 国語辞典には、たくさんの言葉が（五十音）順に並んでいます。

(2) 言葉は、清音（は、ひ、ふ等）、濁音（ば、び、ぶ等）、半濁音（ぱ、ぴ、ぷ等）の順に並んでいます。
〈例〉「はん（班）」と「ばん（晩）」では、（はん）が前。
「ばん」と「パン」では、（ばん）が前。

(3) （小さい）字は、ふつうあとにきます。
〈例〉「きよう（器用）」と「きょう（京）」では、（きよう）が前。

(4) のばす音は、母音におきかえて並んでいます。
〈例〉「スカート」→「スカ（ア）ト」、「クロール」→「クロ（オ）ル」

小さい　五十音　はん　ばん　パン　きよう　きょう　ア　オ

2 出てくるのが早い順になるように、（　）に番号を書きましょう。

(1) （4）わな　（2）やくば　（3）らんぼう　（1）なやましい
(2) （3）こむ　（4）ころもがえ　（1）こともなげ　（2）こはるびより
(3) （4）俳かい　（2）はい芽　（3）売価　（1）パイオニア
(4) （1）データ　（3）りよう　（4）りょう　（2）てがける

3 次の文の――の言葉を調べるとき、何という言葉を引けばよいか（　）に書きましょう。

(1) いくら待っても（待つ）だれも来ず（来る）、ぼくはとてもさびしくなり（さびしい）、落ち着かなかった（落ち着く）。

(2) お湯がにえたぎって（たぎる）いるのにも気付かず（気付く）、ぼくは星にまつわった（まつわる）本を読みふけって（ふける）いた。

平仮名表記

名前　　月　日

1 次の言葉には、のばす音があります。正しい方に○をつけましょう。

① （多い）（　）おうい（○）おおい
② （　）おうきい（○）おおきい
③ （　）とうい（○）とおい
④ （　）おねいさん（○）おねえさん
⑤ （　）おうかみ（○）おおかみ
⑥ （○）おうさま（　）おおさま
⑦ （　）おうやけ（○）おおやけ
⑧ （十）（　）とう（○）とお
⑨ （つめたい）（　）こうり（○）こおり
⑩ （　）こうろぎ（○）こおろぎ
⑪ （燃えている火の先）（　）ほのう（○）ほのお
⑫ （ほっぺた）（　）ほう（○）ほお
⑬ （○）ほうたい（　）ほおたい
⑭ （計画して、ひらく）（　）もようす（○）もよおす
⑮ （　）とうる（○）とおる
⑯ （○）もうす（　）もおす

2 次の文で、まちがった使い方をしている字の右横に線を引き、正しく書き直しましょう。

① ぼくわ（は）、こうへ（え）んで　を（お）まつりお（を）　みて　いました。

② は（わ）たしわ（は）、を（お）みせえ（へ）　を（お）かしお（を）　かいに　いきました。

3 次の言葉の「じ」と「ぢ」、「ず」と「づ」のうち、正しい方に○をつけましょう。

① 鼻血（　）はなじ（○）はなぢ
② 悪知恵（　）わるじえ（○）わるぢえ
③ 三日月（　）みかずき（○）みかづき
④ 絵地図（○）えちず（　）えちづ
⑤ 命綱（　）いのちずな（○）いのちづな
⑥ 大豆（○）だいず（　）だいづ
⑦ 続き（　）つずき（○）つづき
⑧ 外国人（○）がいこくじん（　）がいこくぢん
⑨ 地面（○）じめん（　）ぢめん
⑩ 頭巾（○）ずきん（　）づきん
⑪ 頭痛（○）ずつう（　）づつう
⑫ 短い（○）みじかい（　）みぢかい

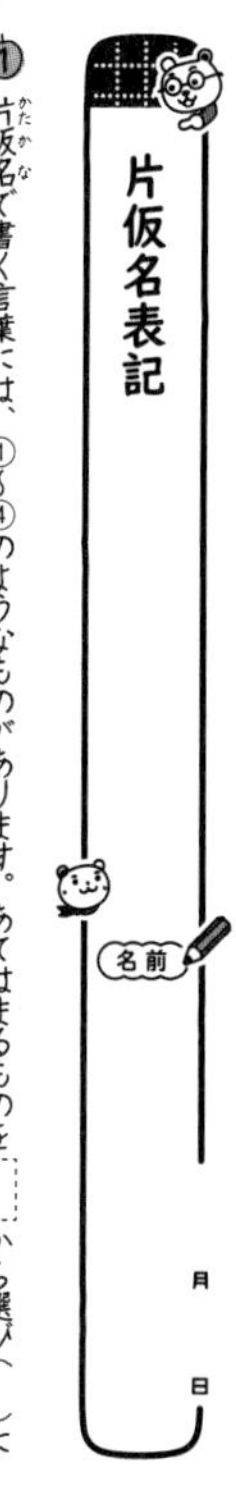

片仮名表記

1 片仮名(かたかな)で書く言葉には、①~④のようなものがあります。あてはまるものを[　]から選び(　)に書きましょう。

① 外国の国や地域(ちいき)、外国の人の名前
(エジソン)(ニューヨーク)(ヨーロッパ)

② 外国からきた言葉やもの
(ストップ)(ラジオ)(サッカー)

③ 声や音
(ニャーオ)(ガチャン)(ザーザー)

④ 生き物など
(サクラ)(インコ)(ヒト)

[ニャーオ　エジソン　サクラ　インコ　ストップ　ニューヨーク　ラジオ　ガチャン　ヒト　ヨーロッパ　サッカー　ザーザー]

2 次の文で、片仮名で書く必要のある言葉の右横に線を引き、片仮名に直しましょう。

① ふらんすのしゅとぱりに、ぴかそびじゅつかんがある。
（フランス　パリ　ピカソ）

② でんきやさんで、てれびとでんしれんじをかった。
（テレビ　レンジ）

③ たいふうのよる、どあががたがたとおとをたてた。
（ドア　ガタガタ）

3 次の文にあてはまる片仮名を書きましょう。

① ドレミの次、ソの前は［フ］［ァ］の音です。

② スポーツなどで、チームでそろえて着るのは［ユ］［ニ］［フ］［ォ］［ー］［ム］です。

③ ちり紙のことを［テ］［ィ］［ッ］［シ］［ュ］といいます。

仮名の由来と漢字仮名交じり文

名前　　月　日

1 次の文章の(　)にあてはまる言葉を、[　]から選んで書きましょう。

大昔の日本には文字がなく、中国から伝わった文字の(漢字)を使用していました。その文字は形と音と意味を持っていましたが、(音)だけを借りて「はる」は(波留)、「なつ」は(奈都)というように書いていました。このような使い方の漢字を「(万葉仮名)」といいます。

平安時代になると、万葉仮名をもとに漢字をくずして書いて生まれた(平仮名)や、漢字の一部をとった(片仮名)が生まれました。

漢字は一字一字が意味を表すので(表意文字)といい、平仮名や片仮名(かたかな)は音だけを表すので(表音文字)といいます。

現在は、「(漢字仮名交じり文)」と呼(よ)ばれる書き方がふつうです。

[万葉仮名(まんようがな)　奈都　波留　漢字仮名交じり文　音　漢字　平仮名　片仮名　表音文字　表意文字]

2 次の文を、漢字仮名交じり文に直しましょう。

① はははははのははがだいすきだ。
(母は、母の母が大好きだ。)

② ちちは、やきゅうのちいむにはいっている。
(父は、野球のチームに入っている。)

3 次の漢字からできた平仮名を書きましょう。

① 安　あ　→(あ)　② 太　た　→(た)

③ 良　ら　→(ら)　④ 和　わ　→(わ)

4 次の漢字からできた片仮名を書きましょう。

① 宇→(ウ)　② 利→(リ)　③ 加→(カ)

④ 多→(タ)　⑤ 八→(ハ)　⑥ 止→(ト)

⑦ 久→(ク)　⑧ 江→(エ)　⑨ 己→(コ)

がんばるのだ!

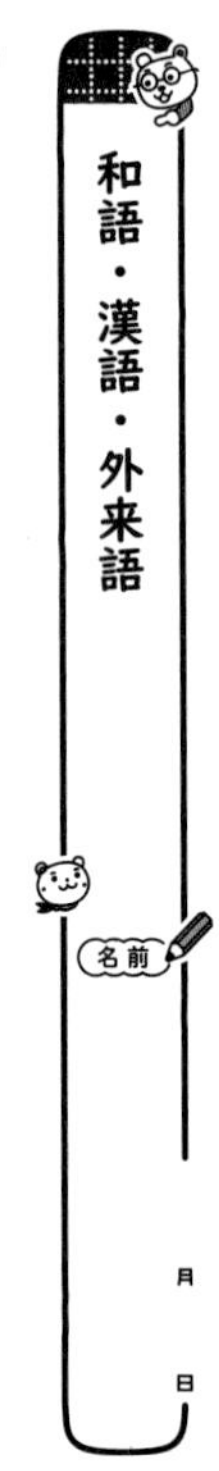

和語・漢語・外来語

名前　　　　月　　日

1 次の文章で、和語の説明にはわ、漢語の説明にはか、外来語の説明にはがを（　）に書きましょう。

（か）昔、中国から伝わってきた言葉で、日本語になったもの。

（わ）日本で昔から使われてきた言葉。

（が）外国から伝わった言葉で、片仮名で書くことが多い。

2 次の文で、――の和語と似たような意味の漢語を（　）に書きましょう。

① 試合での勝ちは、うれしいものです。（勝利）

② 兄のしゅみは、山登りです。（登山）

③ 学校の周りには、フェンスがあります。（周囲）

④ サッカーでは、守りも大切です。（守備）

3 ――を引いた言葉を、外来語で書きましょう。

① 予約の取り消し（キャンセル）

② 皿が並ぶ食たく（テーブル）

③ 塩を入れるさじ（スプーン）

④ 国語の帳面（ノート）

4 次の□の外来語が、①～③のどの国から入ってきたか考えて（　）に書きましょう。

① ドイツ（ガーゼ）（ワクチン）ヒント…医学

② フランス（デッサン）（パレット）ヒント…美術

③ イタリア（ソプラノ）（オペラ）ヒント…音楽

※順不同

ソプラノ　デッサン　ガーゼ　ワクチン　オペラ　パレット

5 次の①～⑥にあう言葉を□から選び、（　）に書きましょう。

① 和語（雨風）　② 漢語（森林）

③ 外来語（パン）　④ 和語と漢語（畑作）

⑤ 和語と外来語（窓ガラス）　⑥ 外来語と漢語（ピアノ曲）

ピアノ曲　雨風　パン　森林　畑作　窓ガラス

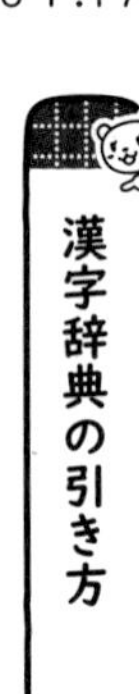

漢字辞典の引き方

名前　　　　月　　日

1 漢字辞典の引き方の説明になるように、（　）にあてはまる言葉を書きましょう。

部首引き…（部首）をたよりに引く方法。

音訓引き…漢字の（読み方）が一つでも分かるときの方法。

総画引き…漢字の読み方も部首も分からないとき、漢字の（総画数）から引く方法。

漢字辞典は、亻（にんべん）や刂（りっとう）など、部首ごとに、画数の少ない部首から順に並んでいます。

2 漢字辞典で調べることができるもの五つに○をつけましょう。

（　）漢字を使う国の名前や首都名

（○）その漢字を使った熟語と意味

（○）漢字の読み方

（○）漢字の意味

（○）漢字の成り立ち

（○）漢字の画数

（　）漢字の美しい書き方

3 次の漢字の部首として、正しい方に○をつけましょう。

① 異　（○）田　（　）共

② 裏　（　）亠　（○）衣

③ 奏　（○）大　（　）夫

④ 垂　（　）一　（○）土

⑤ 疑　（　）匕　（○）疋

⑥ 我　（　）手　（○）戈

⑦ 郷　（　）乡　（○）阝

⑧ 幕　（　）艹　（○）巾

4 次の漢字の部首を□に書きましょう。

① 暖 → 日

② 危 → 㔾

③ 穴 → 穴

④ 難 → 隹

5 漢字辞典に出てくる順に番号を書きましょう。

① （2）林　（1）村　（3）械

② （2）拡　（3）揮　（1）批

③ （2）熟　（1）乱　（3）頂

④ （2）仁　（1）乳　（3）降

音と訓

名前　　　月　　日

● 次の文の——の漢字に、音読みは片仮名（かたかな）で、訓読みには平仮名で読み仮名を書きましょう。

① つい誤って誤字を書いた。（あやま）（ゴ）

② 危険な所で危ない遊びをしない。（キ）（あぶ）

③ 洗面所で顔を洗う。（セン）（あら）

④ 暖ぼうで部屋が暖まる。（ダン）（あたた）

⑤ 異なった意見に異議を唱える。（こと）（イ）

⑥ 頭痛だけでなく歯も痛い。（ツウ）（いた）

⑦ 疑われて容疑者にされた。（うたが）（ギ）

⑧ スクリーンに映画を映す。（エイ）（うつ）

⑨ 補欠で補う。（ホ）（おぎな）

⑩ 時計は時刻を刻む。（コク）（きざ）

⑪ 深呼吸で新せんな空気を吸う。（キュウ）（す）

⑫ 筋肉の筋を痛めた。（キン）（すじ）

⑬ 勤務先での勤めにはげむ。（キン）（つと）

⑭ よく降って、最高の降雨量だ。（ふ）（コウ）

⑮ 困難な課題に困り果てた。（コン）（こま）

⑯ 敬語は相手を敬う言葉だ。（ケイ）（うやま）

⑰ この骨は人骨ではない。（ほね）（コツ）

⑱ 裁判で裁く。（サイ）（さば）

⑲ 閉店時間の八時で門が閉まる。（ヘイ）（し）

⑳ 的を射るために発射させる。（い）（シャ）

㉑ 半分に縮めた縮図をえがく。（ちぢ）（シュク）

㉒ 正しい姿勢は美しい姿です。（シ）（すがた）

㉓ 一日一善で善い行いをする。（ゼン）（よ）

㉔ 冷蔵庫で冷やす。（レイ）（ひ）

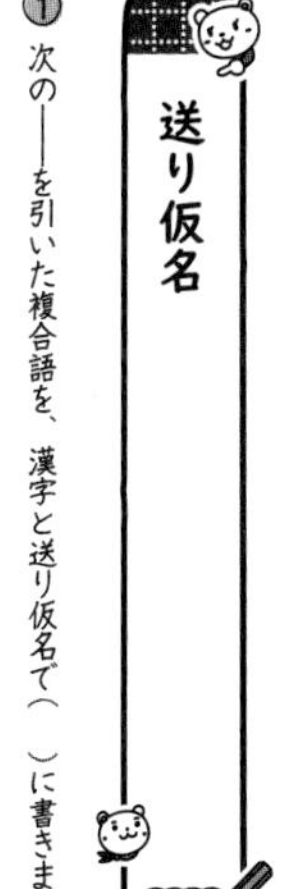
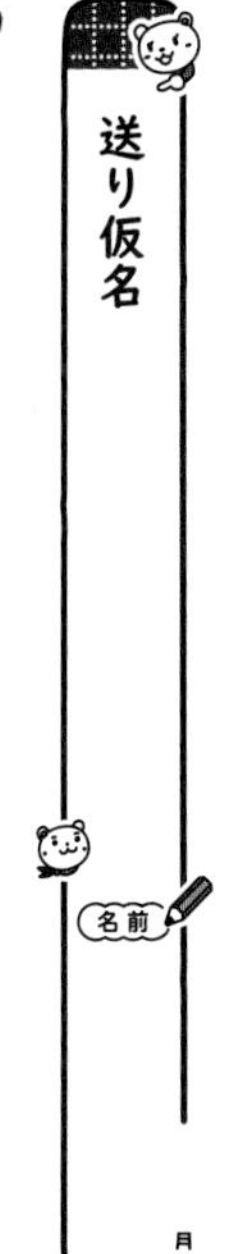

送り仮名

名前　　　月　　日

1 次の——を引いた複合語を、漢字と送り仮名で（　）に書きましょう。

① 勇ましくふるいたつ。（奮い立つ）

② 蚤をすいだす。（吸い出す）

③ 落とし物をさがしまわる。（探し回る）

2 次の言葉の書き表し方で、正しい方に○をつけましょう。

① うしろ　（　）後　（○）後ろ

② しるし　（○）印　（　）印し

③ あたり　（　）辺　（○）辺り

④ （山の）いただき　（○）頂　（　）頂き

⑤ こづつみ　（○）小包　（　）小包み

⑥ たより　（○）便り　（　）便より

⑦ あいま　（○）合間　（　）合い間

⑧ かさねぎ　（　）重着　（○）重ね着

3 次の——の言葉を、漢字と送り仮名で（　）に書きましょう。

① はげしい運動（激しい）

② わかい人（若い）

③ あたたかい気候（暖かい）

④ おさない子ども（幼い）

⑤ あぶない遊び（危ない）

⑥ 試合がのびる。（延びる）

⑦ 答えをうたがう。（疑う）

⑧ お年寄りをうやまう。（敬う）

⑨ 計算をあやまる。（誤る）

⑩ 電車をおりる。（降りる）

⑪ 王様にしたがう。（従う）

⑫ 家族とくらす。（暮らす）

⑬ 山頂（さんちょう）に雪をいただく。（頂く）

⑭ ドアをしめる。（閉める）

⑮ 不足分をおぎなう。（補う）

⑯ 先祖をたっとぶ。（尊ぶ）

⑰ きびしい父親（厳しい）

⑱ ごみをすてる。（捨てる）

⑲ 布をそめる。（染める）

⑳ 鳥がむれる。（群れる）

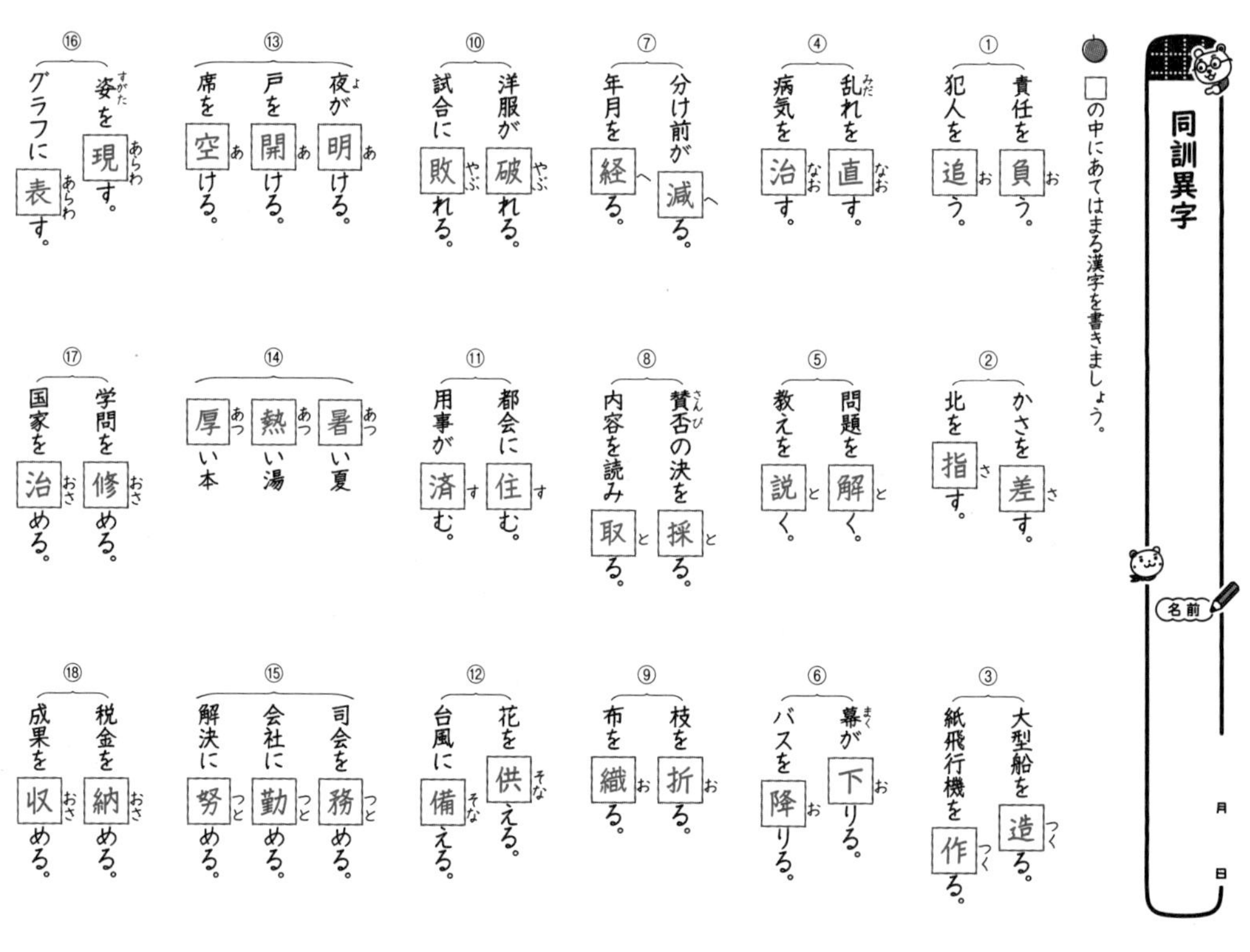

同訓異字

□の中にあてはまる漢字を書きましょう。

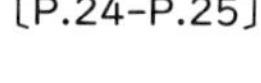

名前　月　日

① 責任を負う。犯人を追う。

② かさを差す。北を指す。

③ 大型船を造る。紙飛行機を作る。

④ 乱れを直す。病気を治す。

⑤ 問題を解く。教えを説く。

⑥ 幕が下りる。バスを降りる。

⑦ 分け前が減る。年月を経る。

⑧ 賛否の決を採る。内容を読み取る。

⑨ 枝を折る。布を織る。

⑩ 洋服が破れる。試合に敗れる。

⑪ 都会に住む。用事が済む。

⑫ 花を供える。台風に備える。

⑬ 夜が明ける。戸を開ける。席を空ける。

⑭ 暑い夏　熱い湯　厚い本

⑮ 司会を務める。会社に勤める。解決に努める。

⑯ 姿を現す。グラフに表す。

⑰ 学問を修める。国家を治める。

⑱ 税金を納める。成果を収める。

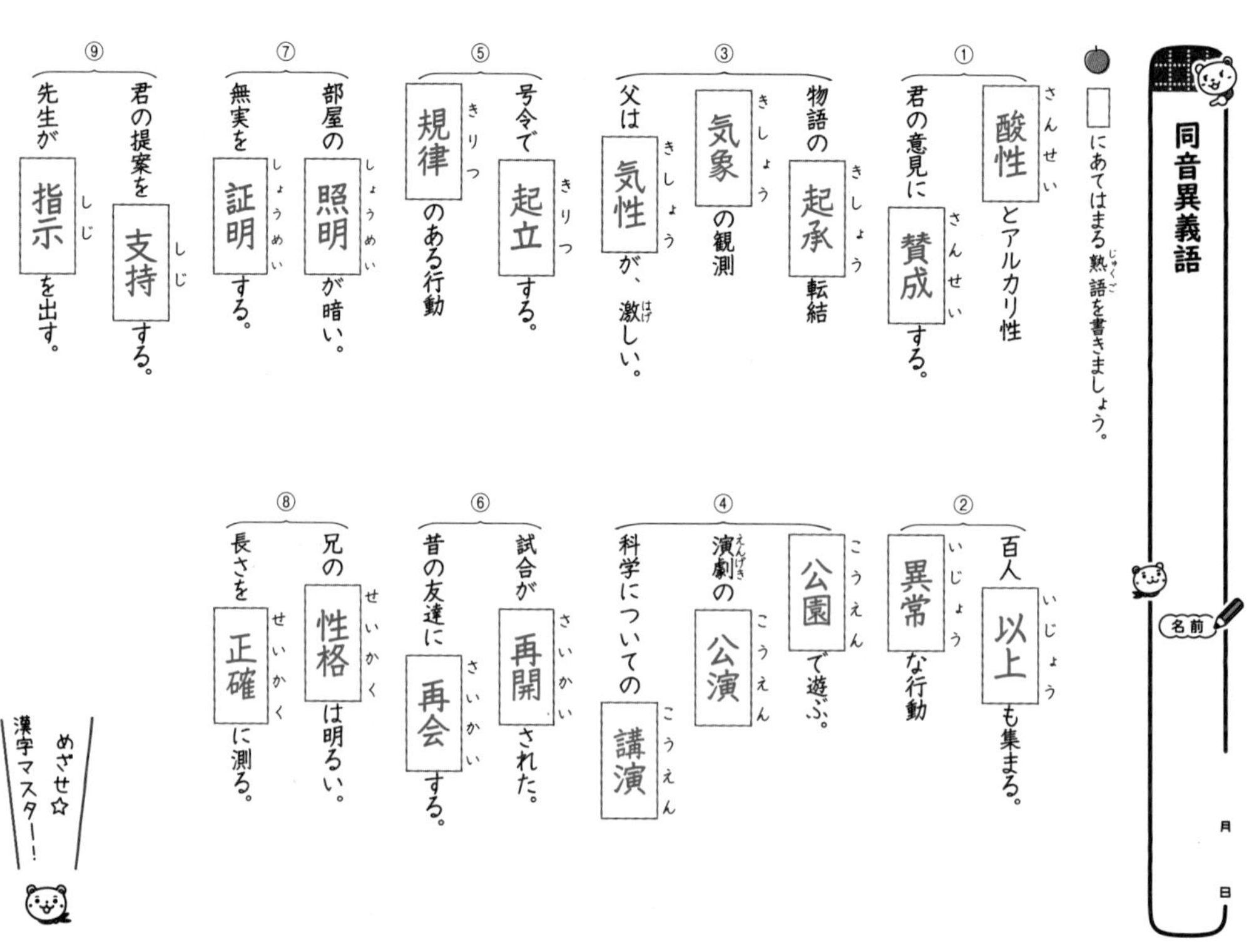

同音異義語

□にあてはまる熟語を書きましょう。

名前　月　日

① 酸性とアルカリ性　君の意見に賛成する。

② 百人以上も集まる。異常な行動

③ 物語の起承転結　気象の観測　父は気性が、激しい。

④ 公園で遊ぶ。演劇の公演　科学についての講演

⑤ 号令で起立する。規律のある行動

⑥ 試合が再開された。昔の友達に再会する。

⑦ 部屋の照明が暗い。無実を証明する。

⑧ 兄の性格は明るい。長さを正確に測る。

⑨ 君の提案を支持する。先生が指示を出す。

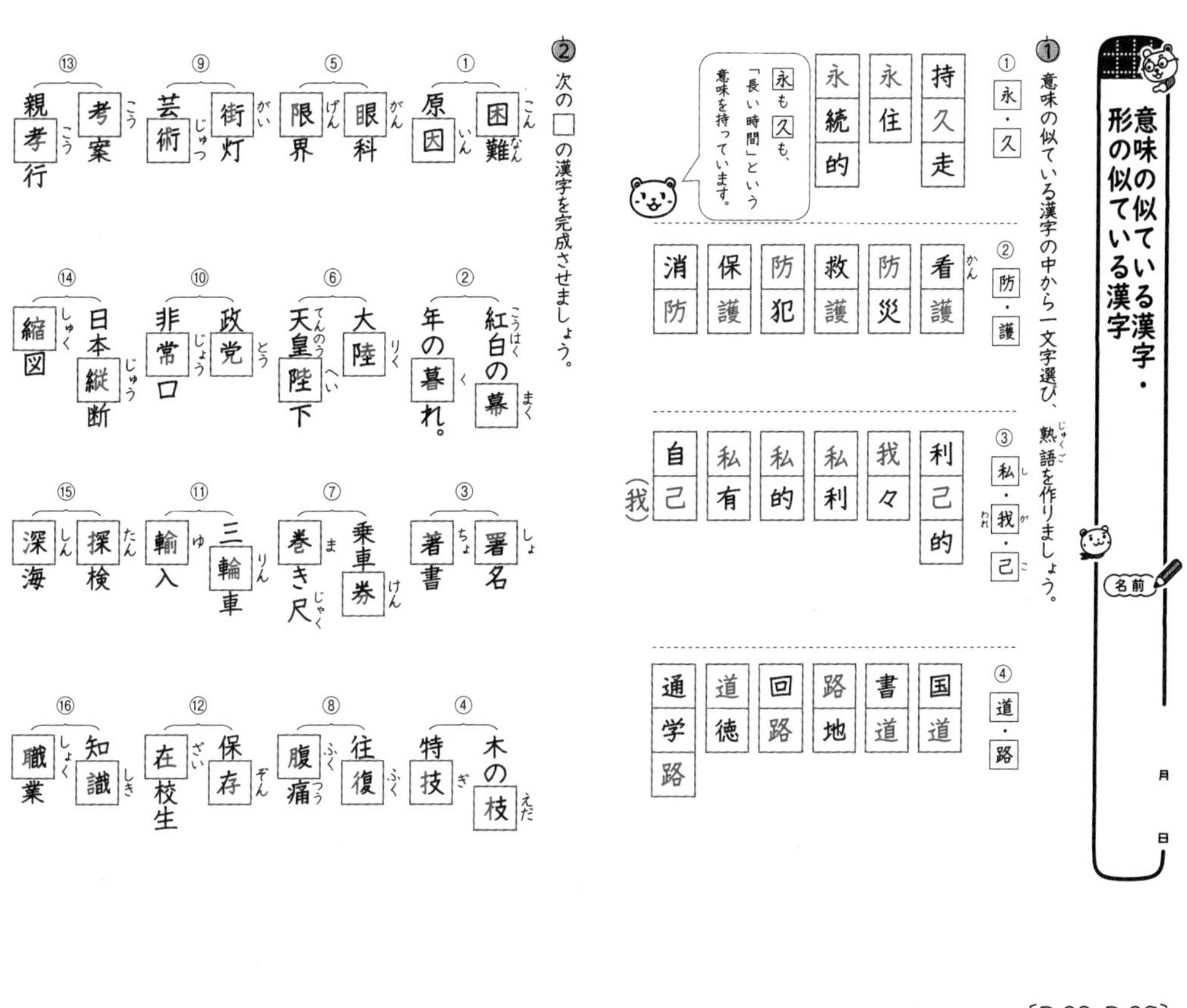

意味の似ている漢字・形の似ている漢字

名前　　月　日

1 意味の似ている漢字の中から一文字選び、熟語を作りましょう。

① 永・久
持久走　永住　永続的

永も久も、「長い時間」という意味を持っています。

② 防・護
看護　防災　救護　防犯　保護　消防

③ 私・我・己
利己的　我々　私利　私的　私有　自己（我）

④ 道・路
国道　書道　路地　回路　道徳　通学路

2 次の□の漢字を完成させましょう。

① 困難　原因
② 紅白の幕　年の暮れ。
③ 署名　著書
④ 木の枝　特技
⑤ 眼科　限界
⑥ 大陸　天皇陛下
⑦ 乗車券　巻き尺
⑧ 往復　腹痛
⑨ 街灯　芸術
⑩ 政党　非常口
⑪ 三輪車　輸入
⑫ 保存　在校生
⑬ 考案　親孝行
⑭ 日本縦断　縮図
⑮ 探検　深海
⑯ 知識　職業

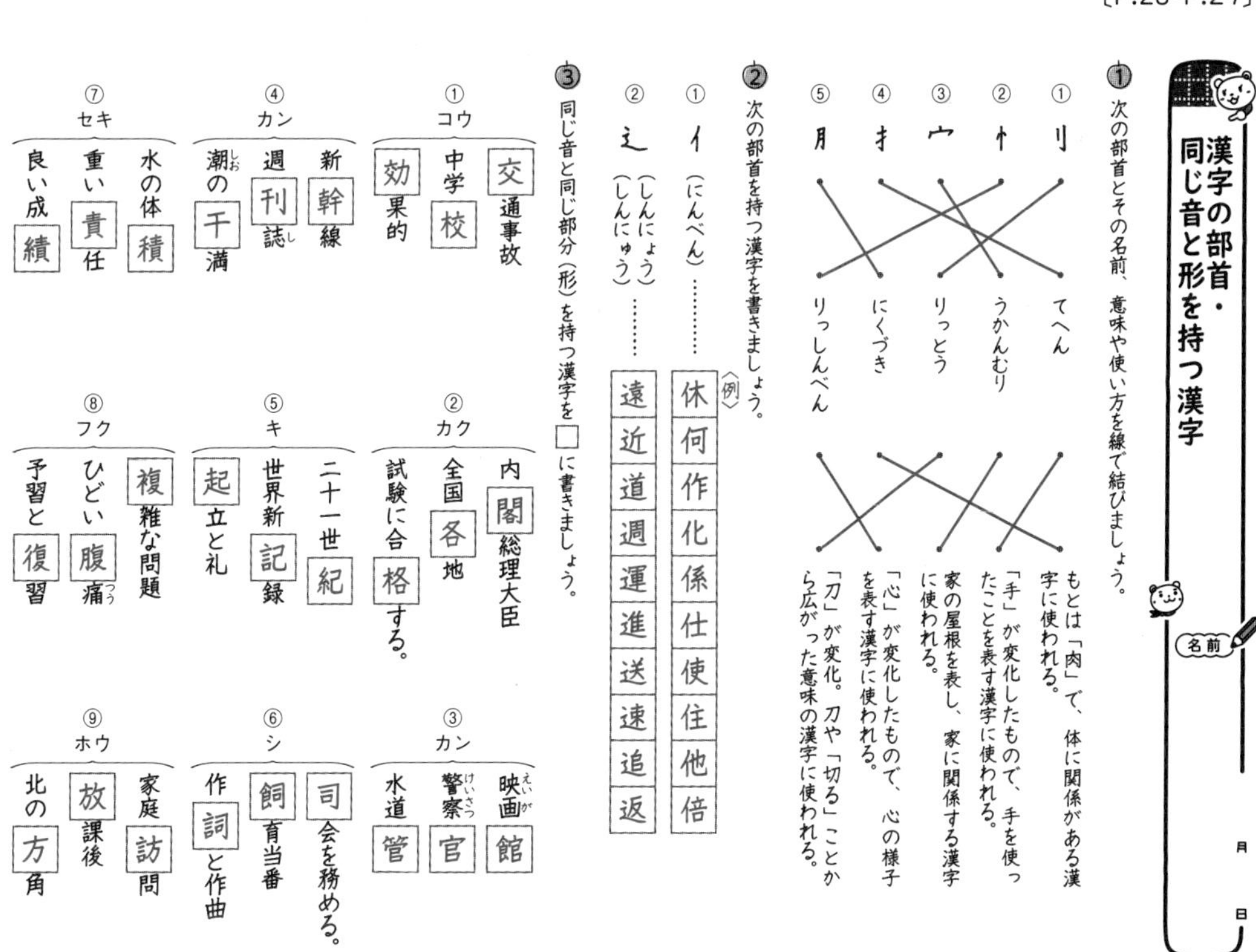

漢字の部首・同じ音と形を持つ漢字

名前　　月　日

1 次の部首とその名前、意味や使い方を線で結びましょう。

① 刂　② 忄　③ 宀　④ 扌　⑤ 月

てへん　うかんむり　りっとう　にくづき　りっしんべん

もとは「肉」で、体に関係がある漢字に使われる。

「手」が変化したもので、手を使ったことを表す漢字に使われる。

家の屋根を表し、家に関係する漢字に使われる。

「心」が変化したもので、心の様子を表す漢字に使われる。

「刀」が変化。刀や「切る」ことから広がった意味の漢字に使われる。

2 次の部首を持つ漢字を書きましょう。

① 亻（にんべん）……〈例〉休　何　作　化　係　仕　使　住　他　倍
② 辶（しんにょう）（しんにゅう）……遠　近　道　週　運　進　送　速　追　返

3 同じ音と同じ部分（形）を持つ漢字を□に書きましょう。

① コウ：交通事故　中学校　効果的
② カク：内閣総理大臣　全国各地　試験に合格する。
③ カン：映画館　警察官　水道管
④ カン：新幹線　週刊誌　潮の干満
⑤ キ：二十一世紀　世界新記録　起立と礼
⑥ シ：司会を務める。　飼育当番　作詞と作曲
⑦ セキ：水の体積　重い責任　良い成績
⑧ フク：複雑な問題　ひどい腹痛　予習と復習
⑨ ホウ：家庭訪問　放課後　北の方角

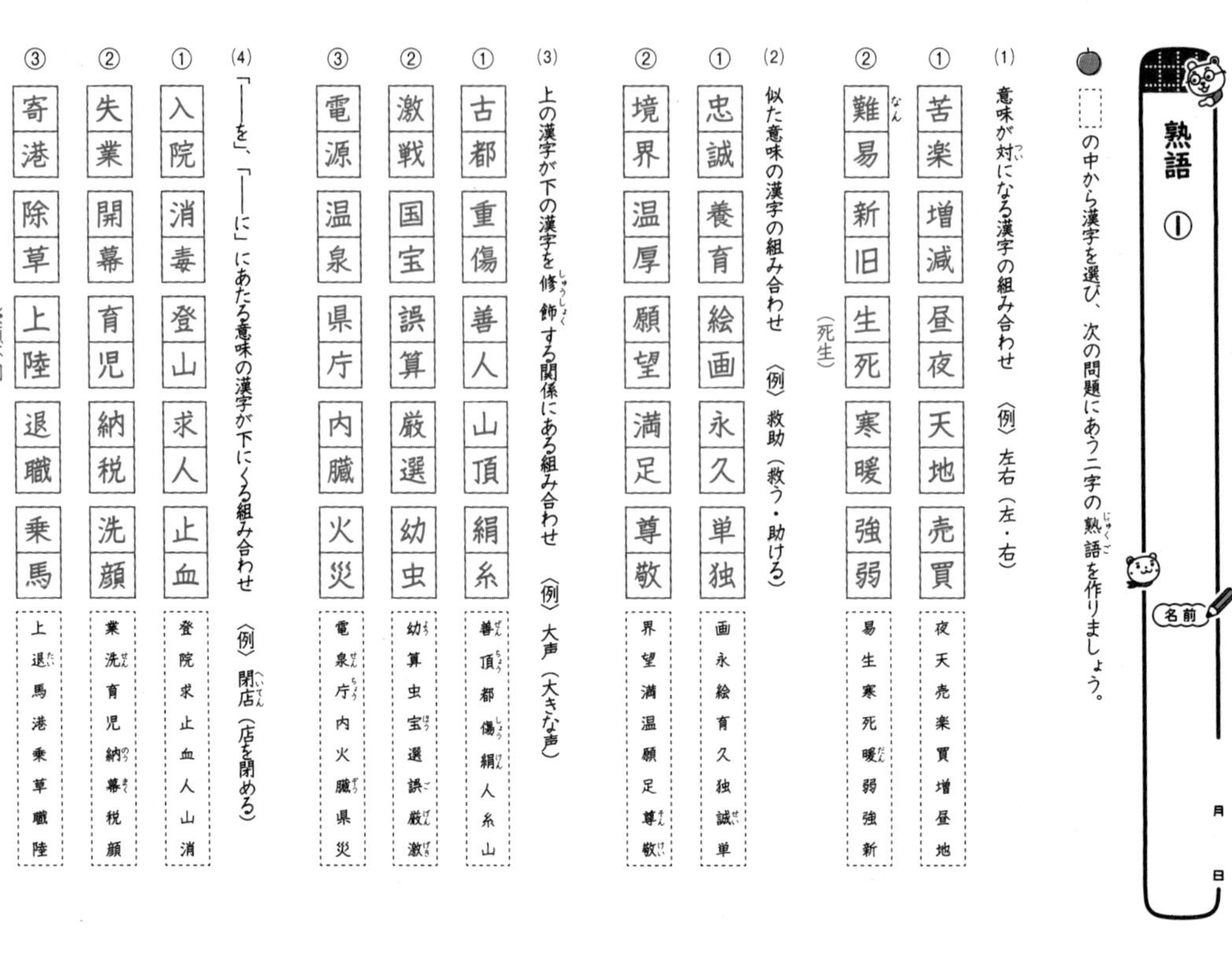

熟語 ①

名前　　月　　日

□の中から漢字を選び、次の問題にあう二字の熟語を作りましょう。

(1) 意味が対になる漢字の組み合わせ　〈例〉左右（左・右）

① 苦楽　増減　昼夜　天地　売買　〔夜 天 売 楽 買 増 昼 地〕

② 難易　新旧　生死（死生）　寒暖　強弱　〔易 生 寒 死 暖 弱 強 新〕

(2) 似た意味の漢字の組み合わせ　〈例〉救助（救う・助ける）

① 忠誠　養育　絵画　永久　単独　〔画 永 絵 育 久 独 誠 単〕

② 境界　温厚　願望　満足　尊敬　〔界 望 満 温 願 足 尊 敬〕

(3) 上の漢字が下の漢字を修飾する関係にある組み合わせ　〈例〉大声（大きな声）

① 古都　重傷　善人　山頂　絹糸　〔善 頂 都 傷 絹 人 糸 山〕

② 激戦　国宝　誤算　厳選　幼虫　〔幼 算 虫 宝 選 誤 厳 激〕

③ 電源　温泉　県庁　内臓　火災　〔電 泉 庁 内 火 臓 県 災〕

(4) 「――を」、「――に」にあたる意味の漢字が下にくる組み合わせ　〈例〉閉店（店を閉める）

① 入院　消毒　登山　求人　止血　〔登 院 求 止 血 人 山 消〕

② 失業　開幕　育児　納税　洗顔　〔業 洗 育 児 納 幕 税 顔〕

③ 寄港　除草　上陸　退職　乗馬　〔上 退 馬 港 乗 草 職 陸〕

※順不同

熟語 ②

名前　　月　　日

□の中から漢字を選び、次の問題にあう熟語を作りましょう。

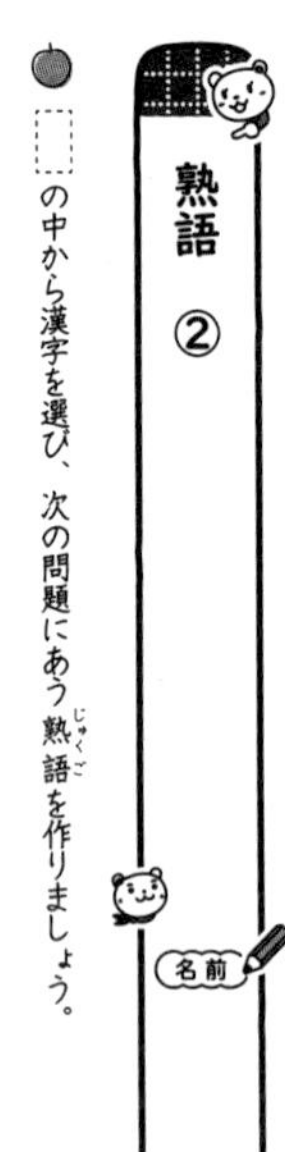

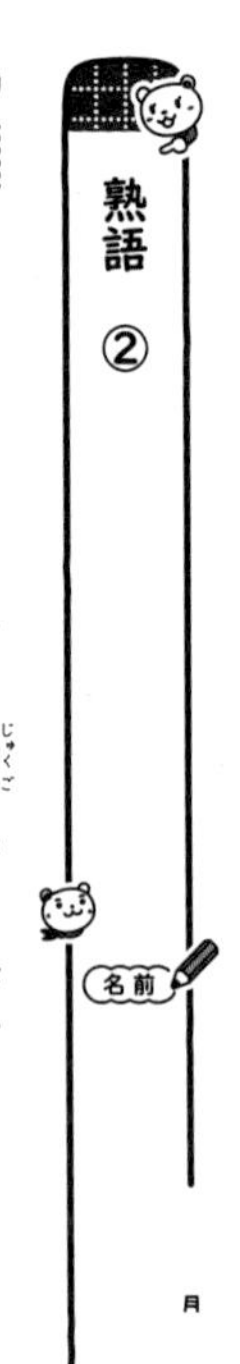

(1) 「一字＋二字」で、上の語が下の語の性質、状態などを限定するもの

① 準優勝　新製品　高性能　大至急　〔高 大 準 新〕

② 試運転　義兄弟　多方面　熱気球　〔気 義 球 方 試 面〕

(2) 「一字＋二字」で、上の語が下の語を打ち消すもの

① 無関係　非公式　未完成　不満足　〔未 不 無 非〕

② 非常識　不統一　無制限　未発表　〔発表 常識 統一 制限〕

(3) 「二字＋一字」で、上の語が下の語を修飾して、物事の名前になるもの

太陽系　選挙権　税務署　郵便局　〔郵 系 便 権 務 税〕

(4) 「二字＋一字」で、「――のような」「――の性質を持つ」という意味をそえるもの

典型的　積極的　平均的　印象的　〔典 極 均 積 印 型 平 象〕

(5) 「二字＋一字」で、「――のようになる」という意味をそえるもの

温暖化　近代化　都市化　機械化　〔暖 近 市 代 機 温 都 械〕

(6) 一字の集まりからなる三字の熟語

上中下　市町村　松竹梅　衣食住　〔松 村 衣 町 下 中 食 梅〕

(7) 一字の集まりからなる四字の熟語

都道府県　東西南北　春夏秋冬　〔北 府 夏 冬 南 県 春 道 東〕

※(4)(5)順不同

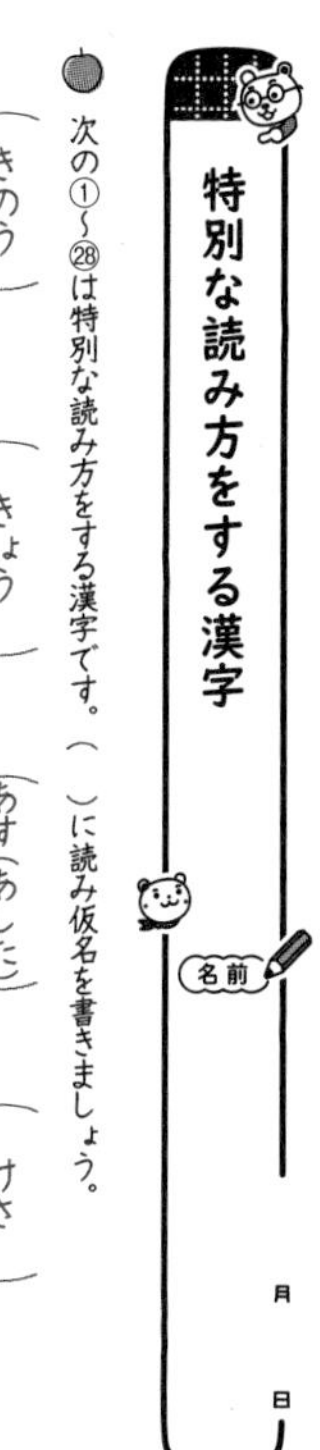

特別な読み方をする漢字

名前　　月　日

● 次の①〜㉘は特別な読み方をする漢字です。（　）に読み仮名を書きましょう。

① 昨日（きのう）（さくじつでない読み方）
② 今日（きょう）
③ 明日（あす（あした））
④ 今朝（けさ）
⑤ 今年（ことし）
⑥ 一日（ついたち）（いちにちでない読み方）
⑦ 二日（ふつか）
⑧ 八日（ようか）
⑨ 二十日（はつか）
⑩ 一人（ひとり）
⑪ 二人（ふたり）
⑫ 七夕（たなばた）
⑬ 八百屋（やおや）
⑭ 果物（くだもの）
⑮ 大人（おとな）
⑯ 迷子（まいご）
⑰ 博士（はかせ）（はくしでない読み方）
⑱ 上手（じょうず）（かみてでない読み方）
⑲ 下手（へた）（しもてでない読み方）
⑳ 景色（けしき）
㉑ 河原（かわら）
㉒ 川原（かわら）
㉓ 清水（しみず）（きよみずでない読み方）
㉔ 部屋（へや）
㉕ 時計（とけい）
㉖ 眼鏡（めがね）（がんきょうでない読み方）
㉗ 真っ赤（まっか）
㉘ 真っ青（まっさお）

「小豆（あずき）」も、「小」だけで「あ」や「あず」とは読まず、二字で「あずき」と読みます。「紅葉（もみじ）」や「土産（みやげ）」も同じような読み方です。

作文

名前　　月　日

● 次の文章は、作文の初めの部分です。

(1) 正しく直し、作文用紙に書きましょう。

ぼくにわ。兄と妹がいる。兄わ中学三年生で、妹わ小学4年生です。どちらも、ぼくの大切な宝ものである今日わ、兄の性格について、特にぼくが尊敬するところお二つ述べたい。
一つめ目わ、とてもやさしいところだ時間があれば、ぼくと遊んでくれるし、分からないことがあれば、何でも教えてくれる。兄は、サッカー部のキャプテンをやっていて、いつもサッカーの話をしてくれます。こんな兄のことを知っている友達から、ときどき、「山本君わ、あんなやさしいお兄さんがいて、本当にうらやましいなあ。」と言われる。そんなときぼくわ、心からうれしく思う。

ここに気をつけよう！
① 〜わ(お)、……。→×　〜は(を)、……。→○
② 「、」「。」の使い方
③ 縦書きでは漢数字
④ 段落を変えたら一字下げる
⑤ 会話文の「　」(かぎ)は行を変える
⑥ 「〜だ。」や「〜ます。」の書き方はそろえる

1 ぼくには、兄と妹がいる。兄は中学三年生で、妹は
2 小学四年生だ。どちらも、ぼくの大切な宝ものである。
3 　今日は、兄の性格について、特にぼくが尊敬すると
4 ころを二つ述べたい。
5 　一つ目は、とてもやさしいところだ。時間があれば、
6 ぼくと遊んでくれるし、分からないことがあれば、何
7 でも教えてくれる。兄は、サッカー部のキャプテンを
8 やっていて、いつもサッカーの話をしてくれる。こん
9 な兄のことを知っている友達から、ときどき、
10 「山本君は、あんなやさしいお兄さんがいて、本当に
11 うらやましいなあ。」
12 と言われる。そんなときぼくは、心からうれしく思う。

会話文の２行目の行頭は開けずに書くこともあるよ。

行を変えずに、続けて会話文を書くこともあるよ。

(2) この作文の題として、よいものを選び○をつけましょう。

（　）兄とぼくと妹
（○）尊敬するぼくの兄
（　）サッカー部キャプテンの兄

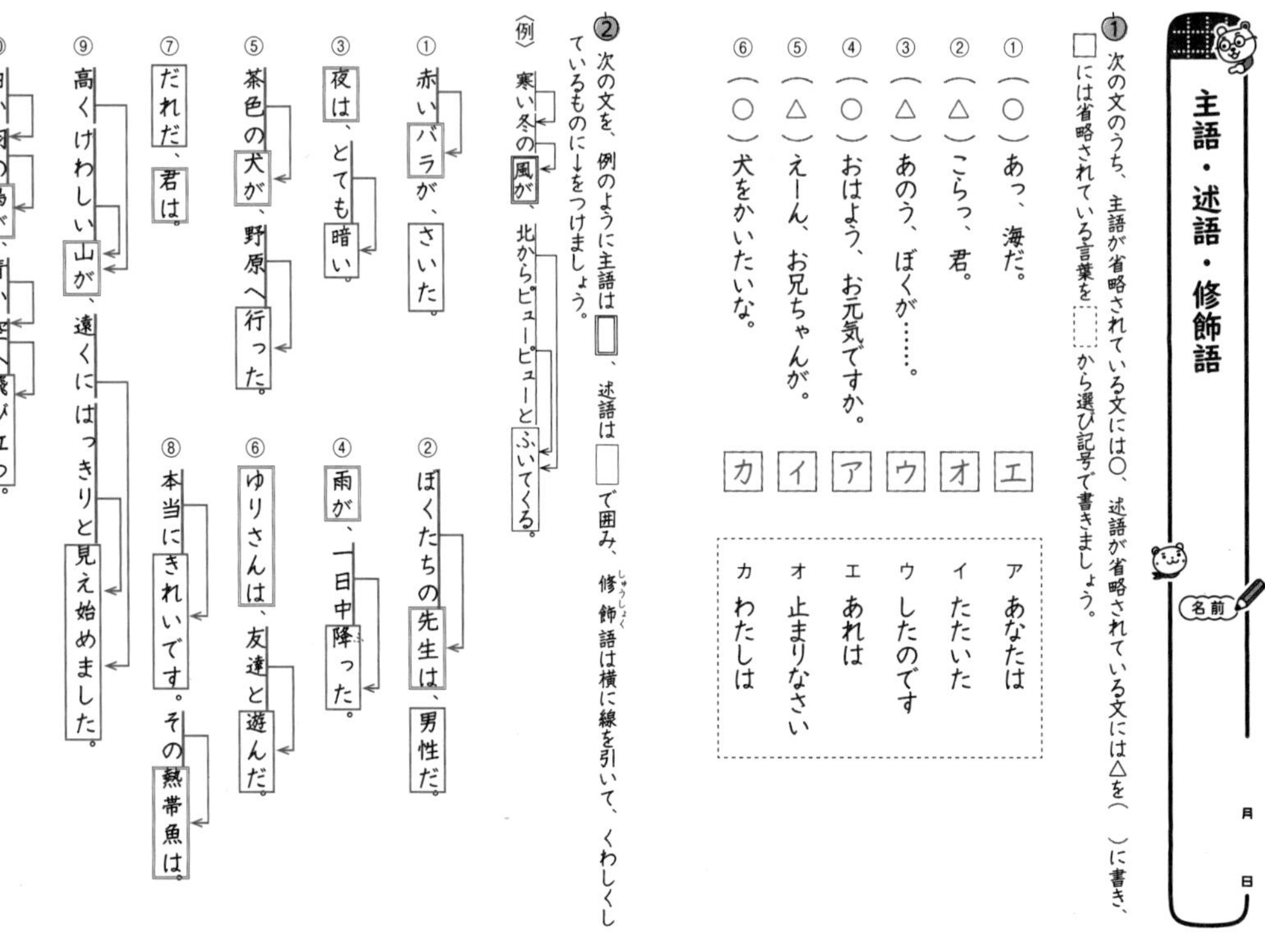

主語・述語・修飾語

名前　　月　日

1 次の文のうち、主語が省略されている文には○、述語が省略されている文には△を（　）に書き、□には省略されている言葉を〔　〕から選び記号で書きましょう。

① （○）あっ、海だ。　エ
② （△）こらっ、君。　オ
③ （△）あのう、ぼくが……。　ウ
④ （○）おはよう、お元気ですか。　ア
⑤ （△）えーん、お兄ちゃんが。　イ
⑥ （○）犬をかいたいな。　カ

ア あなたは　イ たたいた　ウ したのです　エ あれは　オ 止まりなさい　カ わたしは

2 次の文を、例のように主語は□、述語は□で囲み、修飾語は横に線を引いて、くわしくしているものに↓をつけましょう。

〈例〉寒い冬の風が、北からピューピューとふいてくる。

① 赤いバラが、さいた。
② ぼくたちの先生は、男性だ。
③ 夜は、とても暗い。
④ 雨が、一日中降った。
⑤ 茶色の犬が、野原へ行った。
⑥ ゆりさんは、友達と遊んだ。
⑦ だれだ、君は。
⑧ 本当にきれいです。その熱帯魚は。
⑨ 高くけわしい山が、遠くにはっきりと見え始めました。
⑩ 白い羽の鳥が、青い空へ飛び立つ。

⑦⑧は、語順が入れかわっていることに注意しよう。

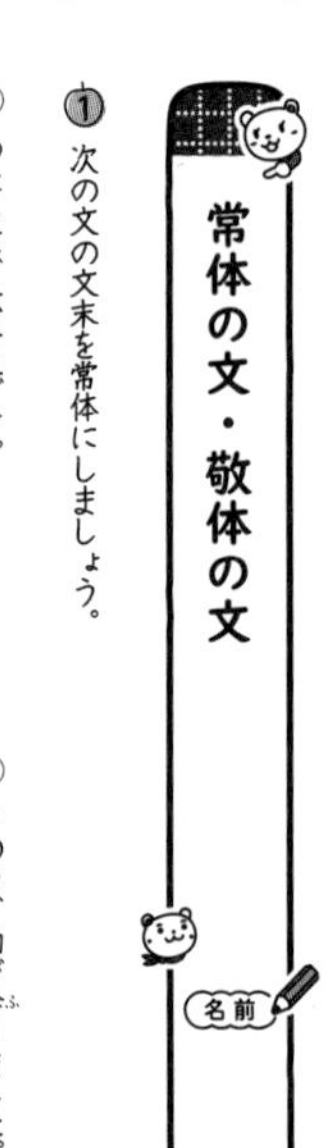

常体の文・敬体の文

名前　　月　日

1 次の文の文末を常体にしましょう。

① わたしは、六年生です。（わたしは、六年生だ。）
② きのう、雨が降りました。（きのう、雨が降った。）
③ 明日は、いい天気になるでしょう。（明日は、いい天気になるだろう。）
④ ぼくは、飼育委員ではありません。（ぼくは、飼育委員ではない。）
⑤ わたしは、弟に絵をかいてあげました。（わたしは、弟に絵をかいてあげた。）
⑥ みんな、なかよくなりましょう。（みんな、なかよくなろう。）
⑦ 妹が、ぬり絵をぬっています。（妹が、ぬり絵をぬっている。）
⑧ 友達が来るかもしれません。（友達が来るかもしれない。）
⑨ このことだけは、話さねばなりません。（このことだけは、話さねばならない。）
⑩ 先生が、教室に入ってこられました。（先生が、教室に入ってこられた。）

2 次の文の文末を敬体にしましょう。

① ぼくは、宿題を終えた。（ぼくは、宿題を終えました。）
② 姉は、きっと歌手になれるだろう。（姉は、きっと歌手になれるでしょう。）
③ バラの花が、とてもきれいだ。（バラの花が、とてもきれいです。）
④ サンゴは、植物ではない。（サンゴは、植物ではありません。）
⑤ 本屋さんに行こう。（本屋さんに行きましょう。）
⑥ あの子は、天才にちがいない。（あの子は、天才にちがいありません。）
⑦ さあ、外で遊ぼう。（さあ、外で遊びましょう。）
⑧ 人の話は、よく聞かねばならない。（人の話は、よく聞かねばなりません。）
⑨ あなたも、海へ行くか。（あなたも、海へ行きますか。）
⑩ それは、母の物かもしれない。（それは、母の物かもしれません。）

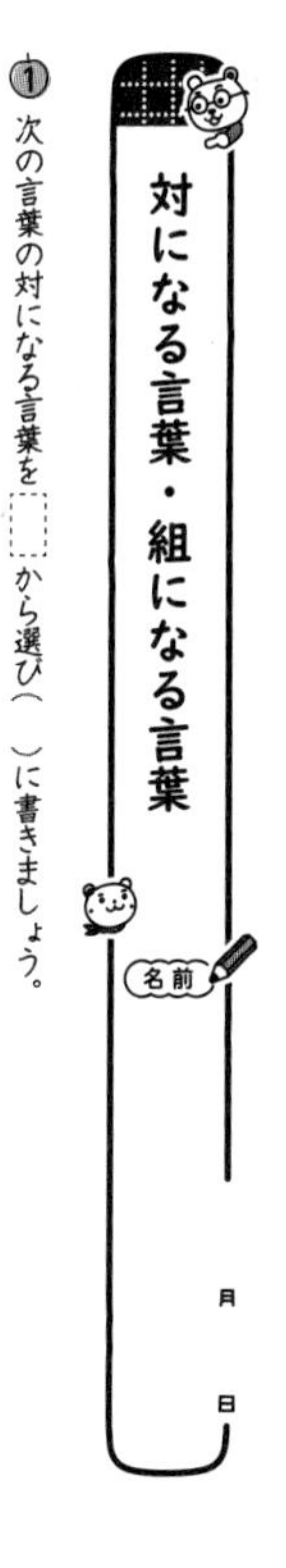

対になる言葉・組になる言葉

名前　月　日

1 次の言葉の対になる言葉を[　]から選び（　）に書きましょう。

① 増える —（減る）　② 許す —（禁じる）
③ 消える —（現れる）　④ 集める —（散らす）
⑤ さげすむ —（敬う）　⑥ 縮む —（のびる）
⑦ 豊か —（貧しい）　⑧ 細かい —（あらい）
⑨ 義務 —（権利）　⑩ 集中 —（分散）
⑪ 損失 —（利益）　⑫ 結果 —（原因）

[現れる　貧しい　あらい　禁じる　散らす　権利　のびる　敬う　分散　原因　減る　利益]

2 □にあてはまる漢字を[　]から選んで書き、対になる言葉を作りましょう。

① 開店（入）— 閉店（退）　② 入院（開）— 退院（閉）
③ 上品 — 下品　④ 往路 — 復路
⑤ 縦糸 — 横糸　⑥ 善意 — 悪意
⑦ 得点 — 失点　⑧ 有罪 — 無罪

※上と下が逆でもかまいません

[有　上　縦　往　善　得　入　開　横　退　悪　無　閉　失　復　下]

3 （　）の中に漢字や言葉を書き、組になる言葉を作りましょう。〈例〉上段—中段—下段

① 上流 — 中（流）—（下流）　② 気（体）—（液体）— 固体
③ 過（去）—（現）在 —（未）来　④ （東）— 西 — 南 —（北）
⑤ （おととい）（一昨日）— きのう — きょう — あした —（あさって）（明後日）—（しあさって）（明々後日）

敬語

名前　月　日

1 敬語には、一段目のような「ていねい語」、二段目のような「尊敬語」、三段目のような「けんじょう語」があります。それぞれが対応するように線で結びましょう。

ていねい語	尊敬語	けんじょう語
① 見ます	お持ちになる	参る
② 食べます	おっしゃる	頂く
③ 持ちます	お借りになる	申しあげる
④ 行きます	なさる	拝借する
⑤ 言います	おたずねになる	お持ちする
⑥ たずねます	いらっしゃる	いたす
⑦ 借ります	ご覧になる	うかがう
⑧ します	めし上がる	拝見する

2 次の文の——を引いた言葉が、ていねい語なら㋢、尊敬語なら㋞、けんじょう語なら㋘を（　）に書きましょう。

① ぼくは、六年生です。（て）　② おじさんが、おいでになった。（そ）
③ ノートを、先生から頂く。（け）　④ 私は、中村でございます。（て）
⑤ 五時にお客様がいらっしゃった。（そ）　⑥ りっぱな仏像を拝観した。（け）
⑦ あの方が、おかしをくださった。（そ）　⑧ 社長がとう着された。（そ）
⑨ きっと行きます。（て）　⑩ 明日は母と参る予定です。（け）

3 次の言葉を、「——れる（られる）」という形の尊敬語に直しましょう。

① する（される）　② 乗る（乗られる）
③ 投げる（投げられる）　④ 受ける（受けられる）

4 例のように「お」や「ご」をつけるとよい名詞の右横に線を引き、（　）に「お」や「ご」をつけて書きましょう。

〈例〉駅まで見送りします。（お見送り）
① 荷物をたなに上げましょう。（お荷物）
② 先生は、在宅ですか。（ご在宅）
③ 本日は、入学おめでとうございます。（ご入学）

敬語が使えるとかっこいい!!

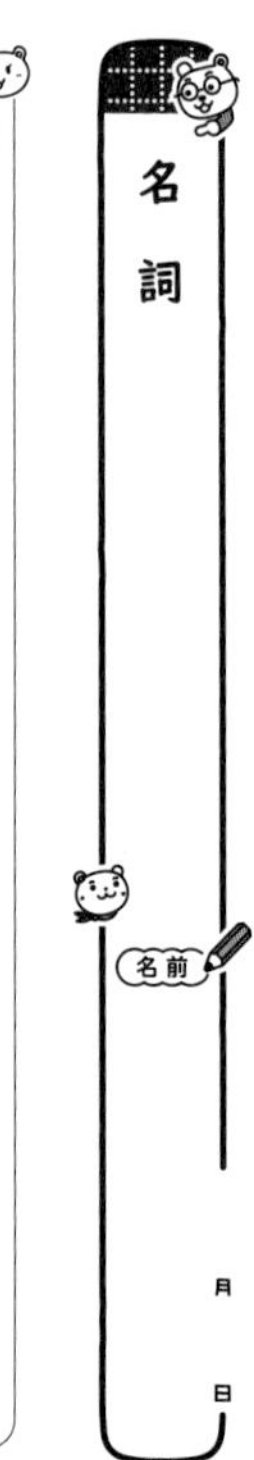

名詞には、次のような種類があります。
ア「海」「学校」「人間」のように、事物をまとめて表すもの（普通名詞）
イ「野口英世」「東京」のように、ひとつだけの名を表すもの（固有名詞）
ウ「十人」「百グラム」のように、数量を表すもの（数量名詞・数詞）
エ「かれ」「ここ」のように、人や事物の名前の代わりに使うもの（代名詞）

1 次の名詞は、ア～エのどの種類ですか。（　）に記号を書きましょう。

①（ア）机　②（イ）日本海　③（ウ）二時間　④（ア）城　⑤（エ）それ　⑥（イ）神戸

2 次の文の名詞を○で囲みましょう。

① 富士山は、日本で一番高い山です。
② ぼくは、旅行で、広島の原爆ドームを見た。

3 □の中の代名詞を、次の①～⑥の種類に分けて書きましょう。

どなた　わたし
あなた　これ
だれ　それ
あれ　どれ
きみ　あそこ
どこ　そこ
ここ　ぼく

① 話し手（わたし）（ぼく）
② 聞き手（あなた）（きみ）
③ 話し手に近い（これ）（ここ）
④ 聞き手に近い（そこ）（それ）
⑤ 両方から遠い（あれ）（あそこ）
⑥ はっきり分からない（どなた）（だれ）（どれ）（どこ）

※順不同

4 次の言葉を名詞にしましょう。

① 残る（残り）　② あせる（あせり）　③ 始まる（始まり）
④ 寒い（寒さ）　⑤ 深い（深さ）（深み）　⑥ こわい（こわさ）

5 次の二つの名詞を合わせて、合わせ言葉を作りましょう。

① 屋根＋かわら（屋根がわら）　② 流れる＋星（流れ星）
③ うすい＋明かり（うす明かり）　④ 読む＋書く（読み書き）

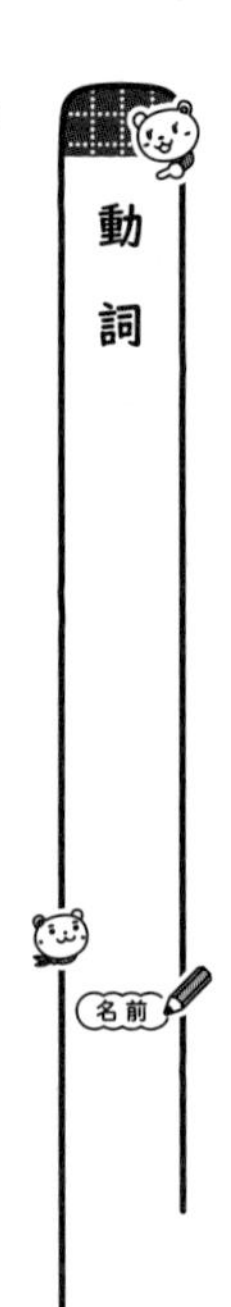

動詞は次のようなことを表す言葉で、その基本形はウの段（う、く、す、つ……）で終わります。
ア「本を読む」「水が流れる」のように、人やものの動きを表す。
イ「体が温まる」「花がさく」「田中さんがいる」のように、人やものの状態の変化や存在を表す。
ウ「友を信じる」「母が喜ぶ」のように、気持ちや感情を表す。

1 次の動詞は、ア～ウのどの種類ですか。（　）に記号を書きましょう。

①（ウ）なやむ　②（ア）会う　③（イ）晴れる　④（ア）歩く　⑤（ウ）思う

2 次の文の動詞の右横に線を引き、それぞれア～ウのどの種類か書きましょう。

① 教室の前に、テレビがある。（イ）
② わたしは、いすにすわり、ゆっくりと日記を書いた。（すわり：ア）（書いた：ア）
③ 空はよく晴れているが、ぼくの心は愛犬の死を悲しむ。（晴れて：イ）（悲しむ：ウ）

動詞の「とける」と「とかす」は、似ていますが、少しちがいます。「氷がとける」とは言いますが、「氷をとける」とは言いませんね。「開く」と「開ける」でちがいを見てみましょう。
ア　ドアが開く………ドアそのものが開いている。
イ　私はドアを開ける…ドアとは別の「私」が開ける。
右の文でも、「ドアが開いた」という結果は同じですが、「ドアを開く」とは言いませんね。

このように、伝えたい様子によって、動詞も少し変えます。

3 （　）の文にあうように、動詞を変えましょう。

① 子ども達が集まる（子ども達を集める）　② 柿の実が落ちる（兄が柿の実を落とす）
③ 兄が水を流す（水が流れる）　④ 家が建つ（大工が家を建てる）
⑤ 父がはり金を曲げる（はり金が曲がる）　⑥ パンが焼ける（母がパンを焼く）
⑦ 妹がたこを上げる（たこが上がる）　⑧ お湯がわく（兄がお湯をわかす）

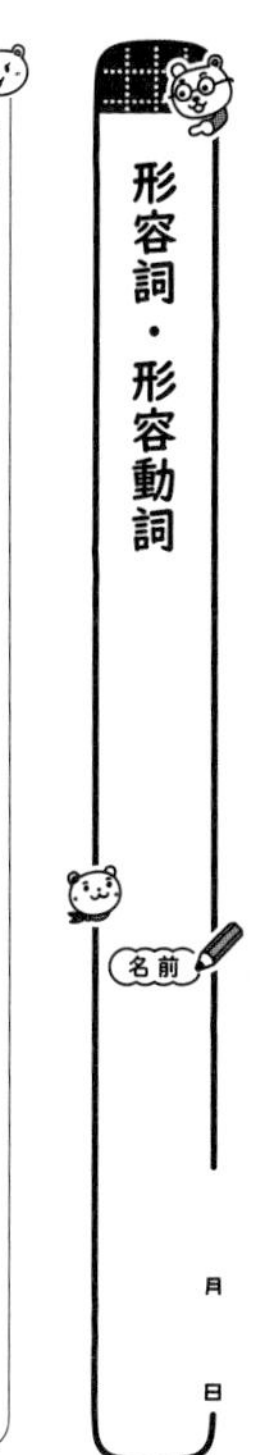

形容詞・形容動詞

名前　　月　　日

形容詞（けいようし）は次のようなことを表す言葉で、その基本形は「い」で終わります。

ア「おとなしい」「大きい」「悪い」のように、人やものの性質や状態を表す。

イ「うれしい」「だるい」のように、心の状態（気持ち・感じ）を表す。

1 次の形容詞は、アとイのどちらの種類ですか。（　）に記号を書きましょう。

①（イ）こわい　②（ア）黒い　③（ア）古い　④（ア）丸い　⑤（イ）苦しい　⑥（イ）痛い

2 次の文の形容詞に線を引きましょう。

① 雨雲のある空は、暗い。
② 広い公園に、美しい花がさく。
③ 教室が、とても明るくなる。
④ 新しい本は、難しかった。
⑤ 妹は、体が小さくて弱かった。
⑥ やさしい姉が、さびしく笑った。

形容動詞も、形容詞と同じように「りこうだ」「まっすぐだ」「無理だ」「残念だ」のように、人やものの性質や状態・心の状態を表す言葉で、基本形は「だ」で終わります。

3 □にあてはまる字を書きましょう。

① 豊かになる。
② 簡単（かんたん）にする。
③ 広大な大地
④ すなおな心
⑤ のびやかに笑う。
⑥ おだやかでない。

4 次の文の――を引いた形容動詞で、基本形には○を、基本形でないものは基本形を（　）に書きましょう。

① 公園の桜の花がきれいだ。（○）
② この問題は、とても複雑だ。（○）
③ やさしい母は、にこやかな顔で、いつも笑っている。（にこやかだ）
④ おくびょうなかれも、正義のために、勇かんに戦った。（おくびょうだ）（勇かんだ）

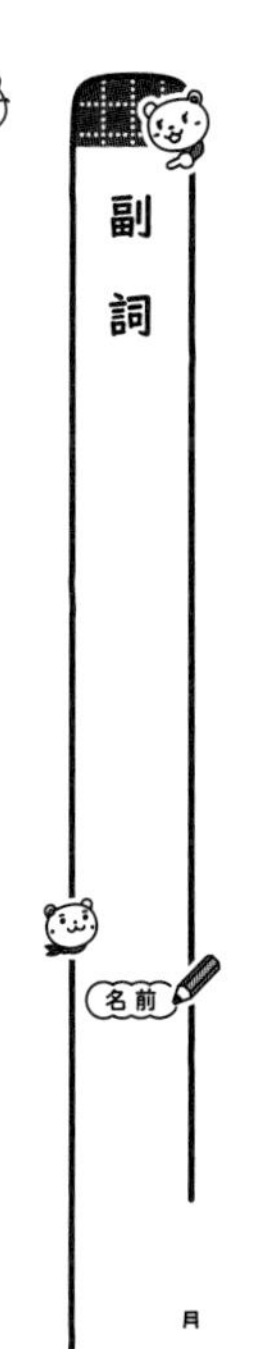

副詞

名前　　月　　日

副詞（ふくし）は、次のようなことを表す言葉です。

ア「ゆっくり歩く」「からっと晴れた」のように、動きや状態をくわしくする。

イ「少しください」「かなりゆっくり」のように、量などが「どれくらいか」を表す。

ウ「決して約束を破ってはいけません」（禁止）、「まるで鳥のように飛ぶ」（たとえ）のように、決まった特別の言い方。

1 次の文の（　）にあう副詞を□から選んで書きましょう。

① 暑いので、コップに、ジュースを（なみなみと）入れた。
② 大つぶの雨が、（ザーザー）降ってきた。
③ 笛の合図で、（さっと）（いっせいに）集まろう。　※順不同

なみなみと　さっと　ザーザー　いっせいに

2 次の文の副詞に線を引きましょう。

① きのう先生に聞いた話は、とても悲しかった。
② 長く降り続いた雨が、やっとあがりました。
③ そこはあぶないので、ちょっと右へ寄りなさい。
④ たいへんお世話になり、ご恩は決して忘れません。
⑤ あの子は、まだ二才でも、ずいぶんはっきりと話す。

3 ウのような決まった言い方の文を作ります。――を引いた副詞にあうように、□に書きましょう。

① 父は、たぶん今夜もおそく帰るでしょう。（推量）
② もし、雪が降ったら、雪合戦がしたいです。（仮定）
③ どうか、その本を貸してください。（願望・たのみ）
④ どうして、あなたは音楽が好きなのですか。（質問）
⑤ まさか、君が負けることはないでしょう。（打ち消し推量）

助詞

名前　　月　日

助詞は、「―が」、「―は」のように言葉にくっついて関係を表したり、意味をそえたりします。

「ゆるさんぞ」、「楽しいね」のように、文末につくこともあります。

1 次の文の□にあてはまる助詞を書きましょう。

〈例〉① 海［で］泳ぐ。
② 学校［の］門が開いている。
③ 父が自動車［を］動かす。
④ あなた［に］本を貸そう。
⑤ 飛行機は新幹線［より］速い。
⑥ 車は東京［から］大阪へ向かう。
⑦ 九時から十時［まで］勉強する。
⑧ こっそり君に［だけ］うちあける。
⑨ 見れば見る［ほど］美しい。
⑩ 勉強する［と］、ほめられる。
⑪ 見たり聞い［たり］した。
⑫ これはだれのです［か］。

2 次の文の助詞を○で囲みましょう。

① 身長(は)高い(が)、体重(は)軽い。
② その金(の)時計、すてきだ(ね)。
③ 家族(から)(さえ)見放された(よ)。
④ 親友(の)君(に)(だけ)(は)話そう。

3 次の文の□で囲んだ助詞はどのような働きをするか、□のア～オから選び記号で書きましょう。

① （オ）ジュース［でも］飲もうか。
② （ウ）本を百冊［も］読んだ。
③ （イ）紙を五枚［ばかり］くれよ。
④ （ア）くつ［とか］服［とか］買おう。
⑤ （エ）いったい何をするの［やら］。

ア 並べたて
イ およその程度
ウ 強調
エ 疑問
オ 軽い気持ちの例示

③④のように、助詞が続けて使われることもあるよ。

4 次の――を引いた言葉で、使われ方がちがうものを一つ選び、（　）に○をつけましょう。

①
（　）ぼくが、案内した。
（　）父が、帰って来た。
（○）見たが、分からない。

②
（　）二人きりで遊んだ。
（　）人生は一度きり。
（○）きりのよい数字。

接続語（つなぎ言葉）

名前　　月　日

文と文をつなぐ接続詞には、次のような種類があります。
ア 前の文から予想できる内容が続く。
イ 前の文からは予想できない内容が続く。
ウ 前後の内容を比べたり、選んだりする。
エ 前の文の内容の理由や説明。
オ 前の文にさらにつけ加える文が続く。
カ 話題を変える文が続く。

1 次の文の――を引いた接続詞は、ア～カのどの種類ですか。（　）に記号を書きましょう。

① 母は病気です。でも、心はとても元気です。……（イ）
② のどがかわいた。それで、水を飲んだ。……（ア）
③ ところで、これから遠足の話をしましょう。……（カ）
④ 強い風です。そのうえ、雨が激しく降ってきました。……（オ）
⑤ 欠席します。なぜなら、体調が悪いからです。……（エ）
⑥ ごはんにしますか。それとも、パンにしますか。……（ウ）

2 次の（　）にあてはまる接続詞を□から選び記号で書きましょう。

① 雨が降った。（したがって）、遠足は中止だ。
② 体調が悪い。（だが）、学校へは行く。
③ お茶を飲む。（それに）、ジュースも飲む。

だが
したがって
それに

一つの文の中で前の部分と後ろの部分をつなぐ接続助詞には、次のようなものがあります。
ア 「原因や理由」の後に、予想できる「結果や結論」が続くことを表す。
イ アと異なり、予想外の「結果や結論」が続くことを表す。
ウ 並べたてたり、続けたりすることなどを表す。

3 次の文の――を引いた接続助詞は、ア～カのどの種類ですか。（　）に記号を書きましょう。

① （ア）夕焼けが赤いから、明日は晴れだ。
② （ウ）気温も高いし、しつ度も高い。
③ （イ）父が止めたのに、兄は外出した。
④ （ア）春になれば、花がさく。
⑤ （イ）なぐさめても、弟は泣きやまない。

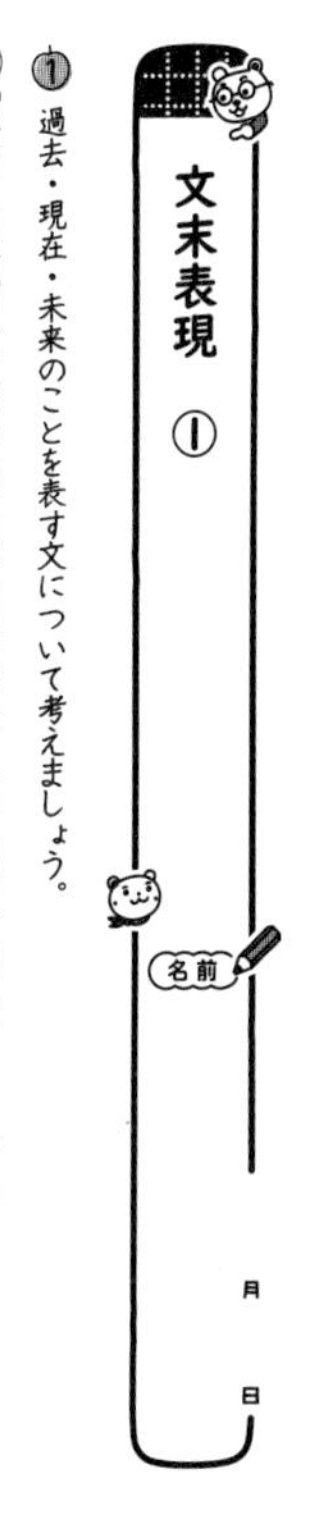

文末表現 ①

名前　　月　日

1 過去・現在・未来のことを表す文について考えましょう。

(1) 「休む」を変化させ、過去（昨日）、現在（今）、未来（明日）の文にしましょう。

ア 昨日、大西さんは、学校を（休んだ）。
イ 今、大西さんは、学校を（休んでいる）。
ウ 明日、大西さんは、学校を（休むだろう）。

※敬体で書いてもかまいません。

(2) 動きの進む順になるように、（ ）に番号を書きましょう。

① （2）かえるが泳いでいる。
（1）かえるが泳ごうとしている。
（3）かえるが泳ぎ終わる。

② （3）ぼくは、本を読み終えた。
（2）ぼくは、本を読んでいる。
（1）ぼくは、本を読み出す。

2 予想から確定に移っていく順になるように、（ ）に番号を書きましょう。

① （1）ベスは、どうも病気らしい。
（2）ベスは、きっと病気だろう。
（3）ベスは、確かに病気だ。

② （3）サムは、海へ行く。
（2）サムは、海へ行くにちがいない。
（1）サムは、海へ行くようだ。

③ （2）いとこが訪ねて来るはずだ。
（3）いとこが訪ねて来る。
（1）いとこが訪ねて来るかもしれない。

3 例のように、主語をかえた文を作りましょう。

〈例〉犬が　ねこを　追う。　→　ねこが　犬に　追われる。

① 母親が　赤ちゃんを　だく。
（赤ちゃんが母親にだかれる。）

② 先生が　春子さんを　ほめる。
（春子さんが先生にほめられる。）

③ 子どもが　父親に　助けられる。
（父親が子どもを助ける。）

④ どろぼうが　警察官に　たいほされた。
（警察官がどろぼうをたいほした。）

文の意味が変わらないようにね！

文末表現 ②

名前　　月　日

文には、次のような種類があります。

ア 打ち消し予想の文…あの子に、ホームランは打てまい。
イ 希望の文…わたしは先生になりたい。／ぜひパーティーに招待してほしい。
ウ 伝え聞きの文…富士山にはごみが多いそうだ。
エ ためしの文…かえるにさわってみる。
オ 可能の文…兄は、英語がしゃべれる。
カ 指図の文…父が、妹にかたをたたかせる。

1 次の①～⑥の文は、ア～カのどの種類の文ですか。（ ）に記号を書きましょう。

①（ア）この犬はのら犬ではあるまい。
②（ウ）まなさんが退院したそうだ。
③（カ）母が、弟に勉強をさせる。
④（イ）わたしは、好きな本を買いたい。
⑤（エ）母にお願いしてみる。
⑥（オ）父は、竹とんぼが作れる。

文には、次のような種類があります。

ア 打ち消しの文…秘密はだれにも話さない。
イ 質問・疑問の文…くじらは、けものですか。
ウ 命令の文…早く帰れ。／しっかりボールを投げろ。
エ 禁止する命令の文…ボールを投げるな。
オ 義務の文…子どもはうんと遊ぶべきだ。／健康に気を付けなければならない。
カ やる気や予定を表す文…友達をたくさん作ろう。／兄は、高い山に登るつもりだ。

2 ①～⑥の文は、ア～カのどの種類の文ですか。（ ）に記号を書きましょう。

①（ウ）早く食べろ。
②（ア）君はなまけ者ではない。
③（イ）だれがそうじをしますか。
④（カ）今日は計算練習をがんばろう。
⑤（エ）けっして悪いことはするな。
⑥（オ）いつも正直に話さねばならない。

3 次の「か」で終わる文が表す意味を［　］から選び、（ ）に記号で書きましょう。

（い）さあ、向こうへ行こうか。
（う）窓からごみを捨てていいのか。
（あ）こら、さっさと宿題をしないか。

あ 命令
い さそい
う 反対の意味

うは、「捨ててはいけない」ということを伝えようとしているね。

文の種類 ①

名前　　月　日

文には、次のような種類があります。

ア　主語・述語を一組だけもつ文。

〈例〉弟は三年生だ。／妹はもうすぐ一年生だ。　※「もうすぐ」という修飾語がありますが、主語・述語は一組の文です。

イ　二組の主語・述語からなる文

〈例〉弟は三年生で、妹は一年生だ。

ウ　二組の主語・述語をもち、一方がもう一方の言葉を修飾する文

〈例〉サッカーが（主）大好きな（述）弟は（主）三年生だ（述）。

1　次の文は、ア、イ、ウのどの種類の文ですか。（　）に記号で書きましょう。

①（イ）魚が泳ぎ、水草がゆれる。

②（ア）魚が泳ぐ。

③（ウ）弟がつってきた魚が泳ぐ。

④（ウ）イルカは、ぼくがあげたエサを食べた。

⑤（ア）くじらはけものだ。

⑥（イ）くじらはけものだが、マンボウは魚だ。

2　次の二つの文を、一つの文にしましょう。

①　花がさく。（そして）実がなる。

花がさき、実がなる。

②　強風がふいた。（それで）看板がたおれた。

強風がふいたので、看板がたおれた。

③　つりはおもしろい。（だから）ぼくは海へ行きたい。

つりはおもしろいから、ぼくは海へ行きたい。

3　次の文を、二つの文に分けましょう。

①　あれは羊で、これは牛だ。

（あれは羊だ。）（これは牛だ。）

②　大雨が降ったので、がけがくずれた。

（大雨が降った。）（（そのため）がけがくずれた。）

③　パソコンは便利だから、ぼくは熱心に練習している。

（パソコンは便利だ。）（（だから）ぼくは熱心に練習している。）

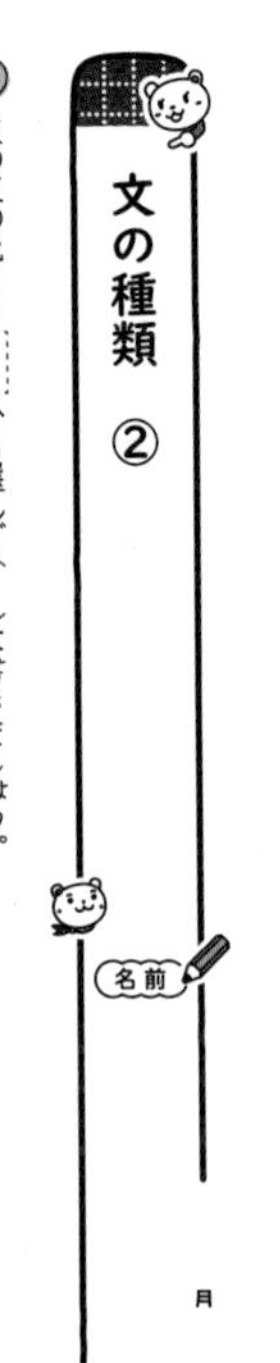

文の種類 ②

名前　　月　日

1　次の文の続きを□から選んで（　）に書きましょう。

①　台風がきたので、（ひ害があった）。

②　台風がきたのに、（ひ害はなかった）。

③　仲がいいから、（けんかをしない）。

④　仲がいいけど、（けんかをする）。

ひ害はなかった
ひ害があった
けんかをしない
けんかをする

2　次の文の続きを□から選んで（　）に書きましょう。

①　大阪にも行ったし、（京都にも行った）。

②　大阪には行ったが、（京都には行かなかった）。

③　ぼくが止めたら、（君は行かないだろう）。

④　ぼくが止めても、（君は行くだろう）。

京都には行かなかった
京都にも行った
君は行くだろう
君は行かないだろう

3　次の文の――を引いた部分が修飾する言葉を（　）に書きましょう。

〈例〉大きな実のなった枝は、重くて折れそうだ。（枝）

①　ぼくたちの乗ったバスが、高速道路を走っている。（バス）

②　わたしたちは、波のおだやかな海で泳ぎます。（海）

4　次の文の組み立てを考え、□や□にあてはまる言葉を書きましょう。

①　ぼくが作った作品が、コンクールに入選した。

ぼくが ― 作った → 作品が、　コンクールに → 入選した。

②　父は、母が作った料理をおいしそうに食べている。

母が ― 作った → 料理を → 食べている。　父は、　おいしそうに → 食べている。

文全体の主語・述語のペアを見つけよう。

接頭語

名前　　月　　日

接頭語とは、名詞・動詞・形容詞などの言葉(単語)の上につき、ある意味をそえたり、調子をつけたり、性質を変えたりする言葉です。

〈例〉真ん中　不自由　か細い

1 次の接頭語は、続く語を否定(打ち消し)します。後に続く言葉を下の□から選んで書きましょう。

① 不可能　不幸せ
② 非常識　非公開
③ 無関心　無事故

※順不同

関心　常識　事故　可能　公開　幸せ

2 例のように、「お」や「ご」の接頭語がつく敬語を書きましょう。

①〈例〉お顔　お手紙　お話
②〈例〉ごあいさつ　ご住所　ご心配

3 次の接頭語につく言葉を□から選んで書きましょう。

① す(早い)　② こ(高い)　③ た(やすい)

高い　やすい　早い

4 次の文の(　)にあてはまる、語調(言葉の調子)を強める接頭語を□から選んで書きましょう。

① ぼくは、ボールを(かっ)とばす。
② 強いレスラーは、相手を(ふっ)とばす。
③ レーサーは、車を(すっ)とばす。

すっ　かっ　ふっ

5 次の言葉の接頭語を○で囲みましょう。

① (不)始末　② (無)表情　③ (小)一時間　④ (非)鉄金属
⑤ (まっ)さかさま　⑥ (す)あし　⑦ (差し)おさえる　⑧ (打ち)寄せる

接尾語

名前　　月　　日

接尾語とは、名詞・動詞・形容詞などの言葉(単語)の下につき、意味をそえたり、調子(リズム)をつけたり、性質を変えたりする言葉です。

〈例〉ぼくら　早さ　学者ぶる

1 次の言葉にあう接尾語を下の□から選んで□に書き、その語がそえる意味を□から選んで(　)に記号を書きましょう。

① 寒 がる ……(ア)　② ほえ たてる …(ウ)
③ 兄き ぶる …(エ)　④ あせ ばむ …(イ)

ア 様子を見せる。　イ 様子をおびる。　ウ 強調する。　エ それらしく見せようとする

ぶる　ばむ　がる　たてる

2 次の接尾語のうち、よりていねいな言い方に○をつけましょう。

① (　)君ら　(○)君たち
② (○)秋山様　(　)秋山さん

3 ①〜④の例のような接尾語のつく言葉を□から選び、□に書きましょう。

①〈例〉春めく　ざわめく　秋めく
②〈例〉悲しげ　楽しげ　はかなげ　得意げ
③〈例〉酸性　中性　アルカリ性
④〈例〉計画的　文化的　強制的　感動的

※順不同

文化　ざわ　楽し　中　強制　アルカリ　秋　感動　はかな　得意

4 次の表の形容詞を、「さ」や「がる」をつけて名詞や動詞に変えて書きましょう。

形容詞	名詞(さ)	動詞(がる)
① 強い	強さ	強がる
② うれしい	うれしさ	うれしがる
③ 苦しい	苦しさ	苦しがる

その ちょうし♪

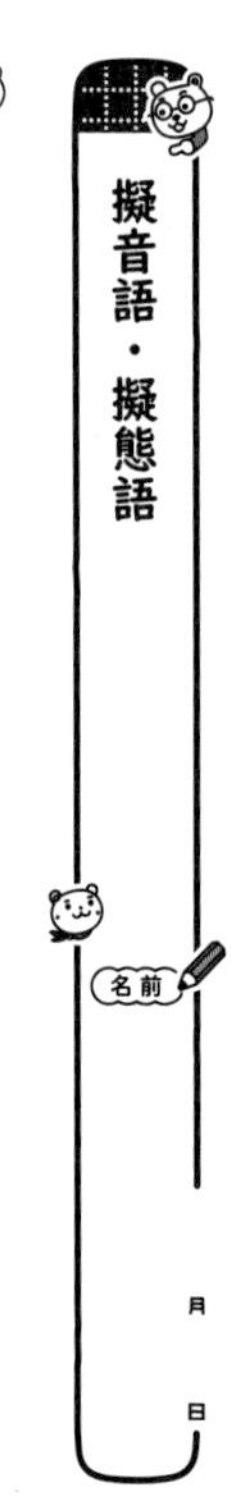

擬音語・擬態語

名前　　月　日

擬音語…ものの音や動物の鳴き声をまねてつくった言葉。ふつう、片仮名で書く。
〈例〉ザーザー　ガチン　ワンワン
擬態語…ものごとの様子や身ぶりなどの感じを、それらしく表す言葉。
〈例〉ぬるぬる　ぞろぞろ　にっこり

1 次の文の（　）にあてはまる擬音語を□から選んで書きましょう。

① お寺のかねが（ゴーン）と鳴る。
② 紙のたばが（ドサッ）と落ちた。
③ （ギーッ）とドアが開く。
④ （ジューッ）と牛肉を焼いた。
⑤ （シュワーッ）とあわが出始めた。
⑥ 赤ちゃんが（オギャー）と泣く。

ギーッ　ゴーン　ドサッ　ジューッ　シュワーッ　オギャー

2 次の①～④の様子をよく表しているのは、下の□のどの擬態語を使ったときですか。（　）に書きましょう（二度使うものもあります）。

① 速く歩いている。……（すたすた）（せかせか）
② ゆっくり歩いている。……（そろそろ）（のろのろ）
③ 用心深く歩いている。……（そろそろ）
④ 気ぜわしく歩いている。…（せかせか）

※①②順不同

そろそろ　すたすた　のろのろ　せかせか　→　歩いている

3 次の擬態語はどんなときに使いますか。□から選び、□に記号を書きましょう。

① くすくす　カ
② ぶうぶう　ウ
③ こっくり　ア
④ すやすや　エ
⑤ ごくごく　イ
⑥ くんくん　オ

ア　うなずく。
イ　勢いよく飲む。
ウ　文句を言う。
エ　安らかにねむる。
オ　においをかぐ。
カ　ひそやかに笑う。

4 「はらはら」を使って短文を作りましょう。

〈例〉サーカスのつなわたりを、はらはらしながら見る。
（なみだがはらはらとこぼれた。）

慣用句

名前　　月　日

1 次の①～⑦の意味にあう慣用句を□から選び、（　）に記号を書きましょう。

① （ウ）気持ちがすっきりする。
② （カ）自分でじかにする。
③ （エ）こっそりとする。
④ （キ）金額や数をきちんと合わせる。
⑤ （オ）とても一生けん命に努力する。
⑥ （イ）感心して、自然に敬う。
⑦ （ア）相手の弱味を見つけ、自分の思いどおりにしようとする。

ア　足元を見る
イ　頭が下がる
ウ　胸がすく
エ　目をぬすむ
オ　骨身をけずる
カ　手を下す
キ　耳をそろえる

2 慣用句を正しく使っている文を選び、（　）に記号を書きましょう。

① 目玉が飛び出る（イ）
ア　目玉が飛び出るほど悲しんだ。
イ　目玉が飛び出るほどおどろいた。

② 身の毛がよだつ（ア）
ア　身の毛がよだつほどのきょうふ
イ　身の毛がよだつほどの落ち着き

3 「口」に関する慣用句の意味を□から選び、（　）に記号を書きましょう。

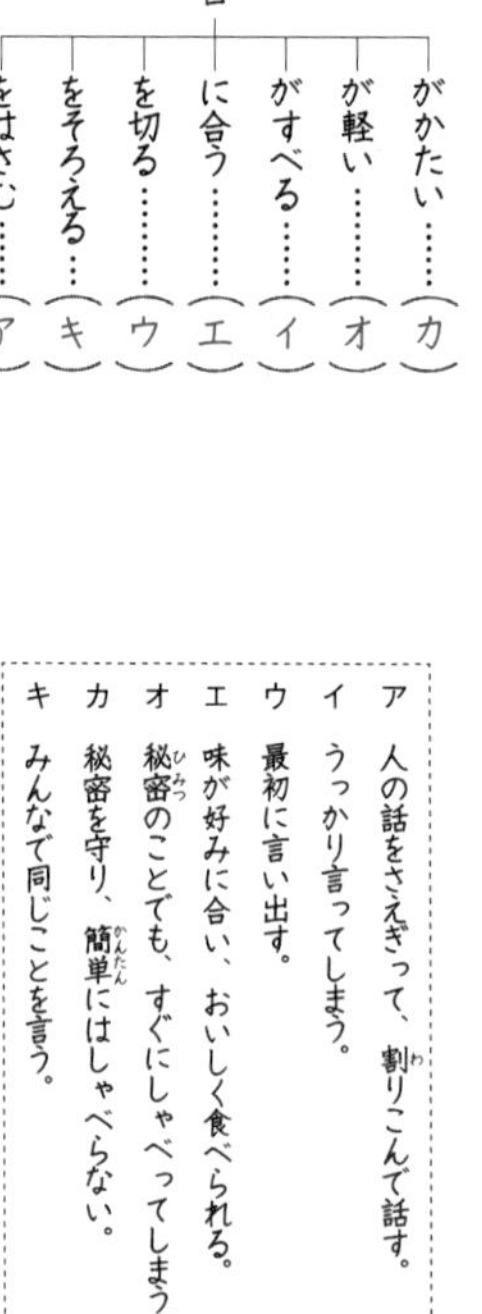

口
がかたい……（カ）
が軽い……（オ）
がすべる……（イ）
に合う……（エ）
を切る……（ウ）
をそろえる…（キ）
をはさむ……（ア）

ア　人の話をさえぎって、割りこんで話す。
イ　うっかり言ってしまう。
ウ　最初に言い出す。
エ　味が好みに合い、おいしく食べられる。
オ　秘密のことでも、すぐにしゃべってしまう。
カ　秘密を守り、簡単にはしゃべらない。
キ　みんなで同じことを言う。

4 次の（　）にあてはまる体の部位を□から選んで慣用句を完成させ、その意味を□から選んで□に記号を書きましょう。

① （腹）がすわる……ウ
② （うで）が上がる…イ
③ （首）をかしげる…ア
④ （かた）を持つ……エ

首　腹　かた　うで

ア　疑わしく思う
イ　上達する
ウ　かくごが決まっている
エ　味方になる

ことわざ

名前　　月　日

1 次の（　）にあてはまる動物の名前を□から選んで書き、ことわざを完成させましょう。

① （ぶた）にしんじゅ
② （はと）に豆鉄ぼう
③ （馬）の耳に念仏
④ （ねこ）の手も借りたい
⑤ （えび）で（たい）をつる

馬 たい ねこ はと えび ぶた

2 次の（　）にあてはまる体の部位を□から選んで書き、ことわざを完成させましょう。

① 仏の（顔）も三度
② （のど）もと過ぎれば熱さ忘れる
③ 上手の（手）から水がもれる
④ 人の（口）には戸は立てられない
⑤ （つめ）のあかをせんじて飲む
⑥ （背）に腹はかえられぬ
⑦ かべに（耳）あり　しょうじに（目）あり

顔 目 耳 口 のど 手 背 つめ

3 次の①～④のことわざと意味があうように、線で結びましょう。

① おのれの頭のはえを追え ― 人の世話をやくより、まず自分のことを考えなさい。
② 情けは人のためならず ― 人に親切にすると、いつか自分にもよいことがめぐってくる。
③ あしたはあしたの風がふく ― むだな心配はしない方がよい。
④ 船頭多くして船山に登る ― 指図する人が多いと、意見が分かれてとんでもない方向に進む。

4 次の二つのことわざが、似た意味なら○、ちがう意味なら×を書きましょう。

① （○） 急がば回れ／せいては事を仕損じる
② （○） 月とすっぽん／ちょうちんにつりがね
③ （○） うそから出たまこと／ひょうたんからこま
④ （×） おにの目にもなみだ／おにに金棒
⑤ （×） 二階から目薬／目の中に入れても痛くない
⑥ （×） 後は野となれ山となれ／立つ鳥あとをにごさず

手紙の書き方

名前　　月　日

1 次の文章は、中村さんが書いた郷土文化資料館へのお礼の手紙です。

ア　また、分からないことがあれば、ぜひ行かせていただきます。これからも、お体にお気をつけてお過ごしください。

イ　新緑のかがやく季節となりました。郷土文化資料館のみなさま、その後お元気でしょうか。

ウ　先日は、郷土の作家について分かりやすく説明してくださり、ありがとうございました。たくさんの資料を出していただき、とても勉強になりました。館長さんが、何でも聞いてね、と、わたしの質問に全て答えてくださり、とてもうれしかったです。おかげさまで「好きな作家発表会」では、よい発表ができそうです。

エ　五月十八日
桜台小学校　六年一組
中村　洋子
郷土文化資料館御中

(1) ア～エを正しい順に並びかえましょう。（イ → ウ → ア → エ）

(2) 改まった手紙には、左のような決まった形式があります。ア～エはどれにあたるか、（　）に記号を書きましょう。

① 前文……季節のあいさつ
　相手の様子をたずねる
　自分のしょうかい
　お礼 など
② 主文……中心となる用件
③ 末文……しめくくりのあいさつ
④ 後付け…日付、自分の名前
　相手の名前
　※あて名が個人名でないときは「御中」を使います。

① 前文……（イ）
② 主文……（ウ）
③ 末文……（ア）
④ 後付け……（エ）

みんなも手紙を書いてみよう！

ローマ字 ①

1 ローマ字には、「訓令式（くんれいしき）」と「ヘボン式」の2つの書き表し方があります。例のように、訓令式には㋗、ヘボン式には㋬を（　）に書きましょう。

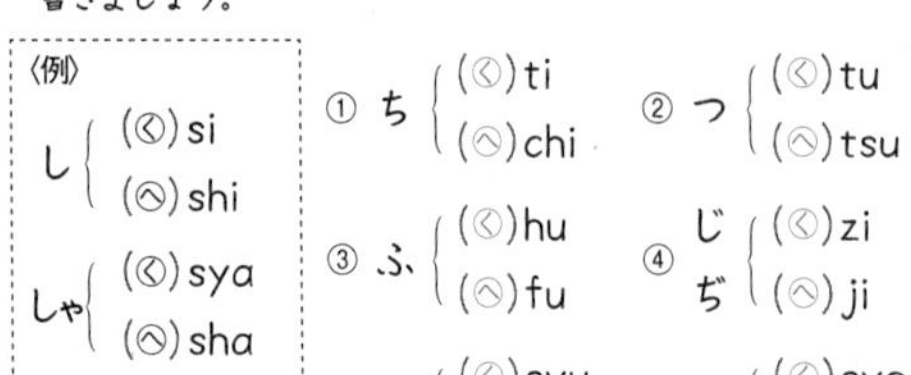

〈例〉
し　（㋗）si　（㋬）shi
しゃ　（㋗）sya　（㋬）sha

① ち　（㋗）ti　（㋬）chi
② つ　（㋗）tu　（㋬）tsu
③ ふ　（㋗）hu　（㋬）fu
④ じ ぢ　（㋗）zi　（㋬）ji
⑤ しゅ　（㋗）syu　（㋬）shu
⑥ しょ　（㋗）syo　（㋬）sho
⑦ ちゃ　（㋬）cha　（㋗）tya
⑧ ちゅ　（㋬）chu　（㋗）tyu
⑨ ちょ　（㋬）cho　（㋗）tyo
⑩ じゃ ぢゃ　（㋬）ja　（㋗）zya
⑪ じゅ ぢゅ　（㋬）ju　（㋗）zyu
⑫ じょ ぢょ　（㋬）jo　（㋗）zyo

ん の表し方　「ん」（n）の後にa・i・u・e・oやyが続く場合、「n」のあとに「'」を付けます。
han'i（範囲（はんい））、pan'ya（パン屋）
ヘボン式では、「ん」の後にp・b・mがくる場合、「m」で表します。
empitsu（えんぴつ）、tombi（とんび）
hammâ（ハンマー）

2 次の訓令式のローマ字で表した言葉を、平仮名に直して書きましょう。

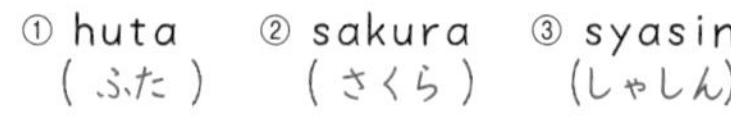

① huta（ふた）　② sakura（さくら）　③ syasin（しゃしん）
④ tyabin（ちゃびん）　⑤ zyunban（じゅんばん）　⑥ kôen（こうえん）
⑦ sippo（しっぽ）　⑧ okâsan（おかあさん）　⑨ syônen（しょうねん）
⑩ nattô（なっとう）　⑪ takkyû（たっきゅう）　⑫ kon'ya（こんや）

のばす音はâやôと表します。

3 次のヘボン式のローマ字で表した言葉を、平仮名に直して書きましょう。

① ishi（いし）　② chizu（ちず）　③ juken（じゅけん）
④ janken（じゃんけん）　⑤ chûgaku（ちゅうがく）　⑥ jôhô（じょうほう）
⑦ kotchi（こっち）
⑧ samma（さんま）

ヘボン式では、chの前につまる音がきたら、tをつけます。
matchi（マッチ）　pitchâ（ピッチャー）

名前

月　日

ローマ字 ②

1 次の訓令式（くんれいしき）のローマ字（大文字）で表した言葉を、漢字に直して書きましょう。

① RIKA（理科）　② ONGAKU（音楽）　③ TAIIKU（体育）
④ SYÛZI（習字）　⑤ ZUKÔ（図工）　⑥ SANSÛ（算数）
⑦ DÔTOKU（道徳）　⑧ GAKKI ※リコーダーなど（楽器）　⑨ KYÛSYOKU（給食）
⑩ SYAKAIKENGAKU（社会見学）

2 次のヘボン式のローマ字（大文字）で表した言葉を、漢字や仮名に直して書きましょう。

① TOCHI（土地）　② SHIMA（島）　③ FUJISAN（富士山）
④ CHAWAN（茶わん）　⑤ SHOKUJI（食事）　⑥ JAGAIMO（ジャガイモ）
⑦ SHÔBU ※植物（しょうぶ）　⑧ CHÛRIPPU（チューリップ）　⑨ CHÔCHO（ちょうちょ）

GAMBATTE!

3 次の大文字と小文字で表した言葉を、漢字や平仮名に直して書きましょう。（人名は平仮名で書きます。）

① Nippon（日本）　② Hyôgo-ken（兵庫県）
③ Kôbe-shi（神戸市）　④ 5-banchi（5番地）
⑤ Tsujimoto-Ryûichirô（つじもと　りゅういちろう）
⑥ Reiwa 2-nen 8-gatsu 31-nichi（令和2年8月31日）

4 次のクイズの答えを□から選び、（　）に記号を書きましょう。

① Natsu no tsugi no kisetsu wa?（ウ）
② Toshoshitsu ni aru mono wa?（イ）
③ Haru o daihyô suru hana wa?（ア）
④ Kanji o gakushû suru kyôka wa?（エ）

ア Sakura　イ Hon　ウ Aki　エ Kokugo

※「は」「を」「へ」は、「wa」「o」「e」と書き表します。

名前

月　日

〔P.82-P.83〕

ローマ字 ③

名前

月　日

❶ 次の言葉を、訓令式の小文字で書きましょう。

① いえ ie　② りんご ringo　③ きしゃ kisya　④ きんぎょ kingyo

⑤ くうき kûki　⑥ どうろ dôro　⑦ きって kitte　⑧ いっしょ issyo

⑨ はっぱ happa　⑩ にゅういん nyûin　⑪ りょうしん ryôsin　⑫ げっしゃ gessya

⑬ がっこう gakkô　⑭ たっきゅう takkyû　⑮ せんい sen'i　⑯ しんや sin'ya

❷ 次の言葉を、訓令式の大文字で書きましょう。

① さる SARU　② たぬき TANUKI　③ にんぎょ NINGYO

④ おんぷ ONPU　⑤ ろうそく RÔSOKU　⑥ きょうだい KYÔDAI

⑦ ひょうたん HYÔTAN　⑧ れっしゃ RESSYA　⑨ たんい TAN'I

❸ 次の言葉を、ヘボン式の小文字で書きましょう。

① すし sushi　② つり tsuri　③ ちいき chiiki

④ じかん jikan　⑤ ちょきん chokin　⑥ ゆうびん yûbin

⑦ じょうだん jôdan　⑧ きっぷ kippu　⑨ しゅうじ shûji

⑩ ジェットき jettoki　⑪ ちょっきゅう chokkyû　⑫ さんぽ sampo

❹ 次の言葉を、ヘボン式の大文字で書きましょう。

① つる TSURU　② ふえ FUE　③ まち MACHI

④ でんしゃ DENSHA　⑤ しょくじ SHOKUJI

⑥ ちゅうしゃ CHÛSHA　⑦ とんぼ TOMBO

〔P.84-P.85〕

ローマ字 ④

名前

月　日

❶ 次のクイズに、ヘボン式のローマ字で答えましょう。例のように、一文字目は大文字で書きましょう。

〈例〉Byôki ni nattara, utareru mono wa(は)?
(答え) Chûsha

① Haru, hanami o(を) suru hana wa nâni?

② Jidôsha to hikôki de, hayai hô wa?

③ "Wan wan" to naku dôbutsu wa nâni?

④ Oyogu toki ni kiru mono wa, nan deshô?

⑤ Taiyô to tsuki de, chikai hô wa?

⑥ Pan wa pan demo, taberarenai pan wa nan deshô?

(答え)

① Sakura　② Hikôki

③ Inu　④ Mizugi

⑤ Tsuki　⑥ 〈例〉Furaipan (Teppanなども可)

コンピュータでは、「ぢ」、「づ」、「は」、「を」、「ん」は、ふつう、次のように打ちます。

ぢ… D I　づ… D U　は… H A

を… W O　ん… N N

また、次のようなのばす音には、Uをつけます。

こうえん…… K O U E N N

きゅうり…… K Y U U R I

❷ コンピュータで打つつもりで、次の言葉や文をローマ字の大文字で書きましょう。

① 手作り TEDUKURI

② 本屋 HONNYA

③ ぼくは予習をする BOKU HA YOSYUU WO SURU (shu)

ローマ字入力と、ふだんの書き表し方のちがいに注意しよう。

詩　せんねん　まんねん

名前　　月　日

1 次の詩を読み、あとの問いに答えましょう。

いつかのっぽのヤシの木になるために
そのヤシのみが地べたに落ちる
その地ひびきでミミズがとびだす
そのミミズをヘビがのむ
そのヘビをワニがのむ
そのワニを川がのむⒶ
その川の岸ののっぽのヤシの木の中を
昇っていくのは
今まで土の中でうたっていた清水
その清水は昇って昇って昇りつめて
ヤシのみの中で眠るⒷ

その眠りが夢でいっぱいになると
いつかのっぽのヤシの木になるために
そのヤシのみが地べたに落ちる
その地ひびきでミミズがとびだす
そのミミズをヘビがのむ
そのヘビをワニがのむ
そのワニを川がのむ
その川の岸に
まだ人がやって来なかったころの
はるなつあきふゆⒸ　はるなつあきふゆの
ながいみじかいⒹ　せんねんまんねん

（まど・みちお「国語六 創造」光村図書）

(1) ワニを川がのむⒶとは、どういうことを表していますか。〇をつけましょう。
（　）ワニのいる川の流れが激しいこと
（〇）ワニが川で死んでしまうこと
（　）ワニが川の水をのむこと

(2) ヤシのみの中で眠るⒷのは何ですか。
（清水）

(3) はるなつあきふゆⒸと平仮名で書いているのはなぜですか。〇をつけましょう。
（　）漢字の読めない子にもこの詩がわかるようにするため。
（　）平仮名の持つやわらかさがこの詩にふさわしいから。
（〇）漢字のない遠い昔を表現するため。

(4) ながいみじかい　せんねんまんねんⒹと表現しているのはなぜですか。〇をつけましょう。
（　）ながい、みじかいことをヤシや動物はわからないから。
（〇）食べる、食べられるのくり返しはみじかいが、そのくり返しはながく続くから。
（　）せんねんはみじかいが、まんねんはながいから。

(5) この詩に使われている表現の工夫を二つ選び、〇をつけましょう。
（〇）同じ表現をくり返している。
（〇）人間以外のものを人間にたとえている（擬人法）。
（　）文の順序を逆にしている（倒置法）。

ガンバレ ガンバレ♪

俳句

名前　　月　日

1 次の（　）にあてはまる言葉を□から選び、記号で書きましょう。

俳句は（エ）の（ウ）音から成ります。「（オ）」という、季節を表す言葉を盛りこむことになっています。そして、（ア）と数えます。

俳句は（キ）から生まれ、（カ）時代、（イ）により芸術として高められました。

ア 一句、二句　イ 芭蕉　ウ 十七　エ 五・七・五　オ 季語　カ 江戸　キ 短歌

2 次の□にあてはまる言葉を□から選び、記号で書きましょう。

① [エ] 村いっぱいの子どもかな　小林 一茶
② 閑さや岩にしみ入る [ア]　松尾 芭蕉
③ [イ] 隣は何をする人ぞ　松尾 芭蕉
④ [ウ] 海に夕日を吹き落とす　夏目 漱石

ア 蝉の声　イ 秋深き　ウ 凩や　エ 雪とけて

3 次の俳句の季語を（　）に、その季節を□に書きましょう。

あ 山路来て何やらゆかしすみれ草　松尾 芭蕉　（すみれ草）[春]
い 春の海終日のたりのたりかな　与謝 蕪村　（春の海）[春]
う 柿くへば鐘が鳴るなり法隆寺　正岡 子規　（柿）[秋]
え 夏の蝶日かげ日なたと飛びにけり　高浜 虚子　（夏の蝶）[夏]

4 次の季節の季語を□から選び、（　）に記号で書きましょう。

春…（ウ）　夏…（イ）
秋…（エ）　冬…（ア）

ア こたつ　イ うなぎ　ウ 山桜　エ 落ち葉

調べてみると おもしろいよ♪

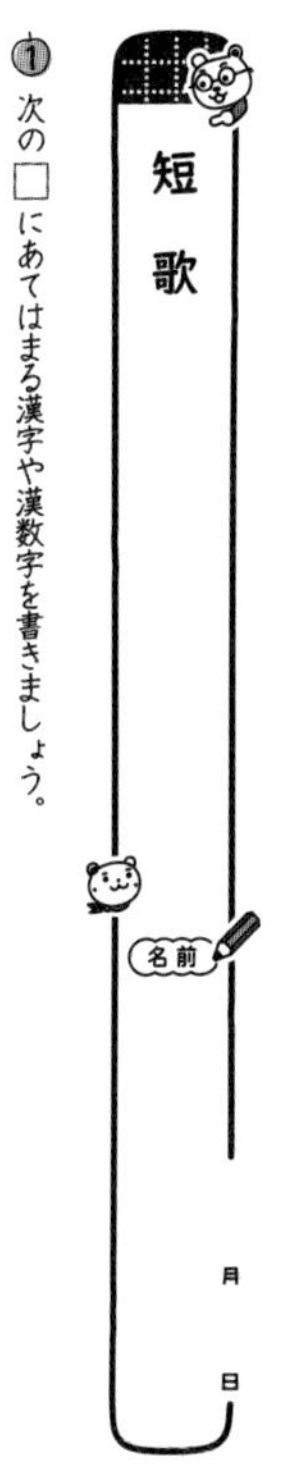

短歌

❶ 次の□にあてはまる漢字や漢数字を書きましょう。

① 短歌は、[五]・[七]・[五]・[七]・[七]の[三][十][一]音から成ります。
② 短歌は、奈良時代に作られた[万]葉集から、[千]年以上の伝統があります。
③ 短歌は、[一]首、二[首]と数えます。
④ お正月に遊ぶ[百][人][一][首]は、昔の短歌（和歌）をかるたにしたものです。
⑤ 有名な歌人に、[北][原][白][秋]や[正][岡][子][規]がいます。

〈ヒント〉①と②には、すべて漢数字が入るよ。
③は体の部位、④には漢数字と体の部位が入るよ。
⑤の一人目の□には方角と色が入り、二人目の□には一年生の漢字が入るよ。

❷ 次の短歌に出てくる言葉の説明で、正しい方に○をつけましょう。

あ 石走る垂水の上のさわらびの萌え出づる春になりにけるかも　志貴皇子
い 秋来ぬと目にはさやかに見えねども風のおとにぞおどろかれぬる　藤原敏行
う みちのくの母のいのちを一目見ん一目見んとぞただにいそげる　斎藤茂吉

① 垂水
（　）流れの速い水、急流。

（○）落ちてくる水、たき。

② さわらび
（○）芽を出したばかりのわらび。

（　）りっぱに生長した見事なわらび。

③ 萌え出づる
（○）草木が、芽を出し始める。

（　）草木が、花をさかせる。

④ おどろかれぬる
（　）急に、びっくりさせられた。

（○）はっと気がついた。

⑤ みちのく
（　）今の関東地方の辺り。

（○）今の東北地方の辺り。

⑥ ただに
（　）何も持たずに
（○）ひたすら

物語文 あの坂をのぼれば ①

名前　　月　日

● 次の文章を読み、あとの問いに答えましょう。

——あの坂をのぼれば、海が見える。

少年は、朝から歩いていた。草いきれⒶがむっとたちこめる山道である。顔も背筋もあせにまみれ、休まず歩く息づかいがあらい。

——あの坂をのぼれば、海が見える。

それは、幼いころ、そいねの祖母から、いつも子守歌のように聞かされたことだった。うちのうらの、あの山を一つこえれば、海が見えるんだよ、と。

その、山一つⒷ、という言葉を、少年は正直にそのまま受け止めていたのだが、それはどうやら、しごく大ざっぱな言葉のあや※だったらしい。現に、今こうして、とうげを二つ三つとこえても、まだ海は見えてこないのだから。

それでも少年は、呪文のように心に唱えて、のぼってゆく。

——あの坂をのぼれば、海が見える。

のぼりきるまで、あと数歩。半ばかけだすようにして、少年はそのいただきに立つ。しかし、見下ろす行く手は、またも波のように、下ってのぼって、その先の見えない、長い長い山道だった。

少年は、がくがくする足をふみしめて、もう一度気力を奮い起こす。

※何かを伝えるとき、事実よりも意識的にことばをかざってたくみに言うこと。

（杉みき子「ひろがる言葉 小学国語 六上」教育出版）

(1) 少年が歩いているのは、「どこ」ですか。
草いきれがたちこめる（ 山道 ）

(2) 草いきれⒶとは何ですか。正しいものに○をつけましょう。
（○）夏、日が強く照っているとき、草のしげみから出る、むっとするような熱い空気。

（　）春のあたたかな日、草のしげみをきぬの布のようにゆらす、さわやかな風。

（　）においのある草がたくさんあり、そのにおいがむっとして気分が悪くなってしまうこと。

(3) 少年が、幼いころ、そいねの祖母から、いつも子守歌のように聞かされたことを二つ書きましょう。
（あの坂をのぼれば、海が見える。）

（うちのうらの、あの山を一つこえれば、海が見えるんだよ。）

(4) 山一つⒷが言葉のあやだったのが分かったのはなぜですか。
とうげをいくつもこえているのに、まだ（ 海 ）が（ 見えてこない ）から。

そのちょうし！

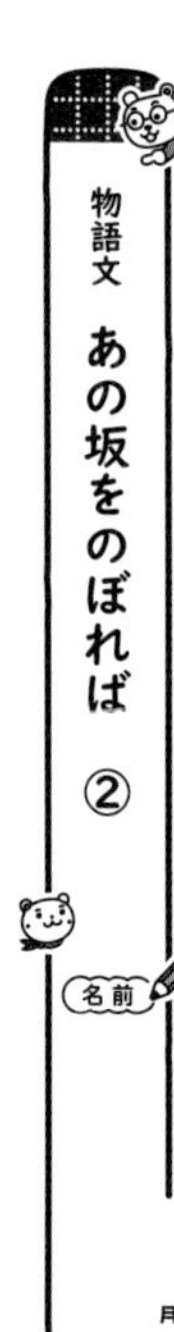

物語文　あの坂をのぼれば　②

名前　　月　　日

次の文章を読み、あとの問いに答えましょう。

――あの坂をのぼれば、海が見える。

少年は、今、どうしても海を見たいのだった。細かくいえばきりもないが、やりたくてやれないことの数々の重荷が背に積もり積もった時、少年は、磁石が北をさすように、まっすぐに海を思ったのである。自分の足で、海を見てこよう。山一つこえたら、本当に海があるのを確かめてこよう、と。

――あの坂をのぼれば、海が見える。

しかし、まだ海は見えなかった。Ⓐはうようにしてのぼってきたこの坂の行く手も、やはり今までと同じ、果てしない上り下りのくり返しだったのである。

もう、やめよう。

急に、Ⓑ道ばたにすわりこんで、少年はⒸうめくようにそう思った。こんなにつらい思いをして、坂をのぼったり下りたりして、いったいなんの得があるのか。この先、山をいくつこえたところで、本当に海へ出られるのかどうか、わかったものじゃない……。

額ににじみ出るあせをそのままに、草の上にすわって、通りぬける山風にふかれていると、Ⓓなにもかも、どうでもよくなってくる。じわじわと、疲労がむねにつき上げてきた。

（杉みき子「ひろがる言葉 小学国語 六上」教育出版）

(1) Ⓐはうようにしてのぼってきたこの坂から考えられることに○をつけましょう。

（　）急な坂道をつまずくように急いでのぼってきて、とてもつかれた。
（○）急な坂道を手をつくようにしてのぼってきて、とてもつかれた。
（　）なだらかな坂道をゆっくりのぼってきて、少しつかれた。

(2) Ⓑ道ばたとは、どこですか。正しいものに○をつけましょう。

（　）道の真ん中あたり
（○）道のはし
（　）道の前方

(3) Ⓒうめくようにということから考えられるものを選び、○をつけましょう。

（○）迷い苦しみながら、そう思った。
（　）迷わず、すぱっと決断するように、そう思った。
（　）あらあらしく声をあげながら、そう思った。

(4) Ⓓなにもかも、どうでもよくなってくるについて、次の問いに答えましょう。

① そのように感じたのは、何をしているときですか。

（　額　）ににじみ出る（　あせ　）をそのままに、（　草の上　）にすわって、通りぬける（　山風　）にふかれているとき。

② そのあと、どうなりましたか。

疲労が（　むねにつき上げてきた。　）

物語文　あの坂をのぼれば　③

名前　　月　　日

次の文章を読み、あとの問いに答えましょう。

声は、上から来る。ふりあおぐと、すぐ頭上を、光が走った。つばさの長い、真っ白い大きな鳥が一羽、ゆっくりと羽ばたいて、先導するように次のとうげをこえてゆく。

――あれは、海鳥だ！

少年はⒶとっさに立ち上がった。

海鳥がいる。Ⓑ海が近いのにちがいない。そういえば、あの坂の上の空の色は、確かに海へと続くあさぎ色だ。

今度こそ、海に着けるのか。

それでも、ややためらって、行く手を見はるかす少年の目の前を、ちょうのようにひらひらと、白い物がまい落ちる。てのひらをすぼめて受け止めると、それは、雪のようなひとひらの羽毛だった。

――Ⓒあの鳥の、おくり物だ。

ただいっぺんの羽根だけれど、それはたちまち少年の心に、白い大きなつばさとなって羽ばたいた。

――あの坂をのぼれば、海が見える。

少年はもう一度、力をこめてつぶやく。

しかし、そうでなくともよかった。今はたとえ、この後三つの坂、四つの坂をこえることになろうとも、Ⓓ必ず海に行き着くことができる、行き着いてみせる。

白い小さな羽根をてのひらにしっかりとくるんで、ゆっくりと坂をのぼってゆく少年の耳に――あるいは心のおくにか――かすかなしおざいのひびきが聞こえ始めていた。

（杉みき子「ひろがる言葉 小学国語 六上」教育出版）

(1) Ⓐとっさにの意味に○をつけましょう。

（　）考えながら
（　）ちょっと間をおいて
（○）そのときすぐに

(2) 少年が、Ⓑ海が近いのにちがいないと考えた理由をしめす文を二つ書きぬきましょう。

（　海鳥がいる。　）
（　そういえば、あの坂の上の空の色は、確かに海へと続くあさぎ色だ。　）

文章からそのまま書きぬこう。

(3) Ⓒあの鳥の、おくり物とは、どんなおくり物ですか。○をつけましょう。

（　）もう海に着けることはないだろうというあきらめ
（　）海に着けなくても、がんばったのでよいという気持ち
（　）もしかしたら海に着けるかもしれないという希望
（○）きっと海に着けるという確信

(4) 少年が、Ⓓのように思ったのはなぜですか。○をつけましょう。

（　）三つ、四つの坂をこえれば海に着くことがわかったから。
（　）しおざいの音がきこえてきたので、音のする方へ行けば着けると思ったから。
（○）海鳥を見たことで海が近いと確信し、海を見たい気持ちがよりいっそう強くなったから。

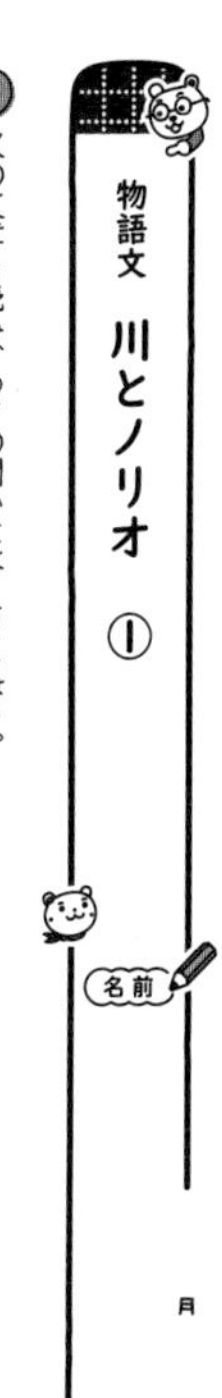

物語文 川とノリオ ①

名前　　月　日

次の文章を読み、あとの問いに答えましょう。

Ⓐすすきのほが、川っぷちで旗をふった。ふさふさゆれる三角旗を。すすきの銀色の旗の波と、真っ白いのぼりに送られて、ノリオの父ちゃんは、行ってしまった。

暗い停車場の待合室で――父ちゃんのかたいてのひらが、いっときもおしいというように、Ⓑノリオの小さい足をさすっていたっけ。

父ちゃんを乗せていった貨物列車の、馬たちの飼い葉のすえたにおい。

すすきはそれからも川っぷちで、白くほほけた旗をふり、――母ちゃんとノリオは橋の上で、夕焼け空をながめていた。暮れかけた町の上の広い広い空。Ⓒ母ちゃんの日に焼けた細い手が、きつくきつくノリオをだいていた。

ぬれたような母ちゃんの黒目に映って、赤とんぼがすいすい飛んでいった。川の上をどこまでも飛んでいった。

また早春

Ⓓ（おいで、おいで。つかまえてごらん。私は、だあれにもつかまらないよ。）

川の水がノリオを呼んでいる。白じらと波だって笑いながら。

ノリオの新しいくりのげたが、片一方、ぷっかりと水にういた。じいちゃんの手作りのくりの木のげた……。

（いぬい とみこ「ひろがる言葉 小学国語 六上」教育出版）

(1) Ⓐに使われている表現技法に○をつけましょう。
（○）擬人法
（　）体言止め
（　）反復

(2) 父ちゃんは、何に乗って行ってしまいましたか。
（貨物列車）

(3) ノリオの父ちゃんはどこに行ったのですか。最もふさわしいと思うものに○をつけましょう。
（○）戦争
（　）旅行
（　）仕事

(4) Ⓑのしぐさには、父ちゃんのどんな気持ちが表れていますか。○をつけましょう。
（　）ノリオのはだがやわらかくて気持ちがいい。
（　）早く大きくなっていっしょに遊びたい。
（○）かわいいノリオともう会えないかもしれない。

(5) Ⓒのときの母ちゃんの思いとして、あてはまらないものに○をつけましょう。
（○）ノリオが川に落ちると危ない。
（　）ノリオがかわいく、いとおしい。
（　）自分がノリオを育てていくのだという強い思い。

(6) Ⓓおいで、おいでとは、だれがだれを呼んでいる声ですか。
（川の水）が（ノリオ）を呼んでいる。

物語文 川とノリオ ②

名前　　月　日

次の文章を読み、あとの問いに答えましょう。

ノリオの家の母ちゃんは、この日の朝早く汽車に乗って、ヒロシマへ出かけていったという。

黒いきれを垂らした電灯の下に、大人たちの話が続いていた。

じいちゃんが、夜おそく出かけていった。

おぼんの夜（八月十五日）

前に死んだ、ばあちゃんの仏壇に、Ⓐ新しいぼんちょうちんが下がっている。

じいちゃんはきせるをみがいている。ジュ――ッと焼けるくさいやにのにおい。

Ⓑときどき、じいちゃんの横顔が、へいけがにのように、ぎゅっとゆがむ。ごま塩のひげがかすかにゆれて、ぽっとり、ひざにⒸしずくが落ちる。

＊

Ⓓ母ちゃんのもどってこないノリオの家。

じいちゃんがノリオの雑炊をたいた。ぼうっと明るいくどの火の中に、げた作りのじいちゃんの節くれだった手が、Ⓔぶるぶるふるえて、まきを入れる。

ぼしゃぼしゃと白くなった、じいちゃんのかみ。

ノリオは、Ⓕじいちゃんの子になった。たばこくさいじいちゃんにだかれてねた。

（いぬい とみこ「ひろがる言葉 小学国語 六上」教育出版）

(1) Ⓐからわかることに○をつけましょう。
（　）ばあちゃんのぼんちょうちんが古くなったので、新しくした。
（○）母ちゃんも仏壇でまつられている。
（　）夜が暗いから明るくしている。

(2) Ⓑのようになるのはなぜですか。○をつけましょう。
（　）くさいやにのにおいがしたから。
（○）悲しさがこみ上げてきたから。
（　）ノリオに腹を立てたから。

(3) Ⓒしずくとは何のことですか。
（なみだ）

(4) Ⓓについて、母ちゃんがもどってこないのはなぜですか。理由を選び、○をつけましょう。
（　）旅行に行っているから。
（○）戦争のひ害にあったから。
（　）仕事でまだ家に帰っていないから。

(5) Ⓔからわかることに、○をつけましょう。
（　）寒さにふるえている。
（　）くどの火がこわい。
（○）まきをうまく入れられない。

(6) Ⓕじいちゃんの子になったとはどういうことですか。次の文にあうように、考えて書きましょう。
（〈例〉母ちゃんが亡くなってしまった／母ちゃんがもどってこない）ので、じいちゃんに育てられることになったということ。

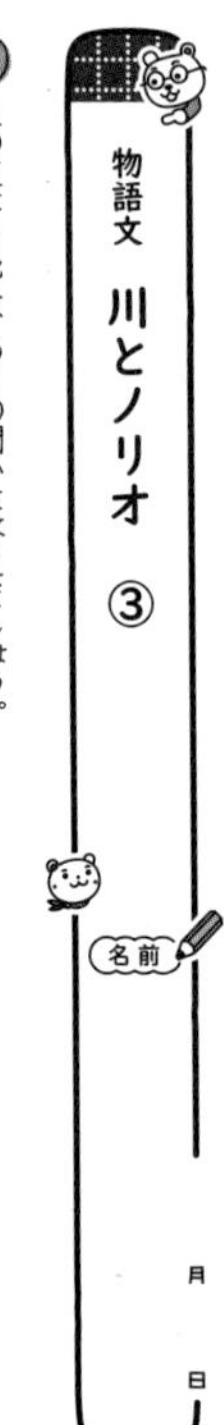

物語文 川とノリオ ③

名前　　　月　日

次の文章を読み、あとの問いに答えましょう。

また、八月の六日が来る

さらさらとすずしいせの音をたてて、今日もまた川は流れている。

川の底から拾ったびんのかけらを、じいっと目の上に当てていると、ノリオの世界はうす青かった。

[①] 照りつける真夏の太陽も、銀色に [②] 光るだけ。

＊

幾たびめかのあの日Ⓐがめぐってきた。

まぶしい川のまん中で、母ちゃんを一日中、待ってたあの日。そしてとうとう母ちゃんが、もどってこなかった夏のあの日。

ドドー……ンという遠いひびきだけは、ノリオも聞いたあの日の朝、母ちゃんはヒロシマで焼け死んだという。ノリオたちがなんにも知らないまに。

じいちゃんが、母ちゃんを探して歩いた時、暗いヒロシマの町には、死骸から出るりんの火が、幾晩も青く燃えていたという。折り重なってたおれた家々と、折り重なって死んでいる人々の群れ……。子どもを探す母ちゃんと、母ちゃんを探す子どもの声。

そして、ノリオの母ちゃんは、とうとう帰ってこないのだ。

じいちゃんも、ノリオもだまっている。

年寄りすぎたじいちゃんにも、小学二年のノリオにも、何が言えよう。

＊

ノリオは、青いガラスのかけらを、ぽんと川の水に投げてやった。すぐにまぶしい日の光が、ノリオの世界に返ってきて、ノリオは仕事を思い出す。

じいちゃんの工場のやぎっ子の干し草かりが、ノリオの仕事だ。

（いぬいとみこ「ひろがる言葉 小学国語 六上」教育出版）

(1) 上の文章の①、②にあてはまる言葉を、[　]から選んで書きましょう（①、②にはちがう言葉が入ります）。

[キラキラ　ギラギラ]

①（ギラギラ）

②（キラキラ）

(2) Ⓐあの日とはどんな日ですか。文中から二つ書きぬきましょう。

（まぶしい川のまん中で、母ちゃんを一日中、待ってた　あの日）

（とうとう母ちゃんが、もどってこなかった夏の　あの日）

(3) ヒロシマと片仮名で書くのはなぜだと思いますか。○をつけましょう。

（○）戦争で原子爆弾が落ちた都市であることを強めるため。

（　）漢字が読めない子どもにもわかるようにするため。

（　）世界中の人に親しみを持ってもらうため。

(4) じいちゃんは何をするためにヒロシマに行ったのですか。

（母ちゃんを探すため。）

「何をするため」かを聞かれているから、「〜ため。」と答えているよ。

(5) ノリオの仕事は何ですか。

（じいちゃんの工場のやぎっ子の干し草かり）

物語文 海のいのち ①

名前　　　月　日

次の文章を読み、あとの問いに答えましょう。

父もその父も①、その先ずっと顔も知らない父親たち②が住んでいた海に、太一もまた住んでいた。季節や時間の流れとともに変わる海のどんな表情でも、太一は好きだった。

「ぼくは漁師になる。おとうといっしょに海に出るんだ。」

子供のころから、太一はこう言ってはばからなかった。

父は、もぐり漁師だった。潮の流れが速くて、だれにももぐれない瀬Ⓐに、たった一人でもぐっては、岩かげにひそむクエをついてきた。二メートルもある大物をしとめても、父は自まんすることもなく言うのだった。

「海のめぐみだからなあ。」

不漁の日が十日間続いても、父は何も変わらなかった。

ある日父は、夕方になっても帰らなかった。空っぽの父の船が瀬で見つかり、仲間の漁師が引き潮を待ってもぐってみると、父はロープを体に巻いたまま、水中で事切れていたⒷ。ロープのもう一方の先には、光る緑色の目をしたクエⒸがいたという。

父のもりを体につきさした瀬の主は、何人がかりで引こうと全く動かない。まるで岩のような魚だ。結局、ロープを切るしか方法はなかったのだった。

（立松和平「新しい国語 六」東京書籍）

(1) ①父もその父もと、②その先ずっと顔も知らない父親たちについて、二字の熟語でそれぞれ書きぬきましょう。

① 父と［祖父］のこと。

② ［先祖］のこと。（祖先）

(2) 太一がなりたいものは何ですか。また、なったらしたいことは何ですか。

① なりたいもの（漢字で）………［漁師］

② したいこと（おとうといっしょに海に出ること。）

(3) Ⓐだれにももぐれない瀬とありますが、それはなぜですか。

（潮の流れが速いから。）

(4) 二メートルもあるクエは、どこにひそんでいましたか。

だれにももぐれない瀬の（　岩かげ　）

(5) 太一の父が、大物をしとめても不漁が続いても変わらなかったのはなぜですか。○をつけましょう。

（　）自まんすると、他の人にいやがられるから。

（○）自然があたえてくれたものだと感謝していたから。

（　）不漁になっても、たくわえがあるから。

(6) Ⓑ事切れていたとはどういうことですか。

（〈例〉死んでいたということ。）

(7) Ⓒ光る緑色の目をしたクエを言いかえている三字の言葉を書きぬきましょう。［瀬の主］

物語文 海のいのち ②

名前　　　月　　日

● 次の文章を読み、あとの問いに答えましょう。

でしになって何年もたったある朝、いつものように同じ瀬に漁に出た太一に向かって、与吉じいさはⒶふっと声をもらした。そのころには与吉じいさは船に乗ってこそきたが、作業はほとんど太一がやるようになっていた。

「自分では気づかないだろうが、おまえは村一番の漁師だよ。太一、ここはおまえの海だ。」

船に乗らなくなった与吉じいさの家に、太一は漁から帰ると毎日魚を届けに行った。Ⓑ真夏のある日、与吉じいさは暑いのに毛布をのどまでかけてねむっていた。太一は全てをさとった。

「海に帰りましたか。与吉じいさ、心から感謝しております。おかげさまでぼくも海で生きられます。」

Ⓒ悲しみがふき上がってきたが、今の太一は自然な気持ちで顔の前に両手を合わせることができた。父がそうであったように、与吉じいさも海に帰っていったのだ。

ある日、母はこんなふうに言うのだった。

「おまえが、おとうの死んだ瀬にもぐると、いつ言いだすかと思うと、わたしはⒹ夜もねむれないよ。おまえの心の中が見えるようで。」

太一は、あらしさえもはね返すくっ強な若者になっていたのだ。太一は、そのたくましい背中に、母の悲しみさえも背負おうとしていたのである。

（立松和平『新しい国語 六』東京書籍）

(1) だれが、だれのでしなのですか。

（太一）が（与吉じいさ）のでし

(2) Ⓐふっと声をもらしたの様子にあたるものに○をつけましょう。

（　）特に言おうという気持ちではないが、つい大きな声が出た。

（　）ぜひ言おうという気持ちで、小さい声で伝えた。

（○）特に言おうという気持ちではないが、自然と声が出た。

(3) Ⓑは、どんなことを表していますか。

（〈例〉与吉じいさが亡くなっていたこと。死んでいたこと。）

(4) Ⓑが表していることを言いかえている表現を文中から八字で書きぬきましょう。

与吉じいさも 海に帰っていった

(5) Ⓒ悲しみがふき上がってきたの意味にあたるものに○をつけましょう。

（　）悲しみがふきとんだ。

（○）悲しみの気持ちが激しくわいてきた。

（　）悲しみの気持ちが少しずつわいてきた。

(6) Ⓓにあてはまる言葉を選び、○をつけましょう。

（○）おそろしくて

（　）わくわくして

（　）たくましくて

物語文 海のいのち ③

名前　　　月　　日

● 次の文章を読み、あとの問いに答えましょう。

Ⓐ興奮していながら、太一は冷静だった。これが自分の追い求めてきたまぼろしの魚、村一番のもぐり漁師だった父を破った瀬の主なのかもしれない。太一は鼻づらに向かってもりをつき出すのだが、クエは動こうとはしない。そうしたままで時間が過ぎた。太一は、永遠にここにいられるような気さえした。しかし、息が苦しくなって、またうかんでいく。

Ⓑもう一度もどってきても、瀬の主は全く動こうとはせずに太一を見ていた。おだやかな目だった。Ⓒこの大魚は自分に殺されたがっているのだと太一は思ったほどだった。これまで数限りなく魚を殺してきたのだが、こんな感情になったのは初めてだ。この魚をとらなければ、本当の一人前の漁師にはなれないのだと、太一は泣きそうになりながら思う。

水の中で太一はⒹふっとほほえみ、口から銀のあぶくを出した。もりの刃先を足の方にどけ、クエに向かってもう一度えがおを作った。

「おとう、ここにおられたのですか。また会いに来ますから。」

Ⓔこう思うことによって、太一は瀬の主を殺さないですんだのだ。大魚はこの海のいのちだと思えた。

（立松和平『新しい国語 六』東京書籍）

がんばってね！

(1) Ⓐ興奮と対になる言葉を、文中から書きぬきましょう。

冷静

(2) Ⓑは、どこにもどってきたことを表していますか。○をつけましょう。

（　）太一が暮らしている家

（　）海の上にうかぶ船

（○）潮の流れの速い瀬

(3) 太一がⒸのように思ったのはなぜですか。（　）にあてはまる言葉を書きましょう。

太一がもう一度（もどって）きても、全く（動こう）とはせずに、（おだやかな）目で（太一）を見ていたから。

(4) なぜⒹのようにほほえんだのですか。○をつけましょう。

（○）瀬の主を殺さないですむ理由が見つかったから。

（　）瀬の主をうまく生けどりにする方法を思いついたから。

（　）瀬の主を楽に殺す方法を思いついたから。

(5) Ⓔの指し示す文章を、文中から書きぬきましょう。

「おとう、ここにおられたのですか。また会いに来ますから。」

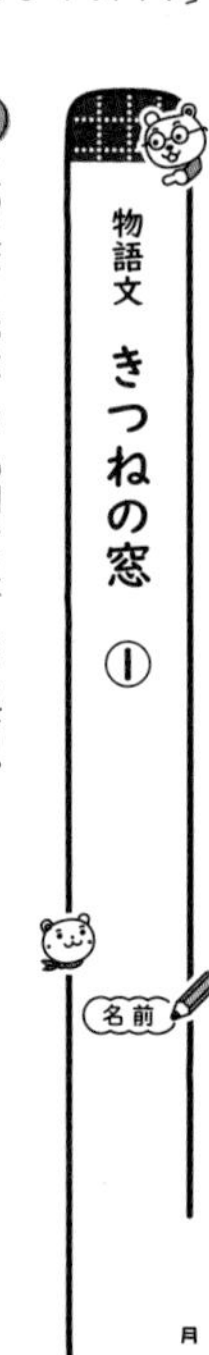

物語文 きつねの窓 ①

名前　　月　日

次の文章を読み、あとの問いに答えましょう。

いつでしたか、山で道に迷った時の話です。ぼくは、自分の山小屋にもどるところでした。歩き慣れた山道を、鉄砲をかついで、ぼんやり歩いていました。そう、あの時は、全くぼんやりしていたのです。昔大好きだった女の子のことなんかを、Ⓐとりとめなく考えながら。

道を一つ曲がった時、ふと、空がとてもまぶしいと思いました。まるで、みがきあげられた青いガラスのように……。すると、地面も、なんだか、うっすらと青いのでした。

「あれ？」

一瞬、ぼくは立ちすくみました。まばたきを、二つばかりしました。ああ、Ⓑそこは、いつもの見慣れたすぎ林ではなく、広々とした野原なのでした。それも、一面、青いききょうの花畑なのでした。

Ⓒぼくは息をのみました。いったい、自分は、どこをどうまちがえて、いきなりこんな場所に出くわしたのでしょう。だいいち、こんな花畑が、この山にはあったのでしょうか。

〈すぐ引き返すんだ。〉

ぼくは、自分に命令しました。その景色は、あんまり美しすぎました。なんだか、Ⓓそらおそろしいほどに。

（安房 直子「みんなと学ぶ 小学校 国語 六年上」学校図書）

(1) この話は、どんな時の話ですか。

（山で道に迷った）時。

(2) ぼくはどこを、どのように歩いていましたか。

どこ……（歩き慣れた山道）

どのように……（ぼんやり）歩いていた。

(3) Ⓐとりとめなくと同じ意味の言葉を選び、○をつけましょう。

（○）なんとなく

（　）しんけんに

（　）なつかしく

(4) 空のまぶしさを何にたとえていますか。

（みがきあげられた青いガラス）

(5) Ⓑそこはどんなところでしたか。文中から九字で書きぬきましょう。

青	い	き	き	ょ	う	の	花	畑

(6) Ⓒから、ぼくのどんな気持ちがわかりますか。○をつけましょう。

（○）おどろき

（　）くやしさ

（　）喜び

(7) Ⓓそらおそろしいという表現から、どんな様子がわかりますか。○をつけましょう。

（　）ふるえるほどこわい感じ。

（　）これから起こることに期待している感じ。

（○）なんとなく不気味で不安な感じ。

物語文 きつねの窓 ②

名前　　月　日

次の文章を読み、あとの問いに答えましょう。

きつねは、両手をのばして、また、窓を作ってみせました。

「ぼくはもう、さびしくなくなりました。この窓から、いつでも、母さんの姿を見ることができるんだから。」

ぼくは、すっかり感激して、何度もうなずきました。実は、ぼくも独りぼっちだったのです。

「ぼくも、そんな窓がほしいなあ。」

ぼくは、子供のような声をあげました。すると、きつねは、もううれしくてたまらないという顔をしました。

「そんなら、すぐにお染めいたします。Ⓐそこに、手を広げてください。」

テーブルの上に、ぼくは両手を置きました。きつねは、花のしるの入ったお皿と筆を持ってきました。そして、筆にたっぷりと青い水をふくませると、ゆっくり、ていねいに、ぼくの指を染め始めました。やがて、ぼくの親指と人差し指は、ききょう色になりました。

「さあ、できあがり。さっそく、窓を作ってごらんなさい。」

ぼくは、胸をときめかせて、ひし形の窓を作りました。そして、Ⓑそれを、おそるおそる目の上にかざしました。

すると、ぼくの小さな窓の中には、一人の少女の姿が映りました。花がらのワンピースを着て、リボンの付いたぼうしをかぶって。それは、見覚えのある顔でした。目の下に、ほくろがあります。

（安房 直子「みんなと学ぶ 小学校 国語 六年上」学校図書）

(1) きつねがさびしくなくなったのはなぜですか。

（作った窓から、いつでも母さんの姿を見ることができるから。）

上の文章の「この窓」を、「作った窓」と言いかえているよ。

(2) きつねがうれしくてたまらないという顔をしたのはなぜですか。○をつけましょう。

（　）窓から、母さんの姿を見ることができたから。

（○）そんな窓がほしいなあと言ったから。

（　）ぼくの指がきれいに染まったから。

(3) Ⓐそことはどこですか。

（テーブルの上）

(4) 何の花のしるを使って染めましたか。

（ききょう）

(5) 染めた指は何指ですか。

（親指　と　人差し指）

(6) Ⓑそれとは何をさしていますか。

（ひし形の窓）

(7) 小さな窓には何が映りましたか。

（一人の少女の姿）

ファイト！

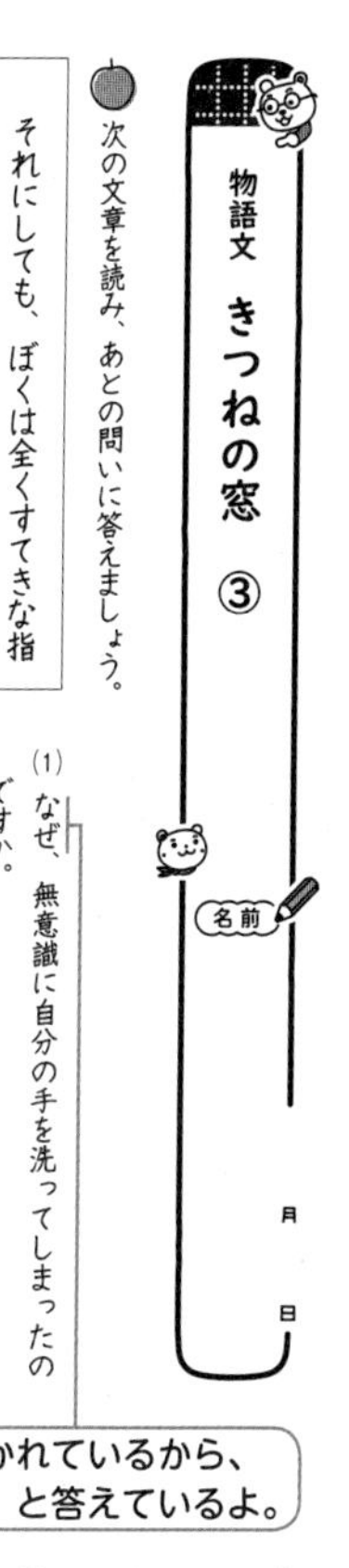

物語文 きつねの窓 ③

次の文章を読み、あとの問いに答えましょう。

それにしても、ぼくは全くすてきな指を持ちました。この指はいつまでも大切にしたいと思いながら、ぼくは、林の道を歩いていきました。

ところが、小屋に帰って、ぼくがいちばん先にしたことは、なんだったでしょう。ああ、ぼくは、全く無意識に、自分の手を洗ってしまったのです。それが、長い間の習慣だったものですから。

Ⓐいけない、と思った時は、もうおそすぎました。青い色は、たちまち落ちてしまったのです。洗い落とされたその指で、いくらひし形の窓をこしらえても、その中には、小屋の天井が見えるだけでした。

ぼくはその晩、もらったなめこを食べるのも忘れて、がっくりとうなだれていました。

次の日、ぼくは、もう一度きつねの家に行って、指を染め直してもらうことにしました。そこで、お礼にあげるサンドイッチをどっさり作って、すぎ林の中へ入っていきました。

Ⓑ、すぎ林は、行けども行けどもすぎ林。きょうの花畑など、どこにもありはしないのでした。

（安房直子『みんなと学ぶ 小学校 国語 六年上』学校図書）

がんばれ！

(1) なぜ、無意識に自分の手を洗ってしまったのですか。

（長い間の習慣だったから。）

(2) Ⓐいけないと思ったのは、ぼくが何をしたからですか。

（自分の手を洗ってしまったから。）

(3) ひし形の窓から何が見えましたか。

（小屋の天井）

(4) がっくりとうなだれたのはなぜですか。

（　）なめこを食べるのを忘れたから。
（○）染めた指を洗ってしまったから。
（　）もう一度きつねの家に行かなければならないから。

(5) 次の日ぼくは、どこに、何のために行こうとしましたか。

どこに……（きつねの家）
何のため…（指を染め直してもらうため。）

(6) サンドイッチは何のために作ったのですか。

（きつねへのお礼のため。）

(7) Ⓑにあてはまる言葉に○をつけましょう。

（　）そして
（○）けれど
（　）つまり

理由を聞かれているから、「〜から。」と答えているよ。

「何のため」と聞かれているから、「〜ため。」と答えているよ。

物語文 ヒロシマのうた ①

次の文章を読み、あとの問いに答えましょう。

わたしはそのとき、水兵だったのです。広島から三十キロばかりはなれた呉の山の中で、※1陸戦隊の訓練を受けていたのです。そしてアメリカの飛行機が※2原爆を落とした日の夜、七日の午前三時ごろ、広島の町へ行ったのです。

町の空は、まだ燃え続けるけむりで、ぼうっと赤くけむっていました。ちろちろと火の燃えている道を通り、広島駅の裏にある東練兵場へ行きました。

Ⓐああ、そのときのおそろしかったこと。広い練兵場の全体が、黒々と、死人と、動けない人のうめき声で、うずまっていたのです。

（今西祐行『新しい国語 六』東京書籍）

※1 海軍が、陸上での戦とうのためにつくった軍隊。
※2 「原子爆弾」のこと。一九四五年八月六日午前八時十五分に落とされた。

(1) いつのときの話ですか。○をつけましょう。

（○）アメリカの飛行機が原爆を落としたとき
（　）わたしが軍隊に入り、水兵になったばかりのとき
（　）わたしが初めて陸戦隊の訓練を受けたとき

(2) 陸戦隊の訓練の場所はどこですか。

呉の（山の中）

(3) 広島の町へ行ったのは、いつですか。

（一九四五）年（八）月（七）日 午前（三）時ごろ

ガンバレ ガンバレ！

(4) (3)のときの町の空の様子を書いた文を、書きぬきましょう。

町の空は、まだ燃え続けるけむりで、ぼうっと赤くけむっていました。

(5) わたしたちは、広島の町のどこへ行ったと書かれていますか。

（広島）駅の裏の（東練兵場）

(6) (5)のところへ行くとき、どんな道を通りましたか。

（ちろちろと火の燃えている）道

(7) Ⓐああは、どんなことを表していますか。正しいものに○をつけましょう。

（　）ため息が出るほど、おそろしかった。
（○）言葉では説明できないほど、おそろしかった。
（　）不思議でたまらないほど、おそろしかった。

(8) (7)のように思ったのはなぜですか。

広い練兵場の全体が、黒々と、死人と、動けない人のうめき声で、うずまっていたから。

文章からそのまま書きぬこう。

理由を聞かれているから、「〜から。」と答えているよ。

物語文　ヒロシマのうた　②

名前　　月　日

次の文章を読み、あとの問いに答えましょう。


「ありがとうございました。ありがとうございました。ミ子ちゃんは元気で、助かったのですね。」

わたしは思わず独り言を言って、独りで手紙に頭を下げました。

それにしても、遠くにはなれているわたしは、どうすればいいのか分かりませんでした。Ⓐわたしはすぐにも飛んでいって、ミ子ちゃんに会ってみたいと思いました。でも、わたしも勤め人です。そう勝手に休むわけにもいきません。

わたしはすぐ返事を書きました。夏まで待ってください。夏になったら、きっと休みをもらって、広島へ行きます。広島でお会いして、いろいろわたしにできることなら相談いたしましょう。そういう返事を出しました。

その年の夏、ちょうどあの日のように朝からぎらぎらと暑い日、広島の駅で、わたしたちは会いました。赤いズックぐつに、セーラー型のワンピースを着ている一年生というのが、目印でした。わたしは、白いワイシャツにハンチング、こん色のズボンというのが目印の約束でした。すぐに分かりました。


（今西 祐行「新しい国語 六」東京書籍）

⑶の答え

⑴ わたしがひとりで手紙に頭を下げた理由を表す文になるように、[　]から言葉を選び、(　)に書きましょう。
(ミ子ちゃん)を助け、(元気)に育ててくれたことに対する深い(感謝)の気持ちから。
[感謝　ミ子ちゃん　元気]

⑵ Ⓐのように思ったわたしですが、どうしましたか。(　)にあう言葉を書きましょう。
(勤め人)なので、そう(勝手に休む)わけにもいかず、すぐには行けなかった。

⑶ 書いた返事の内容が書いてあるところに〰〰を引きましょう。

⑷ わたしは、いつ広島へ行くと返事を出しましたか。
(夏)

⑸ それぞれの目印や特ちょうを、三つずつ書きましょう。
ミ子ちゃん……(赤いズックぐつ)(セーラー型のワンピース)(一年生)
わたし……(白いワイシャツ)(ハンチング)(こん色のズボン)

ファイト！

物語文　ヒロシマのうた　③

名前　　月　日

次の文章を読み、あとの問いに答えましょう。


その日は、わたしも洋裁学校の一部屋にとめてもらいました。わたしが起きると、ヒロ子ちゃんのお母さんが出てきて、

「ゆうべ、あの子はねないんですよ。」

と言うのです。

「Ⓐやっぱり。」

と、わたしが心配そうに言うと、

「いいえねえ、あなたにワイシャツを作ってたんですよ。見てやってください。」

Ⓑそう言って、うれしそうに、紙に包んだワイシャツを、こっそり見せるのです。

「ないしょですよ。見せたなんて言ったら、しかられますからね。」

そっと広げてみると、そのワイシャツのうでに、小さな、きのこのような原子雲のかさと、その下に、S・Iと、わたしのイニシャル（頭文字）が水色の糸でししゅうしてあるのです。

「よかったですね。」

「ええ、おかげさまで、もう何もかも安心ですもの……。」

お母さんはそう言って、笑いながらも、そっと目をおさえるのでした。

わたしはその日の夜、広島駅で、汽車が出るときに、窓からⒸそれを受け取りました。わたしはそれを胸にかかえながら、いつまでも十五年の年月の流れを考え続けていました。

Ⓓ汽車はするどい汽笛を鳴らして、上りにかかっていました。


（今西 祐行「新しい国語 六」東京書籍）

⑴ わたしは、どこにとまりましたか。
(洋裁学校)の一部屋

⑵ Ⓐやっぱりという言葉から、わたしは、ヒロ子ちゃんがねなかった理由を、はじめ、どう考えたことがわかりますか。記号で答えましょう。
(イ)
ア おそくまで遊んでいた。
イ わたしの言ったことのせいでねられなかった。
ウ わたしにワイシャツを作っていた。

⑶ ヒロ子ちゃんがねなかった本当の理由は、⑵のアイウのどれですか。
(ウ)

⑷ ヒロ子ちゃんのお母さんは、なぜⒷのようにしたのですか。[　]から言葉を選び、(　)に書きましょう。
(お母さん)は、(ヒロ子ちゃん)が、悲しみをのりこえて、お世話になった人に、精いっぱいの(感謝)を伝えようとするまでに(成長)したことがとてもうれしかったから。
[成長　ヒロ子ちゃん　感謝　お母さん]

⑸ Ⓒそれとは、何ですか。文中から五字で書きぬきましょう。
ワイシャツ

⑹ Ⓓの文が暗示していることに○をつけましょう。
(　)これまでのヒロ子ちゃんの深い悲しみ
(　)今のヒロ子ちゃんのつらさ
(○)これからのヒロ子ちゃんの強くたくましい生き方

伝記 イーハトーヴの夢 ①

名前　　月　日

次の文章を読み、あとの問いに答えましょう。

Ⓐ「いねの心が分かる人間になれ。」

それが生徒たちへの口ぐせだった。

また、こんな言葉を覚えている教え子もいる。

「農学校の『農』という字を、じっと見つめてみてください。『農』の字の上半分の『曲』は、大工さんの使う曲尺のことです。そして下の『辰』は、時という意味です。年とか季節という意味もあります。」

曲尺というのは、直角に曲がったものさしのことだ。それを使うと、一度に二つの方向の寸法が測れる。だから賢治の言葉は、「その年の気候の特徴を、いろんな角度から見て、しっかりつかむことが大切です。」という意味になる。

また賢治は、春、生徒たちと田植えをしたとき、田んぼの真ん中に、ひまわりの種を一つぶ植えたこともあった。すると、真夏、辺り一面ただ平凡な緑の中に、Ⓑそれが見事に花を開く。

「田んぼが、詩に書かれた田んぼのように、かがやいて見えましたよ。」

と、昔の教え子たちが言う。

苦しい農作業の中に、楽しさを見つける。工夫することに、喜びを見つける。そうして、未来に希望を持つ。Ⓒそれが、先生としての賢治の理想だった。

（畑山 博『国語六 創造』光村図書）

(1) Ⓐは、だれの言葉ですか。
（賢治）

(2) Ⓐの意味として、正しいものに○をつけましょう。
（○）いねがよく育つために、そのときどきでいねが何を必要としているかを考えられる人間になりなさい。
（　）いねをよく育てるために、自分の心が何を考えているか分かる人間になりなさい。
（　）いねの心が分かるといねが何を考えているかが分かるので、そんな人間になりなさい。

(3) 「曲尺」とは何ですか。
（直角に曲がったものさし（のこと。））

(4) 「曲尺」を使うと、どんなことができますか。
（一度に二つの方向の寸法が測れる。）

(5) Ⓑそれが見事に花を開くについて、次の問いに答えましょう。
① 「それ」とは何ですか。文中から四字で書きぬきましょう。
ひまわり
② Ⓑのとき、教え子たちには、田んぼがどう見えましたか。
（詩に書かれた田んぼ）のように、（かがやいて）見えた。

(6) Ⓒそれが指し示す文章の、初めと終わりを五字ずつ□に書きましょう。
① 初め……苦しい農作
② 終わり……希望を持つ。

伝記 イーハトーヴの夢 ②

名前　　月　日

次の文章を読み、あとの問いに答えましょう。

賢治がイーハトーヴの物語を通して追い求めた理想。Ⓐそれは、人間がみんな人間らしい生き方ができる社会だ。それだけでなく、人間も動物も植物も、たがいに心が通い合うような世界が、賢治の夢だった。一本の木にも、身を切られるときの痛みとか、日なたぼっこのここちよさとか、いかりとか、思い出とか、Ⓑそういうものがきっとあるにちがいない。賢治は、その木の心を自分のことのように思って、物語を書いた。

Ⓒ、時代は、Ⓓ賢治の理想とはちがう方向に進んでいた。さまざまな機械の自動化が始まり、鉄道や通信が発達した。なんでも、早く、合理的にできることがよいと思われるような世の中になった。そんな世の中に、賢治の理想は受け入れられなかった。

初めのころ、賢治は、自分が書いた童話や詩の原稿をいくつかの出版社に持ちこんだ。でも、どの出版社でも断られた。しかたなく、賢治は、自分で二冊の本を出す。童話集「注文の多い料理店」、詩集「春と修羅」。でも、これもほとんど売れなかった。それどころか、ひどいⒺ批評の言葉が返ってくる。自分の作品が理解されないことに、賢治は傷ついた。次に出すつもりで準備を整えていた詩集も、出すのをやめた。

（畑山 博『国語六 創造』光村図書）

(1) Ⓐそれとは何ですか。
賢治が（イーハトーヴの物語）を通して（追い求めた理想）

(2) Ⓑそういうものについて、書かれた順に書きましょう。
①（身を切られるときの痛み）
②（日なたぼっこのここちよさ）
③（いかり）
④（思い出）

(3) Ⓒにあてはまる言葉に、○をつけましょう。
（　）それで　（○）けれども
（　）けっして　（　）いわゆる

(4) Ⓓは、どんな世の中になっていったということですか。□にあう漢字を書きましょう。
早さが求められ、合理的にできることがよいとされる世界。

(5) Ⓔ批評の意味として、正しいものに○をつけましょう。
（　）良い点だけを見つけ、なぜそれを選んだかを述べる。
（　）悪い点だけを見つけ、なぜそれを選んだかを述べる。
（○）良い点、悪い点などを示して、自分の考えを述べる。

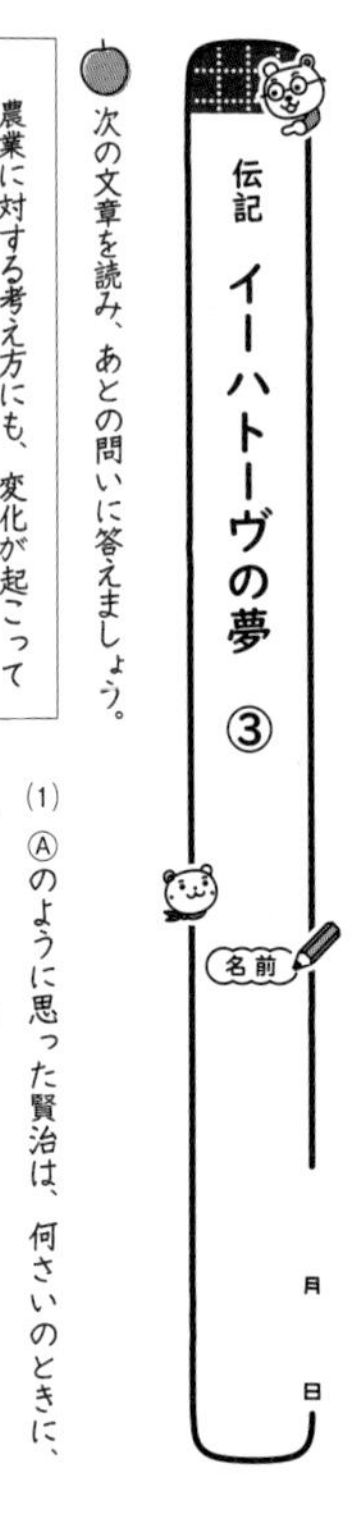

伝記　イーハトーヴの夢　③

名前　　月　日

次の文章を読み、あとの問いに答えましょう。

農業に対する考え方にも、変化が起こっていた。

Ⓐ「一度に大勢の生徒を相手に理想を語ってもだめだ。理想と現実の農業はちがう。実際に自分も農民になって、自分で耕しながら人と話さなければ。」そう思った賢治は、三十さいのとき農学校をやめ、「羅須地人協会」という協会を作る。農家の若者たちを集め、自分も耕しながら勉強する。それが賢治の目的だった。

協会に集まった農村の青年は三十人ほど。そこで賢治は、農業技術を教え、土とあせの中から新しい芸術を生み出さなければならないことを語った。農民の劇団を作ったり、みんなで歌やおどりを楽しんだりした。

毎日、北上川沿いのあれ地を耕し、真っ黒に日焼けし、土のにおいをぷんぷんさせる賢治。でもそれは、長くは続かなかった。病気のために、ねこんでしまったのだ。

羅須地人協会は、二年ほどで閉じなければならなくなった。でも次の年、病気が少しよくなると、起き出して村々を歩き回った。「あなたのこの田んぼは、こういう特徴があるから、今年は、こういう肥料をこのくらいやりなさい。」と、一人一人に教えてあげるボランティアだ。同時に、賢治は、Ⓑ石灰肥料会社の共同経営者になって、セールスに歩き回る。石灰肥料は土地改良に役立つものだったので、それを広めることが農民のためになると考えたのだ。岩手県内だけでなく、東北一帯を、毎日毎日飛び回った。

（畑山 博「国語六 創造」光村図書）

(1) Ⓐのように思った賢治は、何さいのときに、どうしましたか。

（三十）さいのとき、（農学校）をやめ、ある（協会）を作った。

(2) 賢治が「羅須地人協会」を作った目的を書いた文を書きぬきましょう。

（農家の若者たちを集め、自分も耕しながら勉強する。）

(3) 「羅須地人協会」で、賢治がしたことを書きましょう。

① （農業技術　を教えた。）
② （土とあせの中から新しい芸術を生み出さなければならないこと　を語った。）
③ （農民の劇団　を作った。）
④ （みんなで　歌やおどり　を楽しんだりした。）
⑤ （毎日、北上川沿いのあれ地を耕した。）

(4) 賢治がⒷになったのは、どのように考えたからですか。

（石灰肥料は土地改良に役立つものだったので、それを広めることが農民のためになると考えたから。）

文章からそのまま書きぬこう。

「どのように考えたから」と聞かれているから、「〜と考えたから。」と答えているよ。

説明文　イースター島にはなぜ森林がないのか　①

名前　　月　日

次の文章を読み、あとの問いに答えましょう。

今から約千六百年前、ポリネシア人たちが、それまでだれ一人として人間が上陸したことのなかったイースター島に上陸したとき、島はヤシ類の森林におおわれていた。いずれの大陸からも遠くはなれたこの島には、ほ乳動物は生息せず、空を自由に飛ぶことのできる鳥類が数多くすみ着いていた。

ほ乳動物が生息していなかったのは、太平洋の真っただ中に火山の噴火でできたこの小さな島に、泳いでたどり着くことのできるほ乳動物がいなかったからである。

ポリネシア人たちは、イースター島にたどり着いた初めてのほ乳動物だったといってもよいのだが、実はそのとき、もう一種類、別のほ乳動物が、ひそかに上陸していたのである。それは、ポリネシア人たちが、長い船旅の間の食りょうとするために船に乗せていた、ラットである。

島に着いた船からにげ出したラットは、この島で野生化し、Ⓐまたたく間に島中に広がっていったらしい。やがて、このラットの子孫が、ポリネシア人たちの子孫と島をおおう森林に大きなわざわいをおよぼすことになる。だが、長い船旅の末ようやくこの島にたどり着いたポリネシア人たちにとって、ラットの船からの逃走など、Ⓑほんのささいな出来事であったにちがいない。

（鷲谷 いづみ「新しい国語 六」東京書籍）

(1) 人間が初めてイースター島に上陸したのは、今から何年前ですか。

（約千六百年前）

(2) (1)のとき、島は何におおわれていましたか。

（ヤシ類の森林）

(3) イースター島にほ乳動物が生息していなかったのはなぜですか。

（太平洋）の真っただ中にある島のため、どんなほ乳動物も（泳いで）たどり着くことができなかったから。

(4) 人間以外に上陸したほ乳動物は何ですか。

（ラット）

(5) (4)の動物は何のために船に乗せていたのですか。

（長い船旅の間の食りょうとするため。）

「何のため」かを聞かれているから、「〜ため。」と答えているよ。

(6) Ⓐまたたく間にと同じ意味の言葉に○をつけましょう。

（　）思った以上に
（　）知らないうちに
（○）たちどころに

(7) Ⓑほんのささいな出来事とは、どんなことですか。

（ラットが船から逃走）したこと。

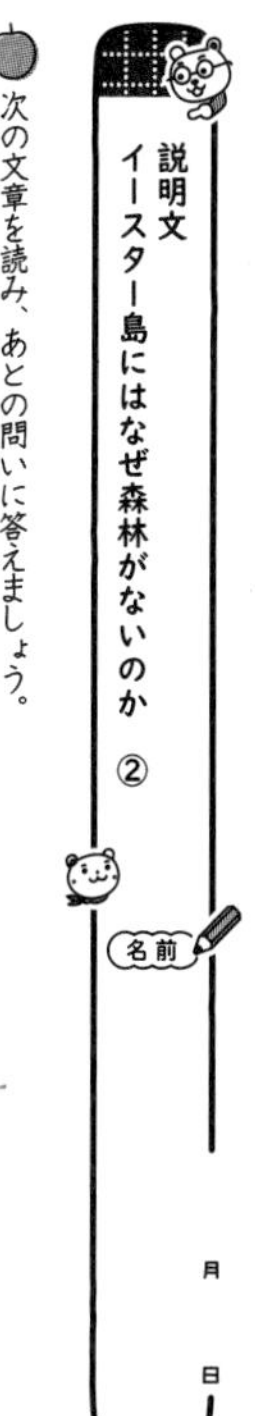

説明文 イースター島にはなぜ森林がないのか ②

名前　　月　日

次の文章を読み、あとの問いに答えましょう。

イースター島から森林が失われた大きな原因は、この島に上陸して生活を始めた人々が、さまざまな目的で森林を切り開いたことである。

[①]、農地にするために森林が切り開かれた。

安定した食りょう生産を行うためには、農作物をさいばいするための農地を開こんしなければならない。「花粉分析」の結果、島の堆積物の中にふくまれる樹木の花粉が時代とともにしだいに減少したことが明らかになっている。

[②]、丸木船を作るために、森林から太い木が切り出された。

イースター島が緑の森林におおわれていたころ、森林には丸木船を作るのに十分な太さのヤシの木がたくさん生えていた。その木を切りたおして作った丸木船をこいで、島の漁師たちは、サメなどの大きな魚をとらえていたのである。また、島に住む人々は、この丸木船に乗って、島から四百キロメートルもはなれた無人島まで行き、そこに生息するⒶ無尽蔵ともいえる海鳥をとらえて食りょうにすることもできた。

[③]、食りょう生産との関わりが深いこれらの目的に加え、宗教的・文化的な目的でも森林が伐採された。

（鷲谷 いづみ「新しい国語 六」東京書籍）

(1) イースター島から森林が失われた大きな原因は何ですか。

（島に上陸して生活を始めた人々が、さまざまな目的で森林を切り開いたこと。）

(2) 森林が切り開かれた目的は何ですか。三つ書きましょう。※順不同

（農地にするため。）

（丸木船を作るため。）

（宗教的・文化的な目的）

(3) 丸木船は、何の木から作りましたか。

（ヤシの木）

(4) 上の文章の①～③にあてはまる言葉を、[ ]から選んで書きましょう。

①（まず）　②（次いで）　③（さらに）

[もし　でも　まず　さらに　だから　次いで]

(5) 切りたおして作った丸木船をこいで何をとりにいきましたか。二つ書きましょう。※順不同

（サメなどの大きな魚）（海鳥）

(6) Ⓐ無尽蔵とはどんな意味ですか。○をつけましょう。

（　）とてもめずらしいこと

（　）きわめて大きいこと

（○）いくらでもあること

説明文 イースター島にはなぜ森林がないのか ③

名前　　月　日

次の文章を読み、あとの問いに答えましょう。

ラットは、人間以外のほ乳動物のいない、すなわち、えさをうばい合う競争相手も天敵もいないこの島で、爆発的にはんしょくした。そのラットたちがヤシの実を食べてしまったために、新しい木が芽生えて育つことができなかったようなのである。

このようにして、三万年もの間自然に保たれてきたヤシ類の森林は、伐採という人間による直接の森林破壊と、人間が持ちこんだ外来動物であるラットがもたらした生態系へのえいきょうによって、ポリネシア人たちの上陸後、わずか千二百年ほどで、ほぼ完ぺきに破壊されてしまったのである。

一七二二年に、初めてヨーロッパ人がこの島をおとずれたとき、島の繁栄も、豊かな森林も、すでに過去のものとなっていた。木は切りつくされて森林はなく、その結果、むき出しとなった地表の土が雨や風に流され、畑はやせ細っていたのである。

農業生産がふるわないだけではない。漁に必要な丸木船を作る材木がなくなってしまったため、かつてのように、魚や海鳥をとることもできなくなっていたのである。

[Ⓐ]のことながら、島は深刻な食りょう不足におちいっていた。食りょうをうばい合う村どうしの争いが絶えず、島の人口も、最も栄えていたころの三分の一にまで減少していた。

（鷲谷 いづみ「新しい国語 六」東京書籍）

(1) ラットが島で爆発的にはんしょくしたのはなぜですか。

（えさをうばい合う競争相手も天敵もいなかったから。）

「人間以外のほ乳動物がいない」ことを、よりくわしく述べているのがこの文だね。

(2) 新しい木が芽生えて育たなかったのは、ラットが何を食べたからだと考えられますか。

（ヤシの実）

(3) ヤシ類の森林が破壊された原因を二つ書きましょう。※順不同

（伐採という人間による直接の森林破壊）

（人間が持ち込んだ外来動物であるラットがもたらした生態系へのえいきょう）

(4) ヨーロッパ人が島をおとずれたときの森林と畑の様子を書きましょう。

森林…（木は切りつくされていた。）

畑……（やせ細っていた。）

(5) 魚や海鳥をとることもできなくなったのはなぜですか。

（漁）に必要な（丸木船）を作る（材木）がなくなってしまったため。

(6) Ⓐにあてはまる言葉に○をつけましょう。

（　）いつも

（　）おどろき

（○）当然

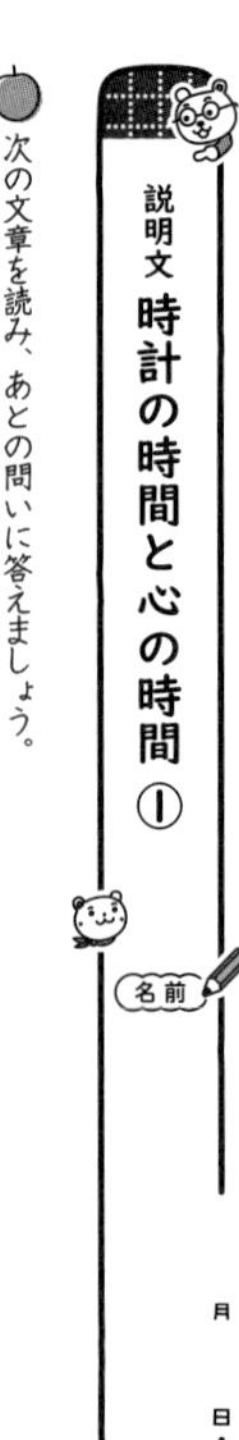

説明文 時計の時間と心の時間①

名前　　月　日

次の文章を読み、あとの問いに答えましょう。

みなさんが「時間」と聞いて思いうかべるのは、きっと時計が表す時間のことでしょう。私はこれを、「時計の時間」とよんでいます。「時計の時間」は、もともとは、地球の動きをもとに定められたもので、いつ、どこで、だれが計っても同じように進みます。[Ⓐ]、「心の時間」は、ちがいます。「心の時間」とは、私たちが体感している時間のことです。みなさんは、あっというまに時間が過ぎるように感じたり、なかなか時間がたたないと思ったりしたことはありませんか。私たちが感じている時間は、いつでも、どこでも、だれにとっても、同じものとはいえません。「心の時間」には、さまざまな事がらのえいきょうを受けて進み方が変わったり、人によって感覚がちがったりする特性があるのです。

分かりやすい例が、「その人がそのときに行っていることをどう感じているか」によって、進み方が変わる」というものです。みなさんも、楽しいことをしているときは時間がたつのが速く、たいくつなときはおそく感じたという経験があるでしょう。このようなことが起こるのは、時間を気にすることに、時間を長く感じさせる効果があるためだと考えられています。

（一川 誠「国語六 創造」光村図書）

(1) 時計の時間とは何をもとに定められたものですか。
（地球の動き）

(2) Ⓐにあてはまる言葉に○をつけましょう。
（○）しかし
（　）さらに
（　）とくに

(3) 心の時間とはどんな時間ですか。
（私たちが体感している時間）

(4) いつ、どこで、だれが計っても同じなのは、時計の時間ですか、心の時間ですか。
（時計の時間）

(5) 時間がたつのが速く感じるのはどんなときですか。
（楽しいことをしているとき。）

(6) 時間がたつのがおそく感じるのはどんなときですか。
（たいくつなとき。）

(7) 時間を気にすることには、どんな効果がありますか。
（時間を長く感じさせる効果）

「どんなとき」と聞かれているから、「〜とき。」と答えているよ。

説明文 時計の時間と心の時間②

名前　　月　日

次の文章を読み、あとの問いに答えましょう。

一日の時間帯によっても、「心の時間」の進み方は変わります。実験①はこの変化について調べたものです。実験の参加者に、一日四回、決まった時刻に、時計を見ないで三十秒の時間を計ってもらい、そのとき「時計の時間」がどのくらい経過していたかを記録してもらいました。実験①のグラフは、それぞれの時刻ごとに、記録の平均を示したものです。グラフを見ると、感じた時間は同じ三十秒でも、朝や夜は、昼に比べて長い時間がたっていたことが分かります。[Ⓐ]、昼よりも時間が速くたつように感じているということなのです。これは、その時間帯の体の動きのよさと関係があると考えられています。私たちの体は、朝、起きたばかりのときや、夜、ねる前には、動きが悪くなります。すると、昼間であればすぐにできることでも、時間がかかるので、あっというまに時間が過ぎるように感じるのです。

（一川 誠「国語六 創造」光村図書）

ぼくも実験してみようかな！

同じ「時間」なのに、不思議ね。

(1) 心の時間の進み方は、何によっても変わると述べられていますか。
（一日の時間帯）

(2) 実験①は、どんな実験ですか。
一日（四）回、（決まった）時刻に（時計を見ない）で（三十秒）の時間を計り、記録する。

(3) 実験の結果から、時間が速くたつように感じるのは、昼ですか、朝や夜ですか。
（朝や夜）

(4) 心の時間の進み方が変わるのは、何と関係がありますか。
（その時間帯の体の動きのよさ）

(5) Ⓐにあてはまる言葉に○をつけましょう。
（　）しかし
（○）つまり
（　）さらに

(6) 私たちの体の動きが悪くなるのは一日のうちいつですか。
（朝、起きたばかりのときや、夜、ねる前）

(7) (6)のとき、Ⓑあっというまに時間が過ぎるように感じるのはなぜですか。
（昼間であればすぐにできることでも、時間がかかるから。）

理由を聞かれているから、「〜から。」と答えているよ。

次の文章を読み、あとの問いに答えましょう。

さらに、「心の時間」には、人によって感覚が異なるという特性があります。ここで、Ⓐ簡単な実験をしてみましょう。机を指でトントンと軽くたたいてみてください。しばらくの間、くり返したたくうちに、Ⓑ自分にとってここちよいテンポが分かってくるでしょう。このテンポは人によって異なるもので、歩く速さや会話での間の取り方といった、さまざまな活動のペースと関わりがあることが分かっています。そして、このペースと異なるペースで作業を行うと、ストレスを感じるという研究もあります。みんなで同じことをしていても、私たちは、それぞれにちがう感覚で時間と向き合っているのです。

ここまで見てきたように、「心の時間」は、心や体の状態、身の回りの環境などによって、進み方がちがってきます。また、私たちはそれぞれにちがう「心の時間」の感覚をもっています。そうした、「心の時間」のちがいをこえて、私たちが社会に関わることを可能にし、社会を成り立たせているのが「時計の時間」なのです。このことから、「時計の時間」が、私たちにとっていかに不可欠なものであるかが分かります。それと同時に、「時計の時間」と「心の時間」には、必ずずれが生まれることにも気づくでしょう。「心の時間」の感覚のちがいもあわせて考えれば、いつも正確に「時計の時間」どおりに作業し続けたり、複数の人が長い時間、同じペースで作業を進めたりすることは、とても難しいことだと分かります。

（一川 誠「国語六 創造」光村図書）

(1) 心の時間には、どんな特性がありますか。

（人によって感覚が異なるという特性）

(2) Ⓐ簡単な実験とは、どんな実験ですか。

（机）を（指）で軽く（たたく）実験

(3) Ⓑ自分にとってここちよいテンポと関わりのあるふだんの活動を、二つ書きましょう。 ※順不同

（歩く速さ）

（会話での間の取り方）

(4) 作業を行うときストレスを感じるのはどんなときだと書いていますか。○をつけましょう。

（　）その作業が難しいとき。

（○）自分のペースと異なるペースで作業を行うとき。

（　）その作業に多くの時間がかかるとき。

(5) 上の文章からわかることに○をつけましょう。

（○）時計の時間と心の時間には、ずれが生まれる。

（　）時計の時間と心の時間は、それぞれ自分にあうものを使うとよい。

（　）時計の時間と心の時間には、ずれがあるので、正確に作業し続けることのできる時計の時間にしたがうのがよい。

(6) 「なくてはならない」「必要だ」という意味の言葉を文中から三字で書きぬきましょう。

不可欠

説明文 AIで言葉と向き合う ①

名前　月　日

次の文章を読み、あとの問いに答えましょう。

AIとは、人の知能の働きを人工的に実現しようとしたもののことをいいます。それは、ある情報を、あらかじめコンピュータにデータとして入力し、そのデータをもとに、類似する事例を認識したり、論理的に判断したりするためのプログラムとして作られています。

では、「感覚」という人の知能の働きについても、AIが実現することは可能なのでしょうか。感覚に着目して、人の知能と人工知能の関係をさぐりながら、その過程を見ていきましょう。

みなさんは、人前で話したり、歌やダンスなどを発表したりするとき、「緊張してむねがどきどきした。」と言ったことがあるでしょう。このときの「どきどき」のような、音や物事の様子を表した言葉のことを、「オノマトペ」といいます。オノマトペには、「①」など耳で聞いたことを表す言葉、「②」など目で見たことを表す言葉、「③」や「④」などものの手ざわりを表す言葉、「⑤」など鼻でかいだにおいを表す言葉、「⑥」など食べたときの食感や味を表す言葉などがあり、私たちはオノマトペを使って、自分の感覚を伝えることができます。日本語は、外国語と比べてこのようなオノマトペが多く、表現方法が豊かだといわれています。Ⓐそのため、私たちは、細かな感覚のちがいも、オノマトペを使い分けることで表現できていると言えるかもしれません。Ⓑ、なぜ人は、オノマトペを使って細かな感覚のちがいを表現することができるのでしょう。

（坂本 真樹「みんなと学ぶ 小学校 国語 六年上」学校図書）

(1) AIとは何ですか。

（人の知能の働きを人工的に実現しようとしたもの（のこと）。）

(2) 上の文章の①～⑥にあてはまるオノマトペを、□から選んで書きましょう。

①（ざわざわ）　②（きらきら）
③（さらさら）　④（ざらざら）
⑤（つうん）　⑥（こってり）

※③④順不同

きらきら　こってり　さらさら　ざらざら　ざわざわ　つうん

(3) 私たちがオノマトペを使って伝えることができるのは何ですか。

（自分の感覚）

(4) Ⓐそのためとは、何をさしていますか。

（日本語は、外国語と比べてオノマトペが多く、表現方法が豊かである　ため。）

(5) Ⓑにあてはまる言葉に○をつけましょう。

（　）もし

（○）では

（　）また

(6) 文章の内容とあうものに○をつけましょう。

（　）オノマトペは体に関するものしかない。

（○）オノマトペを使い分けて細かな感覚のちがいを表現できていると言える。

（　）外国語は日本語よりもオノマトペが多い。

説明文 AIで言葉と向き合う②

名前　　月　日

次の文章を読み、あとの問いに答えましょう。

私はまず、人の感覚を表すオノマトペを、数値化するシステムを作ることにしました。Ⓐそのシステムについて、少しふれてみましょう。言葉はふつう、考えや気持ち、そのものの名前や意味を表すものですが、状況によってさまざまな伝わり方をすることがあります。そのため、言葉そのものに基準を決めて数値化するのには向いていません。一方、オノマトペはその音のもつ意味を一つ一つ分析した研究データがあるので、ある程度、だれにでも分かりやすいように数値で示すことができます。例えば、日本人は、「ふ」や「わ」など、一つ一つの文字に対する音の印象について、言葉をこえた感覚をもっています。また、「ふ」が「ふわふわ」や「ふにゃふにゃ」などのやわらかさを表現するときによく使われる音であることを、経験的に理解しています。

このような、言葉を音にした印象を、感覚的に理解する人間の特性を生かし、文字を一つ一つデータ化することにしました。そして、それぞれのオノマトペについて、Ⓑ「明るい⇕暗い」、「温かい⇕冷たい」、「厚い⇕うすい」などの印象を、四十三項目挙げて評価することで、オノマトペを数値化することに成功しました。

（坂本 真樹「みんなと学ぶ 小学校 国語 六年上」学校図書）

(1) Ⓐそのシステムとは、どんなシステムですか。

（人の感覚を表すオノマトペを、数値化する）システム

(2) 言葉はふつう何を表すものですか。四つ書きましょう。※順不同

（考え）（気持ち）
（名前）（意味）

(3) オノマトペが数値で示しやすいのはなぜですか。

（その音のもつ意味を一つ一つ分析した研究データがあるから。）

理由を聞かれているから、「〜から。」と答えているよ。

(4) 「ふ」という文字は、何を表現するときによく使われますか。

（やわらかさ）

(5) 言葉に関する人間の特性とは、どんな特性ですか。

（言葉を音にした印象を、感覚的に理解する特性）

(6) それぞれのオノマトペについて、何項目を挙げて数値化しましたか。

（四十三）項目

(7) Ⓑのように、組になる言葉を作りましょう。

① 起立 ⇕ 着席
② 賛成 ⇕ 反対

がんばっているね♪

説明文 AIで言葉と向き合う③

名前　　月　日

次の文章を読み、あとの問いに答えましょう。

AIを生かしたこのシステムを使うことによって、人々の感性にうったえることのできるオノマトペを、確かめたり作ったりすることが可能になりました。今後の実用化に向けて、このAIを使ったシステムは、さまざまなことに役立っていくのではないかと考えています。Ⓐ、新商品の名前や広告コピーなどが、人の感覚に合うように表現できているかどうかを確かめることができます。また、小説や歌詞、マンガなどに使うための新たな表現を生み出すこともできるでしょう。

AIを利用したオノマトペ生成システムから、私たちはふだん無意識に使っている言葉について、どのようなときに、どう使っているのかを自覚することができます。それによって、適した言葉の使い方を見いだしたり、日本語の良さやおもしろさを再発見したりすることもあるでしょう。

私たち人間は、言葉と向き合うことで、新しいイメージを広げ、自身の感性をみがくことができます。この人間独自のものである感性を、人工知能が作った言葉から受け取ってみるのも、おもしろいと思いませんか。今後も人間しかできないものといわれてきたさまざまなことに、AIの最新技術を取り入れることで、人間とAIが共存する新しい世界が開かれていくことでしょう。

（坂本 真樹「みんなと学ぶ 小学校 国語 六年上」学校図書）

(1) AIを生かしたシステムを使うことで可能になったことは何ですか。

（人々の感性にうったえることのできるオノマトペを、確かめたり作ったりすること。）

(2) AIを使ったシステムが実用化すると、どんなことができると考えられますか。二つ書きましょう。※順不同

（新商品の名前や広告コピーなどが、人の感覚に合うように表現できているかどうかを確かめること（ができる）。）
（小説や歌詞、マンガなどに使うための新たな表現を生み出すこと（ができる）。）

(3) Ⓐにあてはまる言葉に○をつけましょう。

（○）例えば
（　）特に
（　）反対に

(4) 私たちがオノマトペ生成システムによって再発見できることは何ですか。

（日本語の良さやおもしろさ）

(5) 上の文章からわかることに○をつけましょう。

（　）人間ではできないことをするのがAIのいちばんのよさである。
（　）AIの最新技術は人間のもつ感性をこえるようになった。
（○）人間がAIの技術を取り入れることで両者が共存する新しい世界が作られていく。

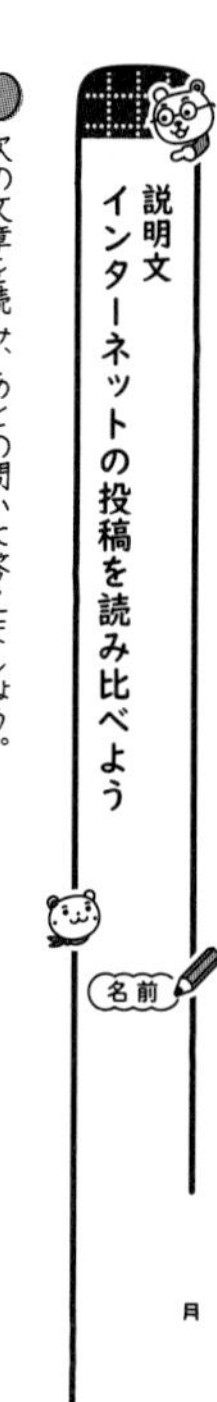

説明文 インターネットの投稿を読み比べよう

名前　　月　日

次の文章を読み、あとの問いに答えましょう。

インターネットには、多くの情報があふれています。わたしたちは、そこ①から情報を得るⒶだけでなく、情報を発信することもできます。インターネット上の掲示板（けいじばん）やブログ、SNS（エスエヌエス）などは、だれでも情報を受信したり発信したりすることができるもので、書き手と読み手が直接つながることができます。そこ②では、さまざまなテーマに対して意見がかわされていて、意見を投稿（とうこう）することでその議論（ぎろん）に参加することもできます。

だれかの投稿を読む際は、書き手の意見や主張を読み取るだけでなく、どのような理由からそう述べているのか、どのような事実や事例が挙げられているのかを考えることが大切です。書かれていることが正しい事実かどうかということはもちろん、理由付けの仕方や、事実や事例の挙げ方に説得力があるかどうかにも気をつけて、書き手の意見や主張に対する自分の考えを持つようにしましょう。

このことは、自分が意見を投稿する際にも大切です。述べたいことと、その理由付けとして適切な事実や事例を挙げることで、読み手を説得したり、多くの読み手に共感してもらったりⒷすることができるのです。

（『新しい国語 六』東京書籍）

(1) 文中の二行目のそこ①と、八行目のそこ②がしめすものを、それぞれ書きましょう。

① （インターネット）

② （インターネット上の掲示板（けいじ）やブログ、SNS）

(2) 情報を得るⒶの「得る」を文中の別の漢字二字で書きましょう。

［受信］する

(3) だれかの投稿を読む際に大切なのは、どんなことですか。三つに分けて書きましょう。

（書き手の意見や主張を読み取ること。）

（どのような理由からそう述べているのか考えること。）

（どのような事実や事例が挙げられているのかを考えること。）

※順不同

(4) Ⓑのために大切なことは何ですか。文中の言葉で書きましょう。

（述べたいこと）だけでなく、その（理由付け）として適切な（事実）や（事例）を挙げること。

(5) 文章の内容とあうものに○をつけましょう。

（　）インターネットに書かれていることは正しい事実である。

（　）投稿を読むときは書き手の意見や主張を読み取るだけでよい。

（○）インターネット上ではだれでも情報を受信、発信できる。

説明文 森へ ①

名前　　月　日

次の文章を読み、あとの問いに答えましょう。

朝の海は、深いきりに包まれ、静まりかえっⒶていました。聞こえるのは、カヤックのオールが水を切る音だけです。少し、風が出てきましⒷた。白い太陽が、ぼうっと現れては、消えてゆきます。ゆっくりと、きりが動いているのです。オールを止めると、カヤックは、鏡のような水面Ⓒをしばらくすべり、ミルク色の世界の中で、やがて動かなくなりました。きりの切れ間から、辺りを取りまく山や森が、ぼんやり見えています。たくさんの島々の間を通り、いつの間にか深い入り江（え）のおくまで来ていたのです。ここは、南アラスカからカナダにかけて広がる、原生林の世界です。

（星野 道夫「国語六 創造」光村図書）

(1) 朝の海の様子を書きましょう。

（深いきりに包まれ、静まりかえっていた。）

(2) 静まりかえってⒶの意味に○をつけましょう。

（　）少し静かになって

（　）だんだん静かになって

（○）すっかり静かになって

(3) Ⓐの中で聞こえるのは、何の音でしたか。

（カヤックのオールが水を切る音）だけ

(4) Ⓑによって変わる景色を書きましょう。

（白い太陽が、ぼうっと現れては、消えてゆく。）

(5) (4)のようになるのは、なぜですか。

（風で）ゆっくりと、きりが動いているから。

理由を聞かれているから、「〜から。」と答えているよ。

(6) なぜ、太陽が白く見えるのですか。

（深い）きり）が太陽にかかっているから。

(7) 鏡のような水面Ⓒという言葉からわかることに○をつけましょう。

（　）太陽の光がまぶしく反射している水面

（　）波がきらきらとかがやく水面

（○）波がなく、まわりの風景が映る（うつ）ほどの水面

(8) 太陽が白く見えるような、きりにおおわれた風景を何と表現していますか。七字で書きぬきましょう。

［ミ］［ル］［ク］［色］［の］［世］［界］

(9) 文中の言葉の説明になるように、□にあう言葉を□から選んで書きましょう。

① 入り江　［海］が［陸地］に入りこんだところ

② 原生林　［人］が手を加えていない、［自然］そのままの林

人　親　空　海　森林　陸地　自然

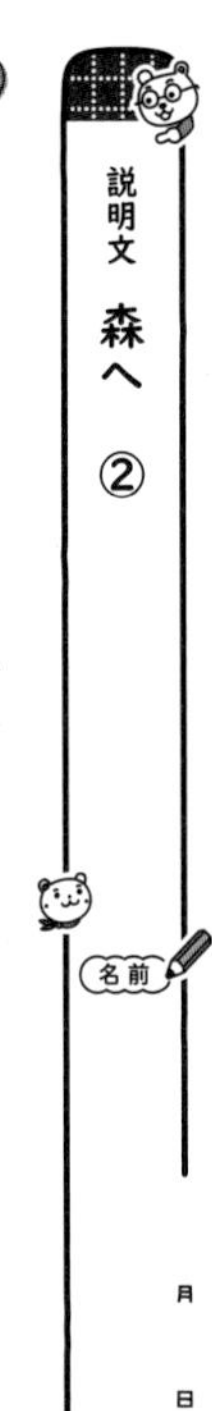

説明文 森へ ②

名前　　月　日

次の文章を読み、あとの問いに答えましょう。

Ⓐふっと前を見ると、対岸の岩の上から、クロクマの親子が、Ⓑじっとぼくを見ているではないですか。Ⓒぼくは、あわてて岸をかけ上がりました。すると、なんてことでしょう。川の上流にも下流にも、いつのまにか、クマがあちこちにいるのです。今、この森の川は、サケを食べに来るクマの世界でした。見上げれば、子グマが木の上でねています。どうして今まで気がつかなかったのだろう。Ⓓすでに一生を終えたサケが、たくさん流れてきています。

「サケが森を作る。」

アラスカの森に生きる人たちの古いことわざです。産卵を終えて死んだ無数のサケが、上流から下流へと流されながら、森の自然に栄養をあたえてゆくからなのです。

（星野 道夫「国語六 創造」光村図書）

(1) Ⓐふっと前を見るとについて、次の問いに答えましょう。

① 「ふっと」の意味に○をつけましょう。

（○）何の気なしに
（　）何かを意識して
（　）予定していたとおり

② Ⓐふっと前を見ると、何が見えましたか。

どこから（対岸の岩の上）から、
何が（クロクマの親子）が、
どうしていた（じっとぼくを見て）いた。

がんばっているね♪

(2) Ⓑの表現について、あてはまるものに○をつけましょう。

（　）疑問
（　）打ち消し
（　）感動
（○）おどろき

(3) クマは何のために森の川へ来るのですか。

（サケを食べるため。）

(4) クマがたくさんいる様子を、筆者はどんな言葉で表現していますか。

クマの世界

(5) Ⓒのようにすると、何が見えましたか。

（川）の（上流）や（下流）のあちこちにいる（クマ）

(6) Ⓓと同じような言葉を文中から見つけて書きましょう。

産卵を終えて死んだサケ

(7) アラスカの森に生きる人たちの古いことわざを書きましょう。

（サケが森を作る。）

(8) どうして、(7)のことわざのようなことが言えるのですか。

死んだサケは、流されながら、（森の自然）に（栄養）をあたえてゆくから。

説明文 森へ ③

名前　　月　日

次の文章を読み、あとの問いに答えましょう。

ぼくは、川をそっとはなれ、再び森の中に入ってゆきました。

不思議な光景に出会いました。地面に横たわる古い倒木※1の上から、巨木※2が一列にならんでのびているのです。それは、Ⓐきっとこんな物語があったのでしょう。

昔、一本のトウヒの木が年老いてたおれました。その木は死んでしまいましたが、まだ、たくさんの栄養をもっていました。長い年月の間に、その幹の上に落ちたⒷ幸運なトウヒの種子たちがいました。そこに根を下ろした種子たちは、倒木の栄養をもらいながら、さらに気の遠くなるような時間の中で、ゆっくりと大木に成長していったのです。Ⓒ［　］、年老いて死んでしまった倒木が、新しい木々を育てたのです。

それでやっと分かりました。森の中でときどき見かけた、根が足のように生えた不思議な姿の木のことです。その根の間に空いていた穴。それは、Ⓓ［　］をあたえつくして消えた倒木のあとだったのです。

目の前の倒木は、たくさんの大木の根にからまれ、今なおⒺ［　］をあたえ続けているようです。が、いつかはすっかり消えてゆくのです。ぼくはこけむした倒木にすわり、Ⓕそっと幹をなでてみました。

※1 倒木…たおれた木。　※2 巨木…大きな木。大木。

（星野 道夫「国語六 創造」光村図書）

(1) Ⓐの物語について書いてあるところの初めと終わりを五字ずつ書きましょう（読点も一字とします）。

昔、一本の〜てたのです。

(2) Ⓑの種子たちは、なぜ幸運だと言えるのですか。○をつけましょう。

（○）倒木に根を下ろして栄養をもらい、大木に成長できるから。
（　）土に根を下ろして栄養をもらい、大木に成長できるから。
（　）土に根を下ろして栄養をもらい、大木に栄養をあたえられるから。

(3) Ⓒにあてはまる言葉に○をつけましょう。

（　）そして
（　）しかし
（○）つまり
（　）または

(4) ⒹとⒺには同じ言葉が入ります。文中から漢字二字で書きぬきましょう。

栄養

(5) Ⓕのときの筆者の思いとして考えられるものに○をつけましょう。

（○）この幹は、いつかすっかり消えてゆくのだなあ。
（　）この幹は、たくさんのこけが生えているなあ。
（　）この幹は、すわるのに都合がいいなあ。

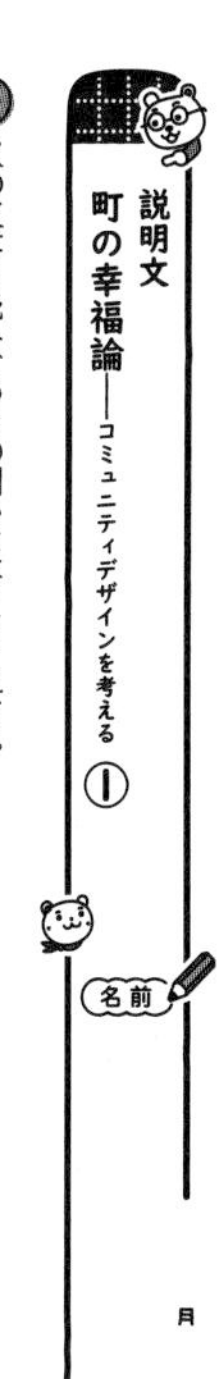

名前　　月　　日

次の文章を読み、あとの問いに答えましょう。

物やお金だけでは、町に住む人々の豊かさや幸福にはつながらない。そのときに重要になってくるのが「コミュニティデザイン」という考え方である。コミュニティとは、何らかの人のつながりによる共同体ともいえ、同じ地域に住んでいる人、あるいは同じ興味を持つ人どうしによるものなどがある。人と人とがつながる仕組みを作り、「町を元気にしていこう」という目的のもとにコミュニティを組織していくのが、コミュニティデザインといえるだろう。

地域に住む人々のつながりは、二〇一一年の東日本大震災によって、改めて重視されるようになった。災害が起きた後は、被災地の道路や住宅だけでなく、そこに住む人のコミュニティも同時に考えて町を復興していかなければならない。また、災害などの非常時にすばやくおたがいが助け合えるためには、人々のつながりが大切になる。そういった人のつながりは、家を建てるように簡単に作ることができない。そのため、日々のコミュニティ活動から、人々がつながる仕組みを作っていくことが必要になる。

（山崎 亮「新しい国語 六」東京書籍）

(1) 町に住む人々の豊かさや幸福に重要なのは、物やお金だけではなく、何という考え方ですか。

（「コミュニティデザイン」という考え方）

(2) コミュニティとは何ですか。文中から三字で書きぬきましょう。

共同体

(3) コミュニティの例を二つ挙げましょう。※順不同

（同じ地域に住んでいる人）

（同じ興味を持つ人どうしによるもの）

(4) コミュニティデザインとは何ですか。

（人と人とがつながる仕組み）を作り、（「町を元気にしていこう」）という目的のもとに（コミュニティを組織していく）こと

(5) 地域に住む人々のつながりが改めて重視されるようになった出来事は何ですか。

（東日本大震災）

(6) 文章の内容とあうものに○をつけましょう。

（　）災害後は、被災地の道路や住宅を復興させればよい。

（　）人とのつながりは災害に備えて仕組みを作るのがよい。

（○）日々のコミュニティ活動から人々がつながる仕組みを作ることが必要である。

そのちょうし！

名前　　月　　日

次の文章を読み、あとの問いに答えましょう。

では、そのようなコミュニティデザインでは、どんなことが重要になってくるのだろうか。実際の町作りの事例から考えてみよう。

まず重要になるのは、地域の住民たちが主体的に町作りに取り組むということである。コミュニティデザインの目的は、人のつながりを作ることにより、その地域の課題を解決することだ。そのためには、その地域に住む人たち自身が、課題に対して継続的、Ⓐ　に取り組んでいくことが必要である。ここではそんな二つの事例をしょうかいしたい。

一つ目の例は、焼き物で有名な栃木県益子町の土祭という祭りである。この祭りでは、芸術家による作品展示だけでなく、Ⓑ市民の手による陶芸体験、粘土の採掘場所の見学ツアーなどが行われる。祭りの企画、事前準備、運営に至るまで市民自らが中心となって取り組んだ結果、祭りの後にも引き続き町作りの活動に取り組むグループが生まれ、町作りの活動に取り組む人々のつながりが、さらに広がっていくこととなった。

（山崎 亮「新しい国語 六」東京書籍）

(1) コミュニティデザインの目的は何ですか。

（人のつながりを作ることにより、その地域の課題を解決すること。）

(2) Ⓐにあてはまる言葉に○をつけましょう。

（　）形式的

（　）表面的

（○）主体的

(3) 益子町は何で有名ですか。

（焼き物）

(4) 益子町の土祭で行われることを三つ書きましょう。※順不同

（芸術家による作品展示）

（市民の手による陶芸体験）

（粘土の採掘場所の見学ツアー）

(5) Ⓑ市民の手の「手」と同じ使い方をしているものに○をつけましょう。

（　）帰宅後、手をしっかり洗う。

（　）家から火の手があがる。

（○）いそがしくて手が足りない。

(6) 土祭で市民自ら中心となって取り組んだことは何ですか。三つ書きましょう。※順不同

（祭りの）企画）（事前準備）

（運営）

ファイトー！おー！

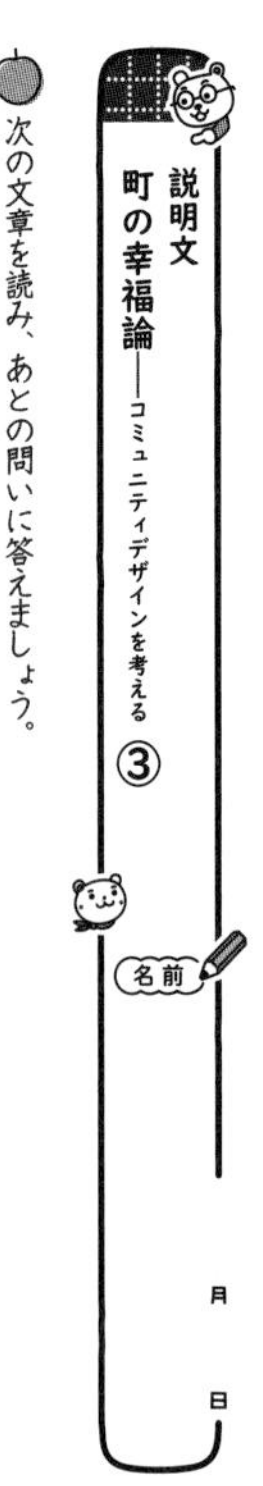

説明文 町の幸福論――コミュニティデザインを考える ③

名前　　月　日

次の文章を読み、あとの問いに答えましょう。

　このニつの事例のように、コミュニティデザインにおいては、地域の住民たちが主体的に町作りに取り組むことが重要である。しかし、その地域の課題を解決しようとするときに、もう一つ重要なことがある。それは、未来のコミュニティをどのように思いえがくかということ、Ⓐ未来のイメージを持つということである。

　未来のイメージを持つときの方法として、バックキャスティングという考え方がある。これは、まず未来をえがき、その未来から現在をふり返って、今やるべきことを見つけていくというものである。この方法はタイムマシン法といわれることもある。この方法を使った事例を一つしょうかいしよう。

　島根県の離島に、海士町という町がある。この海士町にあるただ一つの高校には廃校の話が持ち上がっていた。町の人口が減少しただけでなく、中学を卒業した生徒たちが島外の高校に進学するケースが増え、入学者数がわずか三十人程度という年が続いていたからである。この高校を存続させるためにはどうすればよいのか。

　今ある状況から考えれば、島外の高校へ行こうとする生徒たちを一人でも多く町に引き留め、入学者数の減少に歯止めをかけることが、大切になるだろう。Ⓑしかし、町民たちがバックキャスティングによって思いえがいたのは、もっと希望にあふれた未来だった。

（山崎 亮「新しい国語 六」東京書籍）

(1) コミュニティデザインにおいて、重要なことは何ですか。

（地域の住民たちが主体的に町作りに取り組むこと。）

(2) 地域の課題を解決しようとするときに重要なことは何ですか。

（未来のイメージ）を持つこと

(3) Ⓐにあてはまる言葉に○をつけましょう。

（○）つまり
（　）しかし
（　）さらに

(4) 未来のイメージを持つときの方法として、どんな考え方がありますか。

（バックキャスティングという考え方）

(5) (4)はどんな方法ですか。

（まず未来をえがき、その未来から現在をふり返って、今やるべきことを見つけていく、という方法）

(6) (4)の別の言い方は何といいますか。

（タイムマシン法）

(7) Ⓑとありますが、離島の高校を存続させるために思いえがいた未来はどんなものだったと思いますか。○をつけましょう。

（　）島外の高校へ行く生徒を引き留める。
（　）少人数でできる教育を続ける。
（○）島のよさを生かして、都会からの入学者を増やす。

「重要なこと」を聞かれているから、「〜こと。」と答えているよ。

説明文 『鳥獣戯画』を読む ①

名前　　月　日

次の文章を読み、後の問いに答えましょう。

　はっけよい、のこった。秋草の咲き乱れる野で、蛙と兎が相撲をとっている。蛙が外掛け、すかさず兎は足をからめて返し技。その名はなんと、かわず掛け。おっと、蛙が兎の耳をがぶりとかんだ。このⒶ反則技に、たまらず兎は顔をそむけ、ひるんだところを蛙が――。

　墨一色、抑揚のある線と濃淡だけ、のびのびと見事な筆運び、その気品。みんな生き生きと躍動していて、まるで人間みたいに遊んでいる。①、こんなにⒷ人間くさいのに、何から何まで本物の生き物のまま。耳の先だけがぽちんと黒いのは、白い冬毛の北国の野ウサギ。蛙はトノサマガエル。まだら模様があって、いく筋か背中が盛り上がっている。ただの空想ではなく、ちゃんと動物を観察したうえで、骨格も、手足も、毛並みも、ほぼ正確にしっかりと描いている。

　②、この絵を見ると、さっきまで四本足で駆けたり跳びはねたりしていた本当の兎や蛙たちが、今ひょいと立って遊び始めたのだとしか思えない。

　この絵は、『鳥獣戯画』の一場面。『鳥獣戯画』は、「漫画の祖」とも言われる国宝の絵巻物だ。

（高畑 勲「国語六 創造」光村図書）

(1) だれとだれが、どこで何をしていますか。

※順不同
だれ…（蛙）と（兎）
どこ…（秋草の咲き乱れる野）
何を…（相撲）

(2) Ⓐ反則技とは次のうちどれですか。○をつけましょう。

（　）足をからめる返し技
（　）かわず掛け
（○）耳をかむ

(3) 上の文章の①と②にあてはまる言葉を［　］から選び、（　）に書きましょう。

①（けれども）
②（だから）

［だから　けれども　もし］

(4) Ⓑ人間くさいの正しい意味に○をつけましょう。

（　）人間のにおいがすること
（○）人間らしさが感じられること
（　）人間のふりをしていること

(5) ほぼ正確に描かれている体の場所はどこですか。※順不同

（骨格）（手足）（毛並み）

(6) 『鳥獣人物戯画』は、何に指定されていますか。

国宝

ファイト！

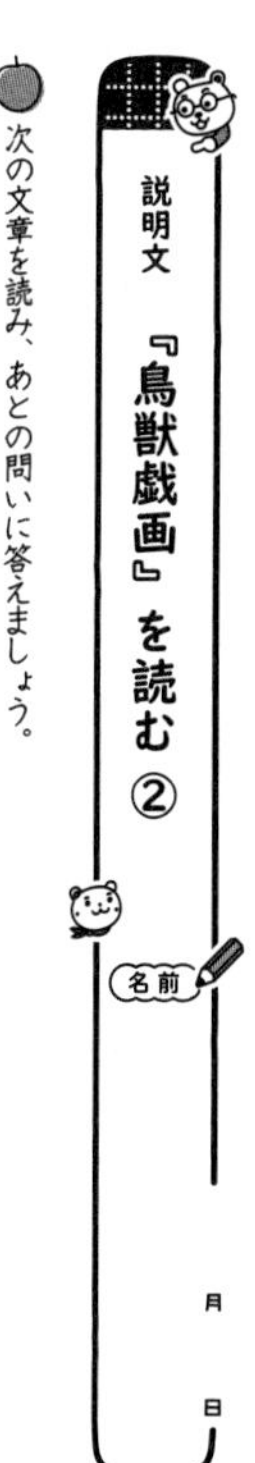

説明文 『鳥獣戯画』を読む②

名前　　月　日

次の文章を読み、あとの問いに答えましょう。

　もんどりうって転がった兎の、背中や右足の線。勢いがあって、絵が止まっていない。Ⓐ動きがある。しかも、投げられたのに目も口も笑っている。それがはっきりとわかる。Ⓑ、前の絵の、応援していた兎たちも笑っていた。ほんのちょっとした筆さばきだけで、見事にそれを表現している。Ⓒたいしたものだ。では、なぜ、兎たちは笑っていたのだろうか。蛙と兎は仲良しで、この相撲も、対立や真剣勝負を描いているのではなく、Ⓓ蛙のずるをふくめ、Ⓔあくまでも和気あいあいとした遊びだからにちがいない。

　絵巻の絵は、くり広げるにつれて、右から左へと時間が流れていく。ではもう一度、Ⓕこの場面の全体を見てみよう。まず、「おいおい、それはないよ」と、笑いながら抗議する応援の兎が出てきて、その先を見ると、相撲の蛙が兎の耳をかんでいる。そして、その蛙が激しい気合いとともに兎を投げ飛ばすと、兎は応援蛙たちの足元に転がって、三匹の蛙はそれに反応する。一枚の絵だからといって、ある一瞬をとらえているのではなく、次々と時間が流れていることがわかるだろう。この三匹の応援蛙のポーズと表情もまた、実にすばらしい。それぞれが、どういう気分を表現しているのか、今度は君たちが考える番だ。

（高畑勲「国語六 創造」光村図書）

(1) Ⓐ動きがあると同じ意味の文を、文中から書きぬきましょう。

（勢いがあって、絵が止まっていない。）

文章からそのまま書きぬこう。

(2) Ⓑにあてはまる言葉に○をつけましょう。

（○）そういえば
（　）それにしても
（　）それほど

(3) Ⓒとありますが、何がたいしたものなのですか。文中の言葉で書きましょう。

筆さばきだけで、動きや表情を表現しているところ。

(4) Ⓓ蛙のずるとはどんなことですか。

〈例〉（蛙が兎の耳をかむ）というずる

(5) 応援の兎は何と言って抗議しましたか。

（「おいおい、それはないよ」）

(6) Ⓔあくまでもの正しい意味に○をつけましょう。

（○）どうあっても、まったく
（　）あきるまでずっと
（　）ほかのものたちも

(7) Ⓕについて説明している文章の始めと終わりを五字ずつ書きましょう（読点や記号も一字とします）。

まず、「お～に反応する。

説明文 『鳥獣戯画』を読む③

名前　　月　日

次の文章を読み、あとの問いに答えましょう。

　この絵巻がつくられたのは、今から八百五十年ほど前、平安時代の終わり、平家が天下を取ろうとしていたころだ。『鳥獣戯画』だけではない。この時代には、ほかにもⒶとびきりすぐれた絵巻がいくつも制作され、上手な絵と言葉で、長い物語を実に生き生きと語っている。そして、これら絵巻物に始まり、江戸時代には、絵本（絵入り読み物）や写し絵（幻灯芝居）、昭和時代には、紙芝居、漫画やアニメーションが登場し、子どもだけでなく、大人もおおいに楽しませてきた。十二世紀から今日まで、言葉だけでなく絵の力を使って物語を語るものが、とぎれることなく続いているのは、日本文化の大きな特色なのだ。

　十二世紀という大昔に、まるで漫画やアニメのような、こんなに楽しく、とびきりモダンな絵巻物が生み出されたとは、なんとすてきでおどろくべきことだろう。しかも、筆で描かれたひとつひとつの絵が、実に自然でのびのびしている。描いた人はきっと、何物にもとらわれない、自由な心をもっていたにちがいない。世界を見渡しても、そのころの絵で、これほど自由闊達なものはどこにも見つかっていない。

（高畑勲「国語六 創造」光村図書）

(1) この絵巻がつくられたのは、今から何年前で、何時代ですか。

（八百五十）年ほど前
（平安）時代の終わり

(2) Ⓐとびきりと似た意味の言葉に○をつけましょう。

（○）ずばぬけている
（　）めずらしい
（　）見たこともない

(3) 長い物語を生き生きとさせるものは何ですか。

（上手な絵と言葉）

(4) 絵巻物に続いて、江戸時代に登場したものは何ですか。

（絵本や写し絵）

(5) 日本文化の大きな特色とは、どんなことですか。

（十二世紀から今日まで、言葉だけでなく絵の力を使って物語を語るものが、とぎれることなく続いていること。）

(6) 文章の内容とあうものに○をつけましょう。

（　）本当のすぐれた絵巻は、鳥獣戯画だけである。
（　）紙芝居や漫画などは、子どもたち特有の楽しみである。
（○）十二世紀に楽しくモダンな絵巻物が生み出されたのは、すてきでおどろくべきことである。

説明文 メディアと人間社会 ①

名前　　　月　日

次の文章を読み、あとの問いに答えましょう。

　情報を伝えるための手段として、古くから用いられてきたのは、文字です。文字のない時代には、遠くの相手と思いや考えを伝え合いたいと思っても、Ⓐ難しいものでした。文字の誕生によって、時間や空間をこえて情報を伝えることができるようになったのです。伝えたい内容を文字にして相手に届ければ、手紙となります。おもしろい物語や話を文章にして残せば、本となります。社会の出来事を書いて知らせれば、新聞になります。しかし、文字を使った情報伝達は、書いたものを人が持って移動する必要があるため、伝えるのに時間がかかります。

　電波を使った通信の発明は、情報を早く伝えたいという思いに応えるものでした。初めは、遠くの海を航海する船で重宝されましたが、やがてラジオ放送が始まると、多くの人々に広く同時に情報を伝えるメディアとして、大きな力をもつようになりました。ラジオでは、効果音なども工夫されるようになり、聞き手に豊かに想像させるドラマなども多数生み出されました。一九三八年には、アメリカでドラマ「宇宙戦争」を聞いた人々が、本当に火星人がやって来たとかんちがいし、パニックになるという出来事がありました。これは、Ⓑメディアが、社会を混乱させてしまうほどにえいきょう力をもったことを示す事例といえます。

（池上 彰「国語六 創造」光村図書）

(1) 古くから用いられてきた、情報を伝える手段は何ですか。
（文字）

(2) Ⓐについて正しく述べている文に○をつけましょう。
（　）長い時間や広い場所がなくても情報が手に入ること。
（○）過去の情報や遠くの場所の情報を伝えることができること。
（　）時間や場所が変わると情報も変化すること。

(3) 次の情報は、文中で何と表されていますか。
伝える内容を文字にして届ける…（手紙）
物語や話を文章に残す…………（本）
社会の出来事を書いて知らせる…（新聞）

(4) 文字を使った情報伝達の不便なところはどんなところですか。
（伝えるのに時間がかかるところ。）

(5) 情報を早く伝えたいという思いに応える発明とは、どんな発明ですか。
（電波を使った通信の発明）

(6) Ⓑの事例として、どんなかんちがいをしたことが挙げられていますか。
（宇宙戦争）というドラマを聞いた人々が、（本当に火星人がやって来た）とかんちがいした。

説明文 メディアと人間社会 ②

名前　　　月　日

次の文章を読み、あとの問いに答えましょう。

　そして、二十世紀の終わりが近づくと、インターネットが発明されます。かつては、情報を広く発信したいと思っても、それができるのは限られた人だけでした。インターネットの登場で、ごくふつうの人々が手軽に情報を発信できるようになり、これまで報じられなかったような、社会や個人に関わる情報が伝えられるようになったのです。しかし、手軽であるということは、誤った内容も簡単に広まるということでもあります。また、わざとうその情報をまぎれこませることも容易になりました。現在では、こうした情報で社会が混乱することも起こっています。

　メディアは、「思いや考えを伝え合いたい。」「社会がどうなっているのかを知りたい。」という人間の欲求と関わりながら進化してきました。その結果、今、私たちは、大量の情報に囲まれる社会に生きています。今後も新しいメディアが生まれ、社会に対してえいきょう力をもつでしょう。Ⓐ、どんなメディアが登場しても重要なのは、私たち人間がどんな欲求をもっているか、そして、その結果メディアにどんなことを求めているのかを意識し、メディアと付き合っていくことなのではないでしょうか。

（池上 彰「国語六 創造」光村図書）

がんばるキミは
えらいぞっ！

(1) インターネットが発明されたのはいつですか。
（二十世紀の終わり（が近づく））ごろ

(2) インターネットのよさは何ですか。二つに分けて書きましょう。※順不同
（ごくふつうの人々が手軽に情報を発信できる（ようになった）こと。）
（これまで報じられなかったような、社会や個人に関わる情報が伝えられる（ようになった）こと。）

(3) (2)のようなことができるようになったのは、インターネットがどんなメディアだからですか。文中の漢字二字で書きましょう。
［手軽］

(4) インターネットの登場で、社会が混乱する原因を二つ書きましょう。※順不同
（誤った内容も簡単に広まるということ。）
（わざとうその情報をまぎれこませることが容易になったこと。）

(5) メディアは、人間のどんな欲求と関わりながら進化してきましたか。二つ書きましょう。※順不同
（思いや考えを伝え合いたい。）
（社会がどうなっているのかを知りたい。）

(6) Ⓐにあてはまる言葉に○をつけましょう。
（　）だから
（○）しかし
（　）ところで

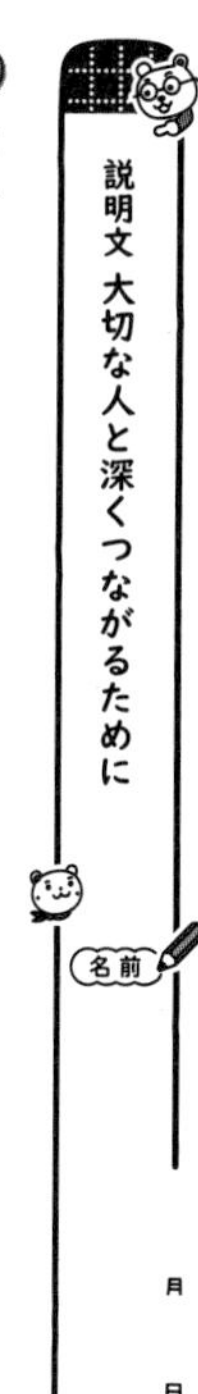

説明文 大切な人と深くつながるために
名前
月
日

次の文章を読み、あとの問いに答えましょう。

では、コミュニケーションが得意になるためには、どうしたらいいのでしょう。コミュニケーションは、おたがいがうまく折り合いをつけるための技術です。スポーツの場合、テクニックをみがく方法を知っていますか。そう、何回も何回も練習しますね。コミュニケーションも同じです。相手とぶつかり、むっとしたり、苦手だなあと思ったりしても、いろんな相手といろんな場所で何度もコミュニケーションしていくうちに、話し方や断り方、アドバイスのしかた、要求のしかたが得意になっていくのです。

昔は、話し相手や遊び相手は人間しかいませんでしたから、ぶつかり、きそい、交渉する中で、コミュニケーションの技術はみがかれました。Ⓐ［　］、最近はインターネットが発達して、人は人と直接話さなくても、時間が過ごせるようになりました。大人たちは、メールやゲームをしたり、ウェブサイトを見たりする時間が増えて、どんどん人間との直接のコミュニケーションが苦手になっています。

あなたはどうですか。人と会話する時間は増えていますか。減っていますか。本当に自分の言いたいことを言い、本当にしたいことをしようと思ったら、あなたは人とぶつかります。それが、あなたがあなたの人生を生きるということです。

（鴻上尚史『国語六 創造』光村図書）

(1) コミュニケーションとはどんな技術ですか。

（おたがいがうまく折り合いをつけるための技術）

(2) スポーツとコミュニケーションの、テクニックをみがくときの共通点は何ですか。

（何回も何回も練習すること。）

(3) いろんな相手や場所で何度もコミュニケーションをすると、どんなことが得意になりますか。四つに分けて書きましょう。※順不同

（話し方）（断り方）
（アドバイスのしかた）（要求のしかた）

(4) Ⓐにあてはまる言葉に○をつけましょう。

（　）だから
（○）でも
（　）もし

(5) 大人たちにとって、直接のコミュニケーションが苦手になっているのはなぜですか。

（メールやゲームをしたり、ウェブサイトを見たりする時間が増えたから。）

理由を聞かれているから、「～から。」と答えているよ。

(6) 「おたがいにゆずり合っていっちする点を見つける」という意味の言葉を、文中から八字で書きぬきましょう。

折り合いをつける

説明文 平和のとりでを築く ①

名前　月　日

次の文章を読み、あとの問いに答えましょう。

「原爆ドーム」は、広島市のほぼ中心を流れる川のほとりに建っている。Ⓐもともとは、物産陳列館として、一九一五年（大正四年）に完成した。ヨーロッパ出身の若い建築家が設計した鉄骨・れんが造りの三階建てで、建物の真ん中には、楕円形の丸屋根（ドーム）が五階の高さにつき出ている。建てられた当時は、小さいながら、ひときわ目立つ建物だったという。

〈途中省略〉

一九四五年（昭和二十年）八月六日午前八時十五分、よく晴れた夏空が広がる朝、広島市に原子爆弾が投下された。それは、この建物にほど近い、約六百メートルの上空で爆発した。強烈な熱線と爆風が放射線とともに市街をおそった。市民の多くは一瞬のうちに生命をうばわれ、川は死者でうまるほどだった。ようやく生き残った人も傷つき、その多くは死んでいった。

Ⓑ爆心地に近かったこの建物は、たちまち炎上し、中にいた人々は全員なくなったという。建物は、ほぼ真上からの爆風を受けたため、全焼はしたものの、れんがと鉄骨の一部は残った。丸屋根の部分は、支柱の鉄骨がドームの形となり、この傷だらけの建物の最大の特徴を、後の時代にとどめることとなった。

（大牟田稔『国語六 創造』光村図書）

(5)の答え

(1) 原爆ドームは、どんなところに建っていますか。

広島市のほぼ中心を流れる川のほとりに建っている。

(2) Ⓐもともとの原爆ドームについて、次の問いに答えましょう。

① いつ完成したのですか。

（一九一五年）（大正四年も可）

② どんな人が設計したのですか。

（ヨーロッパ出身の若い建築家）

③ 何でできていますか。

（鉄骨・れんが）

(3) 原子爆弾は、いつ投下されましたか。

（一九四五）年（八）月（六）日（昭和二十）
午前（八時十五分）

(4) 原子爆弾が投下されたのは、どんな朝だと書かれていますか。

（よく晴れた夏空が広がる）朝

(5) 亡くなった人がとても多かったことがわかる文を二つ選び、〰〰を引きましょう。

(6) Ⓑ爆心地の意味として、正しいものに○をつけましょう。

（　）爆弾が命中した個所
（　）爆弾が落ちた町の中心地
（○）爆発の中心地

名前　　　月　日

次の文章を読み、あとの問いに答えましょう。

原爆ドームを保存するか、それとも取りこわしてしまうか、戦後まもないころの広島では議論が続いた。保存反対論の中には、「原爆ドームを見ていると、原爆がもたらしたむごたらしいありさまを思い出すので、Ⓐ一刻も早く取りこわしてほしい。」という意見もあった。

市民の意見が原爆ドーム保存へと固まったのは、一九六〇年（昭和三十五年）の春、急性白血病でなくなった一少女の日記がきっかけであった。赤ちゃんだったころに原爆の放射線を浴びたその少女は、十数年たって、突然、被爆が原因とみられる病にたおれたのだった。残された日記には、あの痛々しい産業奨励館だけが、いつまでも、おそるべき原爆のことを後世にうったえかけてくれるだろう――、と書かれていた。この日記に後おしされて、市民も役所も「原爆ドーム永久保存」に立ち上がったのである。

保存といっても、傷ついた建物だけに簡単ではない。風や雨、雪に打たれ震動にさらされる原爆ドームには、何よりも補強工事が急がれた。このことが新聞やテレビで伝えられると、全国から保存を願う手紙や寄付が次々と広島市に届けられるようになった。その後、補強工事は何度かくり返され、今の形を保っている。

（大牟田 稔「国語六 創造」光村図書）

(1) 原爆ドームを保存するか取りこわすかの議論は、いつごろ、どこでありましたか。

（戦後まもないころ）の（広島）

(2) Ⓐ一刻の正しい使い方に○をつけましょう。

（　）私は、とても急ぐ用事があったので、一刻も走った。

（○）地球温暖化は、一刻をあらそう環境問題だ。

（　）ぼくは、すごくがんばったから、一刻で宿題が終わった。

(3) 市民の意見が、原爆ドーム保存へと固まったきっかけは何ですか。

（急性白血病でなくなった一少女の日記）

(4) 少女の急性白血病の原因について、次の問いに答えましょう。

① 原因は何とみられていますか。最もあてはまるものを□から選び、記号で答えましょう。（ウ）

ア 戦争　イ 震動　ウ 被爆

② ①の意味を、文中の言葉を使って書きましょう。

原爆の（放射線）を浴びること。

(5) 原爆ドーム保存のために、急がれたことは何ですか。

（補強工事）

(6) (5)のことが新聞やテレビで伝えられると、どうなりましたか。

（全国から保存を願う手紙や寄付が次々と広島市に届けられるようになった。）

説明文
平和のとりでを築く ③

名前　　　月　日

次の文章を読み、あとの問いに答えましょう。

原爆ドームが世界遺産の候補として世界の国々の審査を受けることになったとき、私は、Ⓐちょっぴり不安を覚えた。それは、原爆ドームが、戦争の被害を強調する遺跡であること、そして、規模が小さいうえ、歴史も浅い遺跡であることから、はたして世界の国々によって認められるだろうかと思ったからであった。

Ⓑ、心配は無用だった。決定の知らせが届いたとき、私は、世界の人々の、平和を求める気持ちの強さを改めて感じたのだった。

痛ましい姿の原爆ドームは、原子爆弾が人間や都市にどんなⒸ惨害をもたらすかを私たちに無言で告げている。未来の世界で核兵器を二度と使ってはいけない、いや、核兵器はむしろ不必要だと、世界の人々に警告する記念碑なのである。

国連のユネスコ憲章には、「戦争は人の心の中で生まれるものであるから、人の心の中に平和のとりでを築かなければならない。」と記されている。原爆ドームは、それを見る人の心に平和のとりでを築くための世界の遺産なのだ。

(5)の答え

（大牟田 稔「国語六 創造」光村図書）

(1) この文章の初めにはどんなことが書かれていますか。①～③の問いに答えましょう。

① 何が……（原爆ドーム）

② 何の候補として……（世界遺産）

③ 何の審査を……（世界の国々）

(2) Ⓐのように思ったのは、原爆ドームがどんな遺跡だからですか。三つ書きましょう。

※順不同

（戦争の被害を強調する（遺跡）。）

（規模が小さい（遺跡）。）

（歴史が浅い（遺跡）。）

(3) Ⓑにあてはまる言葉に○をつけましょう。

（　）だから

（○）しかし

（　）つまり

(4) Ⓒ惨害の正しい意味に○をつけましょう。

（　）とても残念な障害

（　）三度にもおよぶ被害

（○）いたましい被害

(5) 国連のユネスコ憲章に記されている言葉に～～～を引きましょう。

(6) 筆者は、原爆ドームは何のための遺産だと述べていますか。

原爆ドームを見た人の心に平和のとりでを築くための遺産

がんばって～！

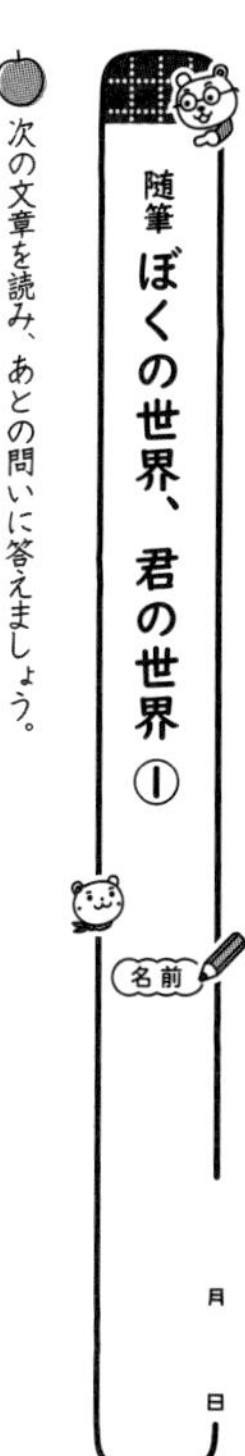

随筆 ぼくの世界、君の世界①

名前　　月　　日

次の文章を読み、あとの問いに答えましょう。

ぼくが、小学校の四年生か、五年生だったころのことだ。

ふろからあがって、しばらくぼんやりしながら、天井からぶら下がっているうす暗い電球を見ていた時、ふと、Ⓐこんな考えがうかんだ。

――この電球は、丸くて、うす暗くて、だいだい色をしている。でもこれは、ぼくだけにそう見えているんじゃないか。ひょっとしたら、自分以外の人には全然ちがったふうに見えているのかもしれない。

もちろん、他の人にどう見えているかを、Ⓑに想像してみたわけではない。ただ、「自分に見えているものは、あくまでも、自分にそう見えているだけなのだ。他の人にも同じように見えている保証はどこにもない。」Ⓒそういう思いが、不意にわいてきたのである。その時、なんともいえず不思議で、心細い感じがしたことを、今でもはっきり覚えている。

この体験は、ずいぶんあとになるまで、だれにも話さなかった。人に話すほどの意味があるとは、思えなかったからだ。

（西研「ひろがる言葉 小学国語 六下」教育出版）

(2)の答え

(1) ぼくがどのくらいのころの話ですか。

（小学校の四年生か、五年生だったころ）

(2) Ⓐこんな考えとはどんな考えですか。上の文章に〜〜を引きましょう。

(3) Ⓑにあてはまる言葉に○をつけましょう。

（○）具体的
（　）科学的
（　）基本的

(4) Ⓒとはどんな思いですか。

（自分）に（見えている）ものが、（他の人）にも（同じように）見えている（保証）はどこにもない、という思い。

(5) (4)のように思ったとき、どんな感じがしたと書かれていますか。

（なんともいえず不思議で、心細い）感じ

(6) 筆者が、体験をだれにも話さなかったのはなぜですか。

（人に話すほどの意味があるとは、思えなかったから。）

(7) 「急に」、「とつ然」と同じ意味の熟語を、文中から漢字二字で書きぬきましょう。

不意

理由を聞かれているから、「〜から。」と答えているよ。

ファイト ファイト！

随筆 ぼくの世界、君の世界②

名前　　月　　日

次の文章を読み、あとの問いに答えましょう。

痛みについても、同じようなことがいえる。友達が、「おなかが痛いよ。」と言った時、君は、自分が腹痛を起こした時の感覚を思い出して、「ああ、痛そうだなあ。大変だなあ。」と思う。でも、Ⓐそれは、あくまでも「自分」が経験してきた痛みの感覚でしかない。自分がこれまでに感じてきた痛みと、友達が感じている痛みが同じであるとは、①できないのだ。自分が、他人の中に入りこんで、その人が見たり、感じたりしていることをそのまま体験できれば別だが、もちろんⒷそんなことはだれにもできない。

こんなふうに考え始めると、小学生のころのぼくが心細くなったように、なんとなく不安になってくる人もいるかもしれない。自分の感じていることと、他の人の感じていることが同じであるという②はどこにもない、と思うと、独りぼっちで置き去りにされたような気持ちがしてくるかもしれない。

結局、私たちは、一人一人別々の心をかかえ、相手のことなどわからないまま生きていくしかないのだろうか。Ⓒ、人と人は、永遠に理解し合えないのだろうか。

Ⓓそうではない、とぼくは思う。

（西研「ひろがる言葉 小学国語 六下」教育出版）

(1) Ⓐそれは、何をさしていますか。

（自分が腹痛を起こした時の感覚）

(2) Ⓑそんなこととは、どんなことですか。

（自分が、他人の中に入りこんで、その人が見たり、感じたりしていることをそのまま体験すること。）

(3) 上の文章の①、②には、証明、保証のどちらが入りますか。

①（証明）②（保証）

(4) Ⓒにあてはまる言葉に○をつけましょう。

（　）しかし
（○）つまり
（　）さらに

(5) Ⓓそうではないとは、どういうことですか。文中の言葉を使って書きましょう。

（人と人）は、（永遠）に（理解し合えない）わけではないということ。

(6) 文章の内容とあうものに○をつけましょう。

（　）自分の感じている痛みと他の人の痛みは同じである。
（○）他人が見たり感じたりすることをそのまま体験することはできない。
（　）私たちは相手のことをわからないまま生きていくしかない。

「どんなこと」かを聞かれているから、「〜こと。」と答えているよ。

随筆　ぼくの世界、君の世界 ③

名前　　月　日

次の文章を読み、あとの問いに答えましょう。

　私たちは、幼い時には、そういうことを特に意識していない。しかし、成長し、自立していくなかで、しだいに、親や周りの人々からは見えない心の世界や秘密をもつようになり、そのこと(Ⓐ)を意識するようになる。そして同時に、他の人もまた、周りからは見えない、その人なりの心の世界をもっていることにも、少しずつ気づいていく。そういう気づき(Ⓑ)が、ある時、「自分が感じていることと、他の人が感じていることが同じであるという保証はどこにもない。」という思いに発展していったのにちがいない。

　だれもがこんな極端な思い(Ⓒ)をもつわけではないが、「自分だけの心の世界がある」ということ自体には、どんな人でも気づいていく。そしてそれは、「一人きりの自分」を知ることにもつながっていくだろう。自分の思いは、だれかに伝えようとしないかぎり、だれとも分かち合えないし、だれにもわかってもらえない。こうした事実(Ⓓ)にだれもが直面するのである。これはさびしいことだが、［Ⓔ］人は、心を伝え合うための努力を始めるのだと思う。

（西研「ひろがる言葉　小学国語　六下」教育出版）

(1) Ⓐそのことは何をさしていますか。
（親や周りの人々）からは見えない（心の世界や秘密）をもっていること。

(2) Ⓑそういう気づきとは、何に気づくことですか。
（他の人もまた、周りからは見えない、その人なりの心の世界をもっていること。）

(3) Ⓒ極端な思いとはどんな思いですか。
（自分が感じていることと、他の人が感じていることが同じであるという保証はどこにもない、という思い。）

(4) どんな人でも気づくことは何ですか。
（「自分だけの心の世界がある」ということ。）

(5) Ⓓこうした事実とは、何ですか。
（自分の思い）は、だれかに（伝えよう）としなければ、だれとも（分かち合えない）ことや、だれにも（わかってもらえない）ということ。

(6) Ⓔにあてはまる言葉に○をつけましょう。
（　）もしかして
（○）だからこそ
（　）なぜならば

がんばるキミにはくしゅ！

狂言　柿山伏

名前　　月　日

次の文章を読み、あとの問いに答えましょう。

これは、空腹のあまり、他人の柿の木に登って柿を勝手に食べていた山伏（主人公）が、柿主（相手役）に見つかりこらしめられる話です。

柿主　……略……（山伏の落とした柿の種が頭に当たって）はて、合点の行かぬ。空から柿の種が落つるが、何としたことじゃ知らぬ。（山伏のいる方を見て）これはいかなこと。いかめな山伏が、上って柿を食ろう。さてさてにくいやつでござる。
柿主　やい、やい、やい、やい。(Ⓐ)
山伏　そりゃ、見つけられたそうな。かくれずはなるまい。（と、顔をかくす。）
柿主　さればこそ、顔をかくいた。あの柿の木のかげへかくれたを、ようよう見れば、人ではないとみえた。
山伏　まず落ち着いた。人ではないと申す。
柿主　あれはからすじゃ。(Ⓑ)
山伏　やあ、からすじゃと申す。
柿主　からすならば鳴くものじゃが、おのれは鳴かぬか。
山伏　これは鳴かずはなるまい。(Ⓒ)
柿主　おのれ、鳴かずは人であろう。その弓矢をおこせ、一矢に射殺いてやろう。
山伏　こかあ、こかあ、こかあ、こかあ。(Ⓓ)
柿主　（笑って）さればこそ、鳴いたり鳴いたり。また、あれをようよう見れば、からすではのうてさるじゃ。(Ⓔ)

（「国語六　創造」光村図書）

(1) 柿主が、柿の木の上に山伏がいることに気付いたきっかけは何ですか。
（山伏）の落とした（柿の種）が、頭に当たったこと。

(2) Ⓐを聞いた山伏は、どうしましたか。
顔をかくした。

(3) 柿主がⒷのように言ったのは、なぜですか。○をつけましょう。
（　）からすだと思ったから。
（○）山伏をこらしめようと思ったから。
（　）山伏のほかに、からすもいると思ったから。

(4) Ⓒの意味として、正しいものを選び○をつけましょう。
（　）鳴いてはいけない。
（　）鳴いてもどうしようもない。
（○）鳴かなくてはならない。

(5) Ⓓは何の鳴きまねですか。
（からす）

(6) Ⓓを聞いて、柿主はどうしましたか。
笑った。

(7) Ⓔを聞いた山伏は、このあと何のまねをしたと思いますか。
（さる）

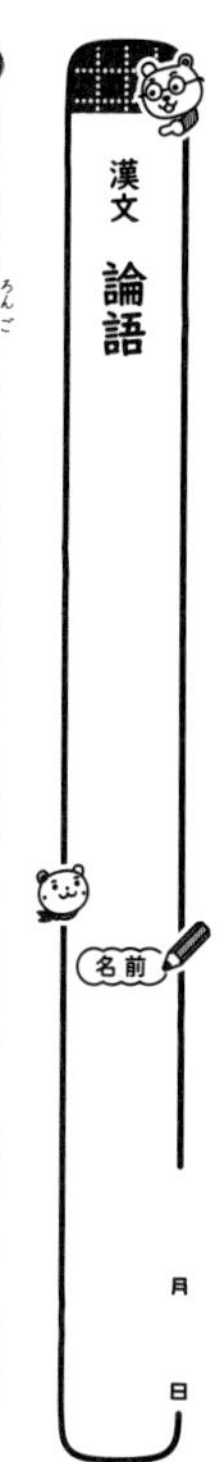

次のAは、「論語（ろんご）」の一部を書いた元の文で、日本語として読みやすくした文がB、その意味をまとめたものがCです。A〜Cを読み、あとの問いに答えましょう。

A

子曰「吾十有五而志于学。三十而立。四十而不惑。五十而知天命。六十而耳順。七十而従心所欲不踰矩。」

B

子曰（しいわ）く、「吾（われ）十有（ゆう）五にして学に志す。三十にして立つ。四十にして惑（まど）はず。五十にして天命を知る。六十にして耳順（みみしたが）ふ。七十にして心の欲（ほっ）するところに従（したが）へども矩（のり）を踰（こ）えず。」と。

C

先生が言われたことには、「私は十五歳（さい）で学問に志を立てた。三十歳になり、独自の考えを確立した。四十歳のとき、まようことがなくなった。五十歳になったとき、天からあたえられた使命を知った。六十歳で、人の言うことがすなおに聞けるようになった。七十歳になって、自分の思うままにふるまっても道を外れることがなくなった。」と。

(1) 漢文とは、どのような文章のことですか。○をつけましょう。

（　）主に日本古来の書き方の文章のことで、元の文は漢字と平仮名で書かれている。

（　）主に中国古来の書き方の文章のことで、元の文は漢字と片仮名で書かれている。

（○）主に中国古来の書き方の文章のことで、元の文は漢字だけで書かれている。

(2) 先生（孔子（こうし））は、何歳でどうなられたのですか。上段（じょうだん）・中段・下段を線で結びましょう。

上段	中段	下段
① 十五歳	惑（まど）はず	人の言うことがすなおに聞けるようになった。
② 三十歳	耳順（みみしたが）ふ	独自の考えを確立した。
③ 四十歳	学に志す	まようことがなくなった。
④ 五十歳	矩（のり）を踰（こ）えず	天からあたえられた使命を知った。
⑤ 六十歳	立つ	学問に志を立てた。
⑥ 七十歳	天命を知る	自分の思うままにふるまっても道を外れることがなくなった。

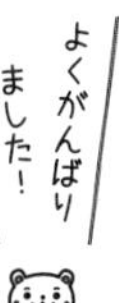